规复与创制

1930年代上海口岸航政管理

顾宇辉 著

东华大学出版社
·上海·

图书在版编目（CIP）数据

规复与创制：1930年代上海口岸航政管理 / 顾宇辉著． -- 上海：东华大学出版社，2024.10. -- ISBN 978-7-5669-2429-2

Ⅰ．F552.9

中国国家版本馆CIP数据核字第2024GK2087号

规复与创制
GUIFU YU CHUANGZHI

1930年代上海口岸航政管理
1930 NIANDAI SHANGHAI KOUAN HANGZHENG GUANLI

责 任 编 辑　高路路
封 面 设 计　程远文化

著　　　者　顾宇辉
出 版 发 行　东华大学出版社
　　　　　　（上海市延安西路1882号　邮政编码：200051）
联 系 电 话　021-62373924
营 销 中 心　021-62193056　62373056
出版社网址　http://dhupress.dhu.edu.cn/
天猫旗舰店　http://dhdx.tmall.com
印　　　刷　上海盛通时代印刷有限公司
开　　　本　787mm×1092mm　1/16　印张14.5　字数　353千字
版　　　次　2024年10月第1版　印次　2024年10月第1次印刷
书　　　号　ISBN 978-7-5669-2429-2
定　　　价　78元

·版权所有　侵权必究·

上海市哲学社会科学规划一般课题"上海航政管理档案史料整理与研究（1907—1937年）【批准号：2019BTQ003】"项目资助出版

前言

航政是交通行政的一种类型。近代的航政管理主要是由航政管理机构在中国领水范围内以管理、维护水上交通安全为主要内容的各类行政管理事务。传统的中国政府机构中并无专门的交通行政机关设置,至清末时,中央政府方设置邮传部管理全国的交通事业。自清末至1930年代,中国先后出现各种类型的航政管理机关。1931年7月后,南京国民政府先后在上海、汉口、天津、哈尔滨等地设置航政局,并分别对各自辖区内的船舶、船员、航线、造船等事项进行管理。

本研究主要以历史学的实证研究为基础,结合制度学、航海学等相关理论开展,以上海航政局为研究对象,以上海航政局的档案为主要研究资料。本书研究时段为1931—1937年,研究的内容包括上海航政局的机构设立与变革、组织职权与人事分析、与其他航政管理机关的关系、船舶管理(包括船舶检查、船舶丈量、船舶登记注册等)、船员检定考核、海难事件的处理、航运业监管等方面。

本书考察上海航政局所开展的各类航政实践,评述其取得的若干成效,揭示其在航政制度施行中的不足,从航政管理的中观层面考察和检讨近代中国航政管理实态,航政管理权的规复历史状况,进而从宏观层面,检视此期以上海航政局为代表的航政管理实践在中国航政管理现代化过程中的艰难变迁。

目 录

绪论 ······ 001
一、研究缘起 ······ 001
二、史料整理 ······ 003
三、概念厘定及考察时段 ······ 010
四、研究框架与创新 ······ 015

第一章
清末民初的航政管理体系格局 ······ 017
一、中央政府航政管理机关 ······ 019
二、兼理航政之海关总税务司 ······ 022
三、航业团体 ······ 024
四、地方政府航政管理机构 ······ 025

第二章
上海航政局的设立、调整与变革 ······ 036
一、酝酿与设立 ······ 036
二、扩张与调整 ······ 044

第三章
上海航政局组织职权与人事分析 ······ 053
一、上海航政局组织职权及相关人事制度的演变 ······ 053
二、上海航政局及其分支机构人事管理 ······ 059
三、宁波航政办事处周鉴殷人事案 ······ 072

第四章
与地方航政管理机构和海关之间的冲突和调和 …………………… 080
 一、与地方航政管理机关间冲突、调和 ………………………… 081
 二、与海关之间的冲突和调和 …………………………………… 090

第五章
航政实践的开展 …………………………………………………… 110
 一、参与船员检定考验 …………………………………………… 110
 二、实施船舶登记、检验 ………………………………………… 120
 三、配合航政司实施航业监管 …………………………………… 130
 四、参与航律的制定与解释 ……………………………………… 144

第六章
上海航政局航政实践绩效评析 …………………………………… 174
 一、上海航政局航政制度施行的成效 …………………………… 174
 二、航政管理制度施行中的弊端与不足 ………………………… 182
 三、航政制度深层次分析 ………………………………………… 190

结语 ………………………………………………………………… 198
参考文献 …………………………………………………………… 201
附录 ………………………………………………………………… 205
后记 ………………………………………………………………… 225

绪 论

一、研究缘起

19世纪末20世纪初,外国列强加深对中国政治控制和经济侵略,使中国急剧丧失大量利权,面临空前严重的民族危机,而这种民族危机在整个20世纪前半期一直延续。在近代历次救亡图存的运动中,对于民众的参与状况,学界已有丰硕的成果。但基于政府层面在历次利权收回运动中扮演的角色,过去多强调其出卖利权,受到社会各界反对。但政府无论是自发或是迫于民意,在顶层设计或在收回利权的实际运动中亦多有所为。航权作为近代列强侵略中国经济命脉的重要环节,在不平等条约束缚下,政府对其收回自是其职责内的题中之义。是故,如若探讨近代中国航运史,摆脱不平等条约束缚、规复航权、发展航业成为此期政府交通部门的一条工作主线。从管理监督航业而言,不平等条约一方面束缚中国航业的发展,同时也刺激民族航运业的发展。民族航业的发展,亦对政府在交通管理的顶层设计上提出新的需求。交通事业的外在束缚与内在发展，给政府政治体制改革提供了外在压力与内在需求。破解这一难题，在官方遂有清季邮传部之航政司，北京政府交通部之航政司，南京国民政府交通部之航政司，进而20世纪30年代航政中观制度设计所成立之航政局（1920年代各地亦有航政局、航务局设置活动，只是未能大范围的开展，或有设立，但成效不著，影响有限）。

政策层面，归总20世纪上半期国内航政建设概有三种主张：振兴造船企业达成船舶自给；培养海事人才以提高航行技术；督导商港建设以发展水运交通。此三者完成，又须先确立航政政策与健全航政机构。而航政机关设立后主要任务应是船舶检查、丈量、造船设计、航道测量、航标设置、引水训练、船员检定，港务管理等工作。这亦成为当时有志于中国航业发展的有识之士的共识。因此，20世纪30年代交通部所设各地方航政局看似偶然，实有其渊源和背景，动力与需求。故而，以航政机关（航政局）为视角，探讨1931—1949年的国内航政发展状况就显得尤为必要。

我国航政在清季即托海关外人代管，造成税务机关兼管港务，关政代庖航政，并揽航路疏浚，航标建设，码头管理的局面。及至民国，国家航政仍由外人把持的海关兼管。其时凡船舶进出港，船舶领取牌照，船舶丈量，船舶检验，船员及引水人员的考试管理，均由海关总税务司公布规章办法，命令各关外籍税务司及理船厅执行。1931年，交通部在各要津重埠次第设立航政局，担负起管理沿江、沿海航政事务。各地航政局在交通部航政司领导下承担起船舶检查、丈量、造船设计、引水训练、船员检定等工作。其间，围绕航权收回、航政管辖、航行安全等方面各航政局有过丰富的历史实践，这些丰富的航政实践活动，对当时及后来航政建设发展产生过重要的影响。而目前，已有的对上海航政局的研究更多的是一种行业通史体系的白描。其研究成果，就航政本身而言，虽具较强的专业性，但更多的是略述和总体的定性。对其官制、内部人事、规章制度及管理、政策制订施行、诸项航政业务的开展、各航政局间的横向比较等方面，则鲜有详论。是故，对其进行深入研究，一则，深化民国交通史的研究内容；再则，对当下海事发展和建设亦有资借鉴。

以地方有代表性的航政局为切入点，透视1931—1937年中国航政建设发展的曲折历程，有其必要性。单就航政制度史的研究而言，就有诸多需要强化深化的问题。如航政制度的统一性与制度实施的多样性，本是航政制度研究本身的内在要义，但在研究中并不能"就地方航政局而论地方航政局"，把地方航政局与交通部脱离开来。因此，在研究地方航政局的同时需要兼顾对航政制度总体把握，通过阅读史料可知，其时交通部在制订统一航政政策，亦会考虑各个地方不同的航业发展状况，进行相对较强的政府政策导向。同时，加强航政制度的研究，不仅要关注正式航政制度，也要关注非正式的航政制度，探讨这些制度间的关系，据我们所掌握的相关史料，有时正式的航政制度与民间非正式的制度往往互相配合，共同发挥航政治理的作用。另外，航政制度的酝酿、试点、推广、变革及废止诸环节，有时这种制度变革是自上而下的开展，而有时亦是自下而上的，航政制度变革过程中官方与民间均有可能成为重要的推手。在以地方航政局为个案研究航政制度时，也要注重参与航政制度制订、施行及变革的各个群体（交通部官员、航政局官员、建设厅官员、航业公会代表、海员（船员）组织代表、船商等）的研究，从官方和民间两个角度来考察和理解航政制度及其运行和效果。另，有关上海航政局的档案史料，先前虽有零星使用，但不系统和深入。由是，做好上海航政局的研究就显得必要、可行。

以地方航政局为代表深入研究 1930 年代的航政发展建设，除深化、拓宽交通史、航运（海）史的研究外，于目前史学界研究方向的转变亦是一种呼应。中国史学传统历来重视政府和上层社会的研究。但自 20 世纪初梁启超提倡"史学革命"以来，史学研究的方向发生较大转变，研究重点开始逐渐转向民间和基层社会。近年来社会史、社会经济史的研究如火如荼，也是这一现象的表征。政治（制度）史的研究在沉寂一段时期后，在史学界又有复苏的迹象，这主要是深化相关研究的需要，研究者对研究对象客观理性视之的结果。这方面与交通史、航运（海）史相关的研究，主要表现在有学者陆续开始关注相关的研究。如有关清末邮传部、民初交通部的研究即为例证。本研究涉及的地方航政局，介于中央交通部与地方航政办事处的中间环节，具有承上启下的运作功能。在其存续期间，地方航政局既可以在一定程度上参与和影响交通部的航政决策，也是在各要津重埠推行实践航政政策的实际主持者。地方航政局与基层航商（或航商组织）有着更多直接的接触，对航政制度的施行及调适，有着更为丰富的实践经历。因此，透过地方航政局管窥此期航政曲折变迁的作用可见一斑。

而当时交通管理机构众多，令出多门，难以实现真正的统一指挥和统一行动。管理机构职权重叠、管理混乱；交通管理人员素质低下，违规管理，滥收管理费现象不断。这些状况，无疑加大了本研究的难度，但从另一个角度看，亦为研究提供了较为宽阔的拓展空间。

二、史料整理

（一）相关学术史的回顾与检讨

晚清至 1949 年之前，对航政方面的研究主要集中于政府交通机构，其中官方力量是推动该研究的主要动力。这主要体现在两方面，一是交通管理机构对航政史料的整理；二是在交通管理机构从业的相关人员的著述。

国民政府定都南京后，曾组织交通部相关专家学者搜罗交通史料，分别编纂航政、路政、电政等相关分册。《交通史航政编》（第一册）[1]起止年代为自清末以至1925年6月30日。该书对自清末以至国民政府成立之前国内出现的航政管理机构沿革进行了清晰梳理，此期出现的航政机关主要有兼理航政之总税务司、清末邮传部之船政司、民国交通部航政司及海关理船厅。这些机关主要从中央层面上论述航政管理机关，具体到地方上设立或拟设立的船政局、船政分局、航政局、航政分局亦有所涉及。该史料对于梳理1930年代南京国民政府成立各航政局之前的国内航政管理机关状况大有裨益。自1927年到1931年间，国民政府交通部根据当时国内外形势，曾向列强收回部分航权，编订相关的航政法规，基于此，交通部曾编印《四年来之航政》[2]一书，该书对此期收回航权、收回航权后之应纳外轮办法、编订航政法规、整理航政应设专管机关、救济航业金融、兴办国营航业、奖励民营航业及造船业、造就航务专门人才等内容均有录载。交通部成立四载后，"以整理航政宜有专管机关以重责成也，则拟筹设航政局"。此书即是交通部成立四年后业务开展状况撮要胪陈。该书对于研究1930年代初期，国民政府设立航政局的原因、背景（从官方立场考量）多有补益。

现存较为详细和连续的反映航政局及其办事处的统计资料是《温州港航务统计专刊》[3]。该统计资料对温州航政办事处的管辖区域、组织系统及职务分配、收支状况、历任主任在职情况、登记轮船艘数及吨数、登记帆船的艘数及担数、注册小轮（拖轮）艘数及吨数、航海轮船及洋式帆船进出口艘数及吨数、航运进出口重要的货物种类及数量、船舶失事次数、航路标识的位置、小轮纠纷案件等都有详细的统计记载。这为上海航政局地方航政办事处运行状况提供了鲜活的个案，有了详细的航政数据统计，使得相关的计量分析才便于进行。地方航政统计资料与当时交通部及地方航政局的统计资料可以对比参照，既可以看出国家层面的政策颁布，亦可窥见政策在地方实际操作过程中出现的变异、调适。

此期，部分从事航政管理的学者型官员亦多对航政问题进行探讨研究。较有代表性的是高廷梓（高氏曾分别于1933—1935年和1945年两度任交通部航政司长）和王洸（曾在交通部任职，抗战爆发后，曾任汉口航政局长及长江航政局长），此二人具有航政管理的丰富实践，对航政建设及航政局的运作多有论道。高廷梓的《中国航政建设》[4]成书于抗战胜利后，国民政府整理全国航政之际。该书虽然成书较晚，但因为高氏曾在

---

[1] 关赓麟总编：《交通史航政编》（第一册），交通部、铁道部交通史编纂委员会出版，1931年。
[2] 王伯群署：《四年来之航政》，交通部编印，1931年。
[3] 交通部上海航政局温州办事处：《温州港航务统计专刊》（1932年1月至1934年6月），交通部上海航政局温州办事处编印，1934年。
[4] 高廷梓：《中国航政建设》，商务印书馆，1947年。

1933—1935年任职航政司,其书中对航政建设的诸多问题剖析对于上海航政局的研究颇有参考和借鉴意义。该书对于1930年代期国内航政机关在航政管理中机构健全、人员配备、经费来源及航政人才培养等方面遇到的问题分析,尤为精到。学者型航政专家王洸编著的《现代航政问题》[①],该书是抗战全面爆发后,作者对中国航政出现的问题及需要采取的措施所进行的思考和研讨。作为一本探讨航政的论文集,书中对收回引水权问题,海关兼管航政问题,航业政策与改进航政问题,整顿航政与扩充航业问题,战时各国对航业的统制法制,航政法规编订中出现的问题,航业的保护政策,并对此期中国航政的革新提出自己的方案和见解。该书作者对航政局的机构设置,航业政策、航业法规,以及对即将到来的战时航业的调整方面,均做出了积极的探索和思考。

其他学者对航政建设的考察多分布于同时代的交通论著中。如胡祥麟与陈世材合著的《非常时期之交通》[②]即为代表。该书从路政、邮政、电政、航政等方面,探讨了交通的各个方面在非常时期的功能和价值。具体到航政一门,作者在分析非常时期航政的价值,外国航政采取的特殊措施及我国航政的现状后,对非常时期中国航政建设的途径提出了预想。唐有烈在1930年代曾对上海航政局设立之前的浙江航政状况有整体概述。[③]

1949年之后,特别是1980年代后期,由前交通部长彭德清发起组织的中国水运史系列丛书,对上海航政局及其历史上曾经管辖过的航政办事处多有涉及。如由中国航海学会编写的《中国航海史》(近代部分)[④],在论述民国期间航权的收回与维护时,曾论及此期航政管理机构的演变。但该书主要对近代航海史进行整体轮廓的叙述,在航政管理方面的论述亦是粗线条的勾勒。江苏省交通史志编纂委员会主编《江苏航运史》(近代部分)[⑤]有对江苏省内航政机构的演变有简略的论述。主要叙述当时上海航政局所辖江苏办事处的裁撤、江苏省建设厅及各县建设局对本地航政的管理状况。

就涉及上海航政局的研究,目前涉及较多的是《长江航政史》(江苏部分)一书。1931—1949年,上海航政局因所辖区域多有变动,但主体仍是江苏、上海的沿江沿海部分区域。因此《长江航政史》(江苏部分)1928—1949年的航政管理一章,对上海航政局在江苏区域内开展的管理活动的论述较为详细。[⑥]除对上海航政局及其航政办事处的研究外,同时期的其他航政局及其所辖航政办事处等的研究亦是对上海航政局研究进行横向比较不可或缺的内容。1931年,国民政府拟设上海、汉口、广州、天津、哈尔滨

[①] 王洸:《现代航政问题》,正中书局,1937年。
[②] 胡祥麟、陈世材编著:《非常时期之交通》,中华书局,1935年。
[③] 唐有烈:《浙江省航政之概况》,浙江省航政局印行,1930年。
[④] 中国航海学会:《中国航海史》(近代部分),人民交通出版社,1989年,第364-370页。
[⑤] 江苏省交通史志编纂委员会主编:《江苏航运史》(近代部分),人民交通出版社,1989年,第153-155页。
[⑥] 王曾博主编:《长江航政史》(江苏部分),长江航运史编写委员会编(内部发行),1993年,第70-104页。

五个航政局,哈尔滨航政局甫经设立,旋遭"九一八"事变停办。广州航政局因当时西南政务委员会人事关系不归南京交通部指派,未能实现统一管理,直到1936年方成立广州航政局。① 上海航政局(所辖海州办事处、镇江办事处、宁波办事处、温州办事处、芜湖办事处),天津海事局(秦皇岛办事处、烟台办事处、威海卫办事处、青岛办事处),汉口航政局(宜昌办事处、长沙办事处、九江办事处、重庆办事处),加上直辖厦门航政办事处。② 对各航政局所辖航政办事处的研究,主要集中于当时办事处所在省份及地方的航运史撰写之中。如上海航政局所辖宁波、温州航政办事处,在后来的《浙江航运史》(古近代部分)均有所体现。林开明主编的《福建航运史》(古、近代部分)则对交通部管辖的福州航政办事处和厦门航政办事处(两办事处先直属部管,后改隶交通部广州航政局)执掌的航政管理权限及开展的有关航政、港务及涉外事项有所论述。③ 黄娟的博士论文《湖南近代航运业研究》④,对1931年11月成立的交通部汉口航政局长沙航政办事处历史演变,根据相关档案进行梳理,就该办事处与湖南省建设厅、水警局及财政厅的抵牾进行论述。1936年广州航政局设立,翌年,广州沦陷,该航政局移设梧州,1943年改名为珠江区航政局,在桂平、柳州、桂林设办事处。《广东航运史》(近代部分)对广州航政局的演变及先前广东境内出现的其他航政管理机关(理船厅、航政局及全省港务局)进行了较为详细的论述。⑤ 航政抗战胜利后,1946年成立交通部广州航政局广州湾办事处,后改为湛江办事处,负责广州湾区域的航政管理、船舶丈量、检查登记、船员考试、进出口签证等业务。郭永强的《湛江近代航政与船检机构的沿革》对这一时期航政管理机构沿革做了梳理。⑥ 黄增章亦曾对抗战前广东的航政沿革进行过探讨。⑦ 另,张晓辉亦对近代广东全省的航政沿革做过论述。⑧ 而对汉口航政局及上海航政局的研究,以笔者所见,较为详细的论述和研究,出于《长江航运史》(近代部分)。⑨ 该书在汉口、上海两航政局所辖区域、管理权限,同期两航政局所辖各省地方航政管理机关的存续、作用及管理职能的施行,海关兼管航政部门与地方航政管理部门及交通部所辖航政局三者关系等方面论述较为翔实。

---
① 其间,1932年,广东省建设厅成立港务管理局,收回粤海关理船厅原先执掌的船检、港务监督等工作。
② 《中国经济年鉴续编》,第十三章,交通,(M)三二九、(M)三三〇。
③ 林开明主编:《福建航运史》(古、近代部分),人民交通出版社,1994年,第314页。
④ 黄娟:《湖南近代航运业研究》,博士学位论文,华中师范大学中国近代史研究所,2009年,第100—120页。
⑤ 蒋祖缘主编:《广东航运史》(近代部分),人民交通出版社,1989年,第236—241页。
⑥ 郭永强:《湛江近代航政与船检机构的沿革》,《广东造船》1994年,第3期,第37—39页。
⑦ 黄增章:《抗战前广东航政沿革》,《广东史志》1989年,第1期;《三十年代的广东航政管理》,《羊城古今》1990年,第2期。
⑧ 张晓辉:《民国时期广东社会经济史》,广东人民出版社,2005年,第216—221页。
⑨ 江天凤主编:《长江航运史》(近代部分),人民交通出版社,1992年,第399—408页。

地方志中的专业志（交通志、港口志及海关志等）对港口航政或该区域内曾经设置过受上海航政局管辖的航政办事处或船舶登记所会有所记述。诸如《南京港史》[①]《海门港史》[②]《宁波海关志》[③]《宁波交通志》[④]《温州市交通志》[⑤]《连云港港志》[⑥]《镇江港史》[⑦]等。这里要特别提及的是《上海沿海运输志》[⑧]和《上海港志》[⑨]，前者涉及上海航政局存续时期的船舶安全管理的内容（安全管理、安全设备、安全防范及事故等）。后者，上海地区港口的航政管理概略。另外，因江海关曾根据总税务司命令，兼办海务（主要包括灯塔、浮桩、灯标等助航设备的建造和维修，照料）、港务（港口船舶的管理，港口引水，消防，经办沿海、沿江的勘察和编制航海图等）。从同治七年（1868年）总税务司署建立船钞部开始，直至1949年，历时80余年。其中海务方面实际应为航政举办事项，上海航政局成立后，国民政府规定原由江海关经营的中外船舶检验丈量及管理港埠各项事务移交航政局办理。但江海关只同意交出船舶检验丈量等工作，港埠管理各项事务不肯移交。从后期的实践来看，上海航政局并未能对外籍船舶进行检丈。是故，近代航政与海关存在着千丝万缕的关系。这方面海关档案及《上海海关志》是可资参考的重要史料。

20世纪90年代，陈长河曾根据南京第一历史档案馆交通部档案梳理出国民党政府交通部组织概况。该文虽对于交通部航政司具体开展的业务未展开详论，但对其在整个交通系统中的流变有线索性的勾勒。[⑩]王春阁则对台湾地区航政管理体制的沿革与现状进行论述。[⑪]

近年，部分高校博士生、硕士生曾对涉及近代航政研究的邮传部、交通部进行选题，对拓宽和深化近代航政研究大有裨益。苏全有曾根据北京第一历史档案馆所藏清末邮传部档案撰写博士论文，就清末新设立的中央行政机构邮传部做了整体史式的探讨，对该部的成立北京、官制、机构、经费、规章制度及职掌等进行梳理，对邮传部在发展交通事业方面的事功进行深入检讨和重新审视。[⑫]陕西师大张华腾曾指导学生就民初交

---

① 南京港史编委会：《南京港史》，人民交通出版社，1989年。
② 金陈宋：《海门港史》，人民交通出版社，1995年。
③ 宁波海关志编纂委员会：《宁波海关志》，浙江科学技术出版社，2000年。
④ 钱起远：《宁波交通志》，海洋出版社，1996年。
⑤ 吴炎：《温州市交通志》，海洋出版社，1994年。
⑥ 张树玉、杨贤益：《连云港港志》，人民交通出版社，1993年。
⑦ 陈敦平：《镇江港史》，人民交通出版社，1989年。
⑧ 上海沿海地方志编纂委员会：《上海沿海运输志》，上海社会科学院出版社，1999年。
⑨ 上海港志编纂委员会：《上海港志》，上海社会科学院出版社，2001年。
⑩ 陈长河：《国民党政府交通部组织概述》，《民国档案》1992年，第3期。
⑪ 王春阁：《台湾地区航政管理体制的沿革与现状》，《台湾研究·经济》1995年，第3期。
⑫ 苏全有：《清末邮传部研究》，中华书局，2005年。

通部进行选题研究，其学生李金全就民初交通部（1912—1916）进行研究；[①]张氏的另一学生杨涛曾对交通系与民初经济政策进行探讨。[②]此外，就航政涵盖的重要业务引水问题，学界亦有相当的成果。围绕引水权的丧失与收回，张代春著有《论近代中国引水权的沦丧》，徐万民、李恭忠的《中国引航史》及尚刚的《上海引水史料》即为代表。[③]

海外学者对民国航政局的研究关注较少，目前，尚未见专门有关上海航政局的专业论文、论著发表或出版。

纵观上海航政局研究，大致有以下几个特点：

一、研究上处于起步阶段，未有专著。1949年之前有关国内航政及上海航政局的研究，侧重于对航政局本身组织机构、职能框架的简要介绍。其研究一般偏重于区域性的航政局（如交通部汉口航政局）机构主体业务活动的研究，各区域性航政局的分支机构在其管理下的运行情况，有统计资料，但二者之间的实际管理互动研究缺乏。这也与此期研究者多为"航政中人"有关；检视1949年之后对涉及上海航政局的研究成果，多偏重于行业通史性的记述，且囿于意识形态影响，以及相关研究"薄古厚今"观念的指导，对1931—1949年上海航政局开展的航政管理工作多采取略写、掠过或做整体式的勾勒，对其丰富的航政管理实践语焉不详。凡此种种，均为本研究进行深入研究提供了可能和空间。

二、缺乏对上海航政局横向的比较研究和横向的互动研究。目前与上海航政局相关机构的研究，如清末邮传部、民初交通部、清末及民国期间区域性的航运活动（如湖南、湖北、杭州）的研究，为本研究的开展提供了较好的参照系。近代航政管辖机关机构重叠，管理混杂，目前旨在廓清航政局与海关及地方航政管理机关（地方建设厅、公用局等）之间的关系的研究仍然甚少。同时，有关交通部与地方航政局、地方航政局与其各地分支机构、航政局与航商之间的互动研究，也未见有论者进行。

三、航政管理机构的设置与其所处的经济社会宏观历史背景和航运自身发展的需求之间的关系，以往的研究较少涉及。航政局的设置与近代世界逐渐由帆船步入轮船时代，外国轮船航运业在中国沿海沿江的蓬勃发展及民族航运业的发展，国家航权旁落，国人呼吁规复航权，及形形色色的海难事件的增加均有重要关系。

四、地方航政局档案利用有限。研究航政局其第一手的档案史料，目前论者所用不多，仅见重庆师范大学朱娇娇的硕士学位论文《交通部长江区航政局研究》，华中师范大学苏明强的博士学位论文《近代湖北航政研究》等。目前有关上海航政局的档案，尚

---

① 李金全：《民初交通部研究》（1912—1916），硕士论文，陕西师范大学历史系，2010年。
② 杨涛：《交通系与民初经济政策研究》，硕士论文，陕西师范大学历史系，2012年。
③ 张代春：《论近代中国引水权的沦丧》，《经济与社会发展》2009年，第5期。徐万民、李恭忠：《中国引航史》，人民交通出版社，2001年。尚刚：《上海引水史料》，《学术月刊》1979年，第2期。

未见系统的整理和利用。

因此，有关上海航政局的研究，需要利用其存世的自身机构档案，梳理出该机构发展演变的历史史实，就其机构沿革、人员组成、经费划拨、业务活动、分支机构等实际运行的态势进行考察。在梳理上述史实后，根据相关的史料，进一步厘清其与交通部航政司、海关、地方建设厅等之间的关系。

（二）史料状况

本研究的基础档案史料主要集中于三个方面。一为上海航政局档案，此档案为本研究的主干资料。这部分档案主要藏于相关航运企业的档案室和上海市档案馆。上海市档案馆馆藏涉及上海航政局档案集中在抗战胜利后至中华人民共和国成立之前这段时间（1945—1949年），内容主要分两个部分，一是上海市轮船商业同业公会档案中有关该公会与上海航政局间的公文往来（反映航政局作为航政管理部门与航商组织、航业公司、涉航单位间的往来文书，内有此期航政管理鲜活的案例）；二是上海航政局本身的档案，卷宗不多，主要集中在航政局职员名录、解决轮船碰撞与航业公司及交通部的往来文书、船舶（修造船舶工厂）登记、引水、航线的开辟、战时船舶的赔偿及战后敌船的接收等方面。

第二历史档案馆所藏的相关档案亦分两部分，一部分是航政局成立之前兼管航政事务的海关档案，这部分档案已于2002年及2006年由二档先后公开编辑出版《中国旧海关史料（1859—1948）》（共170册）和《旧中国海关与近代社会图史》（共10册）。另外一部分档案是南京国民政府交通部航政司的档案，航政司成立后，先后在全国沿海（江）成立5个航政局，以后虽各航政局兴废不断，但航政司一直是其直属上级管理部门。这方面的档案可以清晰反映出交通部与地方各航政局间的业务往来（这方面的档案亦可与当时交通部公开发行的《交通公报》航政部分相互对照解读）。

另有一部分档案，是当时上海航政局所属各航政办事处（验船所）的档案。因历史上上海航政局所辖各航政办事处时有变动，加之各办事处有些有档案保留，有些已无踪可查。据目前笔者视野所及，惟存于镇江档案馆的镇江航政办事处全宗档案（1929—1951）保留较为完整。该办事处因中途曾划归长江区航政局管辖，是故，可择该办事处归属上海航政局管辖时期查阅之。当时上海航政局所辖各航政办事处所属省份（江苏、浙江、安徽等）的建设厅在交通部设置各航政局之前及之后相当长一段时期内，亦兼管航政职能。因地方财政税收关系，常与上海航政局相抵牾。航政局所辖办事处的历次裁撤、调整即是二者之间矛盾的集中体现。因此，在条件许可的情况下，搜罗查看当时各省建设厅的档案或者公开发行的报刊，亦是弄清这一问题的关键。

另，台北国史馆编纂的《中华民国交通史料（一）：航政史料》，[①]该部分史料多为二十世纪三四十年代航政建设、发展史料，对本研究颇具参考价值。有关同期航政管理的史料，在北京国家图书馆亦有一些当时公开出版的航政管理的调查报告，主要涉及广州、汉口等地的建设管理当局的统计情况。

涉及此期航政管理方面的报刊杂志较有代表性的有《航业月刊》《航业年鉴》《中航月刊》《航业通讯》《航务月刊》《海事》《四海半月刊》《海事月刊》《交通杂志》《轮机月刊》《轮机期刊》《申报》《申报年鉴》《中央日报》《法令周刊》《交通职工月报》等。

三、概念厘定及考察时段

（一）概念厘定

"航政"属于交通行政的一种，在近代语境中一般将之称为"航业行政"[②]或"航务（水航）行政"[③]。五口通商之后，源自西方工业革命的各类新式交通部工具如铁路、轮船、邮电先后在中国试办发展，该类新式交通工具，以机械力量逐渐代替以往的人力、畜力、水力和风力。新式交通工具的发展，也迫使政府在相关的管理机构上进行新的官制设置。发端于清末民国间的航政，正是对该类需求的呼应。从其所涵盖的内容看，主要针对与以蒸汽为动力的轮船以及由此而产生的各类监督管理活动（传统帆船也在其管理范围）。自然，在古代中国并无完全与之对应的官制机构和官务活动。但是若从与水上交通安全有关的一切活动考察，近代航政所涵盖的部分内容，在古代更多的是与木帆船相关的各类机构及活动有关。其所实施的船舶登记注册、检丈、船员管理、航行设施的建设与管理、航道疏浚、海难救助与打捞等内容与航政的内容又相像。《史记》卷三十二《齐太公世家第二》记载："苍兕苍兕，总尔众庶，与尔舟楫"。据东汉马融注解曰："苍兕，主舟楫官名"。"苍兕"是我国古文献明确记载最早管理舟楫的职官。至西周穆王时期，周朝任命船官舟牧对御用之舟进行"五覆五反"，以查验船舶质量。中国古代对于水上交通安全的监管业务与漕政密切相关。为保障漕粮转运安全，相关职官需要对参与漕运的船只在建造质量、行船安全、船员等进行监督管理。后续直至清中前期，专门的交通主管官制没有设置。而与航务行政相关的职能分散于各个不同的政府机构

[①] 朱汇森：《中华民国交通史料（一）：航政史料》，"国史馆"印行，1989年。
[②] 金家凤：《中国交通之发展及其趋向》，张研、孙燕京主编：《民国史料丛刊》620，经济·工业：大象出版社，2009年，第335页。
[③] 薛光前：《交通行政》，中央训练委员会、内政部印行，1942年，第3页。

之中。①

五口通商以前中国传统的政府机构中并没有专门的交通行政职官设置。至晚清招商局成立后，该局隶属于北洋大臣，同期内地商船则附属于工部。五口通商以后，伴随一系列不平等条约的签署，外籍的海关总税务司领导的理船厅逐渐掌理了中国的各通商口岸的航政职权。"航政"作为交通行政主管机关正式出现在1912交通部设置的"航政司"。

但航政作为管理水上交通的事务出现则更早。"航政"一词较早出现在清光绪三十三年（1907年），农工商部于是年九月初二日召开会议，讨论"推广美澳各洲及南洋航政"。②这里航政更多具有拓展远洋航运的内涵。1908年1月，地方奏请清廷设立东三省督练处，奏请公文中强调"亟须整理松花、黑龙二江，亦拟扩充航政，保护利权，必须有熟悉江防、海防人员相为赞画，故拟添设海军参议官一员……"。③此处"航政"并未具体指明业务内容，单从行文看，地方政府侧重从军事层面职官设置来扩充"航政"业务。邮传部官制设定之后，1908年4月，曾指令湖北地方奉旨奏报各口理船厅章程，并将沿海、长江内港各关进出口华洋商轮名号、艘数、大小、尺寸暨各省华商设立轮船公司船名、船数、船公司从前及现在所定各项章程详细搜寻报告该部，同时指出嗣后凡商家购置轮舶成立公司，经农工商部注册后，仍须向该部立案登记，"以凭稽核，而重航政"。④这里涉及邮传部对航业公司成立采取立案登记程序，实施稽核监管，同时对华洋商轮的具体情况进行调查。此处"航政"词语的使用与后续"航政"开展的核心业务非常接近。邮传部船政司成立后，其奏拟定轮船注册给照章程及业务时，亦称"本部统辖全国航政……"⑤"臣部总司航政……"⑥1910年3月间，围绕中俄改订改订东三省商约，多次提到松花江中俄"航政"问题。⑦这里侧重于中俄间有关松花、黑龙两江的航权交涉问题。至1911年4月，邮传部于路航邮电四政各设一员参议官时，于船政司下拟设"航政参议官"。⑧

可以看出在1907至1911年间，"航政"一词在官方，尤其是邮传部使用已经相对较

---

① 相关内容可参见中国船级社：《中国古代船检暨相关航政史料汇要》，人民交通出版社，2016年。交通运输部海事局：《中国海事史》（古、近代部分），人民交通出版社，2017年，第3-6页。
② 国内紧要新闻：推广航政：《大同报（上海）》1907年，第8卷，第9期，第30页。
③ 《东督徐奏设东山省督练处试办章程折》：《申报》，1908年1月24日，10版。
④ 《部咨填送商轮简明表》：《申报》，1908年4月8日，10版。
⑤ 《邮传部札上海商会文：为轮船注册领照事》：《申报》，1910年1月14日，17版。
⑥ 《要折：邮传部奏拟订各省大小轮船注册给照章程折》：《申报》，1910年5月29日，18版。
⑦ 《整顿松黑两江航行之计划》，《申报》，1909年6月12日，4版；《东三省近事》，《申报》，1910年3月14日，10版；《改订中俄商约之先声》，《申报》，1910年3月23日，4版；《时评中俄商约》，《申报》，1910年3月24日，6版。
⑧ 《设四参议裁一路局》，《申报》，1911年4月14日，4版。

多，其内涵尚未固定，主要关涉航业监管、航业拓展、海权、海防、航政职官等事项。

光绪三十二年（1906年）九月二十日，清政府推行官制改革，谕令设立邮传部。翌年，该部设船政司。此为中央政府设立的专门管理水上交通机关之始。光绪三十四年（1908年）六月，邮传部尚书陈璧奏定官制，邮传部职掌全国船政，举凡内港外海各江航业所有测量沙线、推广埠头、建设公司、营辟厂坞以及审议运货保险、检查灯台浮标等事务。船政司下设筹度科与核计科。前者负责航务调查，航路开通，航业推广与保护，航政条陈、筹备及整顿，审核章程，管理船会，船舶失险，检查灯旗，信号，码头，商埠，运军，运漕，船员试验请奖，各轮船公司接管，立案等。核计科负责各公司轮船表册，账簿，注册，给照，购买，估变，减费及航务裁判。[①]可以看出，此时清廷中央交通官制则是掌管全国"船政"的"船政司"。

进入民国后有关交通行政中航政的有关著述，多以"航政"命名，很少有以"船政"为名的。[②]这里若单纯从"航政"和"船政"两者之间纯语义上进行阐释，似乎很难对两者进行区分，也不能判别出二者所涵盖内容的广度和深度。

1912年民国成立后，中央交通部设置航政司，同年4月，中央政府迁往北京后，航政司接收前邮传部船政司职掌事项。7月航政司设总务科、航业科、航务科、港务科。1913年12月，中央官制修订，交通部航政司改为邮传部航务科。1916年8月，又恢复1912年官制，交通部仍设航政司，下辖总务科、管理科、航业科、工程科。因中央官制中有航政司设置，此期以及后续较长时期内，水路相对发达的地方政府在其官制中亦多专设职官或与之相关的名称。如"航政处""航政局""航政秘书""航政捐"，等等。该类记述多散见于民国期间撰成的地方志之中。[③]

1925年，国民政府在广州设立交通部并颁布《交通部组织法》，部内设邮电航政处。1927年7月4日修正《交通部组织法》，路政司掌理航政事务。1927年国民政府奠都南京，同年5月交通部设置航政司。1929年12月20日，交通部公布《交通部航政局组织通则》，通则内规定航政局职掌有：轮船、民船检验、丈量、登记及发给牌照事项，船员、引水的考核监督事项，造船事项，航路标识监督或管理事项，港务、码头、趸船堆栈的监督或管理事项，港内险滩的救护事项，航路疏浚测量事项。[④]1930年2月3日，对于交通部组织

---

① 白寿彝：《中国交通史》，武汉大学出版社，2012年，第162-163页。
② 如王汝讷所编《航政纪要初编》（1912年），邢契莘：《松黑两江航政考察纪略》（1923年），交通铁道部交通史编纂委员会主编的《交通史航政编》（1931年），交通部编印《四年来之航政》（1931年），广东建设厅《航政特刊》（1931年），王洸的《现代航政问题》（1937年），高廷梓《中国航政建设》（1947年）。
③ 如民国《望都县志》《宣威县志》《续纂台州县志》《清远县志》《续修台州府志》《醴陵县志》《开平县志》《顺宁县志》等。
④ 朱汇森：《中华民国交通史料（一）：航政史料》，"国史馆"印行1989年，第59-60页。

法中的航政司的职掌专门进行修订。其职掌范围有：管理航路及航行标识并其他一切航政事项，管理经营国营航业，监督民营航业，船舶发照登记，计划筑港及疏浚航路，管理及监督船员船舶造船，改善船员待遇等。[①]1930年，交通部筹设直属航政局。是年12月15日国民政府颁行《交通部航政局组织法》。该法规定航政局分两科，第一科为总务管理，第二科为航政技术管理。第二科职掌有：船舶检验、丈量，载重线的标识，船舶登记及发给牌照，船员及引水的考核监督，造船事项，航路疏浚，航路标识的监督事项，船舶出入查验核发等。[②]1931年7月至9月，先后设置上海航政局、汉口航政局、天津航政局、哈尔滨航政局。并在各局辖区内重要港埠设置航政分支机构。

需要特别指出的是，近代一定时期内，航政涵盖航空事务。暂且不论各航政行政机构最后设立与否及设立后各类职权施行的效果如何，仅从机构设立者预设的目标与内容看，航政所关涉的业务内容主要围绕水上交通展开。但我们检阅此期留存的有关报刊杂志时"航政"一词所涵盖的内容亦有航空事项。如1920年代左右的《交通丛报》内部板块设"航政部"，内容不仅涵盖轮船航运，也包括飞机航空事项。1920年代末、1930年代初的《交通公报》航政栏目内也有有关航空业务内容。这其实与近代民用航空行政变迁有关。民国北京政府时期起初并无专设统辖空中交通的行政机关。迨至1919年，交通部以航空事业应属交通行政范围，于是设置筹办航空事宜处。但此时交通部官制中并无涉及航空的内容。于是将航空事务统归于航政司掌理。后续航空官制多有变动和调整。南京国民政府成立后，于1928年6月在交通部航政司内添设第四科，筹办民用航空事业。同年12月，国民政府公报《修正交通部组织法》第10条航政司职掌内，第2项为关于筹办管理航空及监督民办航空并空中运输事项，第4项为关于船舶、飞行器发照、注册事项。同年11月，国民政府设立直隶于军政部的航空署，职掌全国航空事务。1929年1月，军政部向全国编遣会议提案，认为交通部所拟军用与商用航空职权划分办法，非当时所急需。后经二中全会议决航空事业统归军政部统辖。但航空邮运及其经费归交通部主管，并拟设邮运航空处（最终因各种原因未能设立）。1930年2月3日，《修正交通部组织法》第9条，邮政司职掌内，第3项为关于管理经营国营邮政航空事项，第4项关于监督民用航空承运邮件事项，同时将航政司第四科取消，于邮政司内添设第三科，后改为空运科。[③]由是可见，航政在此期内容亦涵盖航空事业内容。

从上述简单的历史梳理可以看出，晚清五口通商后，各通商口岸的航政事务由海关总税务司兼理。轮船航运业兴起后，1906年，邮传部设立，下设船政司，是为中央航政

---

① 朱汇森：《中华民国交通史料（一）：航政史料》，"国史馆"印行1989年，第90-91页。
② 《交通部航政局组织法（立法院第129次会议通过）》，《星槎》1930年，第31期，第14-15页。
③ 金家凤：《中国交通之发展及其趋向》：张研、孙燕京主编：《民国史料丛刊》620经济·工业：大象出版社，2009年，第368-371页。

013

主管机关。1912年，民国成立后，成立交通部并接管晚清邮传部。嗣交通部设置航政司，国家对于水路管理机构设置始有"航政"称谓。

晚清以迄民国，提及航政，自然有航业主权一层含义蕴含其间（因为航权本身即为国家主权的一种）。其涵盖的业务内容涉及船舶管理（船舶的检查、丈量、登记注册、造船等）、海员、引水管理（海员、引水的核定与考验）、海事裁判（海难事件的裁判）、航路标识监管（灯塔、灯船、浮椿、雾号等的筹设、维护及管理）、国营航业的经营（如轮船招商局的经管）、民营航业的监管（民营航业航线航路的调剂分配、航业纠纷的调处、航业合作、救助与奖掖、航业公司的监管）、航业同业组织的监管（航业同业公会、驾驶员轮机员等海员同业团体等）、航道的测量与疏浚、港口的管理（港内设施的建设、埠头管理、仓储的管理、船舶指泊等）等。这些与航政关系密切的内容主要围绕水上交通安全的航政核心内容，其涵盖了水上交通工具船舶（轮船及民船）、进行航海或航运活动的人员及组织（海员、引水、航运企业、船户、航业公会等）、航海（航运）活动的自然及人为设施（港口、航道航路标识等）。与其紧密相关的行政机构有交通部航政司、各口岸航政局或航政办事处，各地方省市的航政局、航政处等。时人对于航政的认识也逐渐明晰，"夫管理水道交通全部之事务，谓之航政"。并指出航政统理工作范围为：疏浚河道，维持交通，奖励航业，保护航业，考验海员，勘验船舶，严缉私扰，监督征收，教育船民，保管码头、货仓，监视航海标识，监督造船造机，处理纠纷、排解争执，计划一切航政建设。①

故而，航政概念在历史的演化过程中其内涵和外延不断发生变化，在不同的历史语境中亦不同。简言之，本研究所谓"航政"即由近代官方设立的（或获得官方主动被动认可的法定团体或机构）机构在中国领水范围内以管理、维护水上交通安全为主要内容的各类行政事务。其部分历史年份所涵涉的航空事务不在考察之列。

"航权规复"。航权即航行之主权，是交通主权的主要组成部分。其主要涵盖沿海贸易权（沿海贸易、沿海运输、船舶兼营沿海运输）和内河航行权（内港航行、沿江航行、外轮入长江航行）。② 具体到1930年代的航权规复，它既有沿海贸易权和内河航行权的规复，亦包含"航政行政职权"规复。后者原则上不关涉行政主权的的规复，它更多地体现在中国政府内部（财政部所辖海关税务司和交通部航政司之间）有关航政职权的转移，即由中国政府名义上管辖的外籍总税务司将其兼管的航政管理职权转移到交通部航政司。本研究所指"航权规复"涵盖上述"沿海贸易权"和"内河航行权"的规复，在展开相关阐释时更多倾向于"航政行政职权"的规复。

---

① 谢子刚：《航政与地方行政之关系》，《航政特刊》1931年8月，第44-46页。
② 王洸：《外人在华航业实况与收回航权问题》，《外交评论》1934年，第3卷，第4期，第72-74页。

（二）考察时段

本研究考察时段集中于 1931 年至 1937 年，自 1931 年上海航政局成立至 1937 年该局局务中止。航政行政机构的设置、运行及中止有其复杂的内外部原因，为尽可能真实呈现相关历史面貌，我们在考察时会做适当前后延伸。

四、研究框架与创新

（一）研究思路

本研究试图以上海航政局及其所属航政办事处及交通部航政司相关档案史料为基础，从制度史、航运史的角度，试图对其做整体式的研究。在研究方法上，本文以历史学的实证研究为基础，在历史唯物主义的指导下，结合制度学、航海学等相关理论，以上海航政局为研究对象，从航政管理的中观层面考察和检讨近现代中国航政管理的实态、航权规复的历史状况及航政管理的艰难变迁。

在研究思路上，本研究坚持历史研究的"描述性"与"阐释性"、"共有性"与"典型性"相结合的研究路径。在全面爬梳上海航政局相关的史料之后，力争较为系统地对其历史存续时期所开展的各类航政管理实践进行较为客观的记述。其结合其他学科相关理论所开展的"阐释"更多是结合相关史实进行，力图达成剖析有据、论从史出。撷取航政管理中普适性与典型性的案例，并进行深入探讨，从而实现多视角、多维度地在具体的历史语境下探讨中国近现代航政管理及变迁。

（二）创新点

研究视角选取。以地方有代表性的航政局为切入点，从航政管理的中观层面探讨 1930 年代中国航政建设发展的曲折历程，具有较好的典型性和代表性。航政局介于中央交通部与地方航政办事处、航运企业、船户之间，在航政政令下达，航业行情上达等方面起到不可替代的沟通联络作用。同时，航政局在参与航政制度的创制和施行方面，在航政管理中承担着重要角色。

史料运用。上海航政局本身的档案庋藏相对集中，主要收藏于上海港务集团档案馆。这些档案史料构成本研究的主干资料。该部分档案系统地记录了该局成立、人事管理、航政管理业务的实践、与交通部航政司、地方航业同业组织及航运公司、船户间的业务往来内容。该批档案史料为进行相关研究提供了重要的一手史料。

厘清此期航政管理机构的关系。如前所述，近现代航政管理机构分散、职权叠加，本研究拟通过相关研究的开展，厘清此期航政管理机构（交通部航政司、航政局）与海关理船厅、地方建设局（公用局）等机构在船舶管理、水上交通安全管理等方面的复杂面向和错综关系。

（三）研究框架

概述部分着眼于研究问题的导引，并做好相关学术史的综述与检讨。

第一章：清末民初的航政管理体系格局。该章从总体上论述近代中国从半殖民地半封建的国家向主权独立的国家转型期，国内的航政管理呈现出以外籍总税务司所属的理船厅体系、中国政府交通部（邮传部）条线下的航政体系、地方省市政府所属的建设厅局系统下的航政系统及民间航业组织（如商船公会）等类型的多元并存的航政管理体系格局。这一多元并存的航政管理格局，是近代中国受条约制度影响，集航权丧失与航权规复中外之间、航政管辖权中央与地方之间双向或多向互动、博弈的立体呈现。

第二章：上海航政局的设立、调整与变革。本章旨在从组织制度上对上海航政局的设立酝酿、机构设置、航政分支机构的扩充调整及变革进行系统的论述。

第三章：上海航政局组织职权与人事分析。该章围绕上海航政局组织职权及相关人事管理制度的文本演变，航政局及分支机构人事管理的实践及典型的人事管理案件，探讨此期以上海航政局为代表的航政官署人事管理的实态。

第四章：与地方航政管理机构和海关之间的冲突和调和。本章聚焦于与上海航政局业务密切相关的地方航政机构（如建设厅、公用局等）、海关之间，在航政职权划分、船舶检丈、登记、航路标识等方面的冲突和调和。

第五章：上海航政局航政管理的实践。该章主要阐述上海航政局开展的各类航政实践。该类实践主要从船舶登记、检验、丈量，船员的检定与考验，配合航政司实施航业监管，参与各类航律的制订与解释等内容。本章着重考察航政管理的制度文本与航政实践之间的互动。

第六章：上海航政局航政管理绩效评述。该章主要通过上海航政局所开展的各类航政实践，评述其取得的若干成效，揭示其在航政制度施行中的弊端与不足，并从宏观层面对此期以交通部航政司为主导，以各口岸航政局及其办事处为实践主体的航政管理活动进行深层次的剖析和解读。

结语部分主要从宏观层面，检视此期以上海航政局为代表的航政管理实践在中国近现代航政管理历史变迁中的意义及局限。

第一章 清末民初的航政管理体系格局

伴随工业革命的发展与拓展，19世纪后半期世界各经济强国在交通领域的发展非常迅速。但在航运领域，以蒸汽为动力的轮船整体实力超越帆船之上，其实直至1896年方才实现。以英国为例，1866年，该国帆船吨数为轮船的5倍，后续逐渐减少。其他各国轮船发展的步履亦较迟缓。至1890年，世界帆船的实力整体仍在轮船之上。1896年以后，全世界海洋运输中的轮船吨数在整体上方超越帆船。[1]这一状况与外轮进入中国沿海整体状况是一致的。西方国家近代早期通过战争、侵略等各种手段，攫取了中国大量的航行特权。而当时大量进入中国水域的西方船只主要是依附于贸易商行的帆船。在外国轮船尚未控制中国航运之前，外国帆船其实已经在中国沿海"横行称强"了。[2]

第一次鸦片战争后，外国轮船已经任意在中国沿海航行。这些轮船多是从属于当时在华较大的商行（美国的旗昌洋行，英国的怡

---

[1] 《国际财政经济：世界经济变迁之趋势》，《银行月刊》1926年，第6卷，第11期，第179页。
[2] 樊百川：《中国轮船航运业的兴起》，四川人民出版社，1985年，第118页。

和洋行、宝顺洋行，德国的禅臣洋行等）和轮船公司。第二次鸦片战争，外轮进一步取得航行中国内河的特权，并可以在各通商口岸间任意进行航行贸易。从1860年代起，外商轮船加大进入中国水域的力度。

1872年轮船招商局成立之前，中国几无轮船航运业[1]，中国水域内几乎全部为外籍轮船。此后，在外籍航运业的刺激和示范下，中国的民族航运业逐步得以发展。但与外轮相比，华轮整体势弱，并在较长时期内保持这种状况。1872至1930年间，在通商口岸进出的中外轮船船只吨位统计中，华轮吨位百分比在15.6%至36.7%之间。而外轮则在63.3%至84.4%之间。[2]进入1930年代，这一状况并未得到根本的改观。1932至1935年，中国海关进出口中外船舶吨数百分比之中，中国分别占25.03%、27.12%、29.37%、29.14%。外轮（英、日、美、法、德、挪威及其他）占七成左右。中国的远洋航业中外轮占绝对优势，以1935年为例，华轮总吨数仅占15.84%，剩余84.16%尽为外轮所有。而中国的沿海及内河轮船，亦以1935年为例，华轮总吨数占35.8%，外轮占64.2%。[3]可见至1930年代中期，华轮主要航路在沿海及内河。通商口岸的华轮吨数与外轮比较，尽管在远洋、近海及内河中所占比例整体在四成以下。但从华轮自身发展的纵向比较，其总体趋势亦是上升的（从船只数量和吨数两项指标考察）[4]，从不同时期成立的航业企业看，1860—1899年全国先后成立过68家，1900—1911年成立过146家，1912—1927年成立过194家。[5]总体设置数量亦不断增多。

与中国领水内日益增多的华轮和外轮史实相对应的是中国交通行政机构设置的滞后和孱弱。中国的交通行政向无最高的专辖机关，清末洋务运动之后，"如船政之招商局附设于北洋大臣，内地商船附属于旧时之工部，邮政附属于总税务司，路电两项虽特派大臣督办，而未设专官，视同差使。"[6]清末中央政府施行预备立宪，作为当时官制改革的一部分，光绪三十二年（1906年）九月十二日，邮传部成立。依据清政府谕令，该部领辖轮船（航政）、铁路（路政）、电线（电政）、邮政等交通四政。有论者认为邮传部

---

[1] 仅见1870年创办于烟台的"清美洋行"一家。参见杜恂诚：《民族资本主义与旧中国政府》，附录（45）航运业，上海人民出版社，2014年，第438页。
[2] 严中平等编：《中国近代经济史统计资料选辑》，中国社会科学出版社，2012年，表6-1，第154页。
[3] 金家凤：《中国交通之发展及其趋向》：张研、孙燕京主编：《民国史料丛刊》620，经济·工业，大象出版社，2009年，第354-357页。
[4] 金家凤：《中国交通之发展及其趋向》：张研、孙燕京主编：《民国史料丛刊》620，经济·工业，大象出版社，2009年，第332-333页。
[5] 杜恂诚：《民族资本主义与旧中国政府（1840-1937）》，上海人民出版社，2014年，附录（45）航运业，第438-460页。
[6] 本部统计处编辑：《邮传部总务沿革概略》，邮传部档案全宗，第47号卷宗，中国第一历史档案馆藏。转引自苏全有：《清末邮传部研究》，中华书局，2005年，第36-37页。

的成立"不仅仅有清政府政治资源整合的诉求（即推行预备立项），而且暗合了晚清交通发展的需要",①是符合历史事实的。

五口通商以后，伴随一系列不平等条约的签署，外籍的海关总税务司领导的理船厅逐渐掌理了中国的各通商口岸的航政职权。中国政府尽管在中央层面设置了最高交通行政机关（邮传部、交通部），但是直接施行最高行政机关各项政策、法规的中观类型的航政官署直至1930年代初期交通部方在各口岸设立。其间，民间层面的商船公会部分履行过中观层面航政官署的职能，而北京政府时期拟设置的航政管理局仅停在动议层面。通商口岸船只由海关兼办，内港船只则由地方政府自办（地方船政局、航政局及后续的建设厅航政处或个别城市的公用局承办的航政事项皆属此类）。1931年，国民政府向海关收回部分航政职权之后，国内航政管理逐步形成以中央政府交通为代表的航政管理体系、以地方政府为代表的航政管理体系和以海关理船厅为代表的航政管理体系。

一、中央政府航政管理机关

（一）邮传部船政司

清光绪三十二年（1906年）九月二十日，清政府厘定官制，设立邮传部，管辖船政、路政、邮政、电政四门。翌年五月，邮传部尚书陈璧呈请中央于是年六月初一起，将该部部务分为五司，船政司为其一。二十七日中央指派庚耆充船政司正稿。光绪三十四年（1908年）四月，清廷派船政司员外郎庚耆任船政司司长上行走。六月中央奏定官制，船政司掌理全国船政，凡轮船应行考复、调查及筹划扩充，并审议船律各项事件。全国内港、外海、各江航业，所有测量沙线、推广埠头、建设公司、营辟厂坞以及审议货运保险，检查灯台、浮标各事，凡有关于船政者皆归其管辖。该司设筹度、复计两科。筹度科主要负责航务调查、航路开通、航业推广及保护船政条陈筹备及整顿。审核章程、管理船会、海事检查、灯旗、信号、码头商埠、运军运漕、船员试验请奖、各轮船公司接管立案等。复计科主管各公司轮船表册、账簿，注册给照，购买估变减费，救难及航务裁判等。12月派庚耆任船政司长。

从其所设官制具体掌理的内容看，邮传部船政司虽名为"船政"，但其具体内涵却较为丰富，涵盖航政管理的多项内容，涉及港口、航道测量、航政管理法律、航路指示、海事事件的检查及裁决、航业同业组织的监管、航运公司的登记注册、军运漕运、

---

① 苏全有：《清末邮传部研究》，中华书局，2005年，第33页。

航业调查、推广、整顿及保护等。上述船政司拟掌理的各项事务基本涵盖了水上交通安全的大部分内容。

宣统元年（1909年）宪政编查馆曾具奏批准由邮传部咨请税务大臣移交接管理船厅所理船政事务，但总税务司认为理船厅与关税有互相关联，不能分割，并认为条约上有关海事工程及船钞两项决不能移交华人办理。

邮传部就船政一门，虽设官立制，因总税务司所属的理船厅业务未收回办理，造成其实际能开展的各项业务多有名无实。船政司成立之后，于船政管理所开展的工作主要有如下数端：接管北洋大臣移交的招商局及农工商部移交的各省商船公会；颁布轮船表式；举办航海教育。

颁布轮船表式。邮传部成立后，在中央官制划定时，将轮船一项归其管理。对于轮船的管理分前后两步进行。第一步所有沿海沿江内港各关进出口的华洋商轮名称、艘数、大小尺寸暨各省未设立海关处所华商所设小轮公司的船名、船数及该公司从前、现在所定航海管驾、转舵、转帆、防碰、保险、搭客、载货、停泊、拖带、昼夜暗号、各项章程等内容均须向邮传部呈报备案。后续所有购置船舶、成立航业公司，除在农工商部注册外，并须呈明邮传部进行立案。

船政司所颁轮船表式分为两种，一种是"中国南北洋轮船表"，表式内容涵盖船名、公司名称、驻泊码头、行驶口岸、制造购买年月、制造购买成本、历年估现成本、船身长广尺寸、吃水尺寸、昼夜用煤吨数、机器马力、速率、装运吨数、舱位容客数、船员水手杂役名数、大修次数及修费、岁修费用、旧船停驶、废船旧料、进款数目、出款数目、赢歉数目。另一种为"各国往来沿海长江轮船表"，表式内容有船名、公司名目、何国商人、驻泊码头、行驶口岸、制造购买年月、制造购买成本、历年估现成本、船身长广尺寸、吃水尺寸、昼夜用煤吨数、机器马力、速率、装运吨数、舱位容客数。

从船政司所颁轮船表式及其内容看，此举的目的更多类似对华洋轮船的登记备案。其轮船表式所言船舶范围有限，以资本组织形式为公司的轮船，其他资本组织形式如合伙制、独资等形式的轮船如何备案？同时，大量的帆船则不在其立案范围。其表格的统计报送主体为津海关、东海关、江海关、江汉关各关监督。该表式施行后，华商轮船公司有部分呈报。该表式对于外籍船舶开列的需要填报的信息资料偏于简疏，各关监督对于各关税务司无统辖权。由税务司下属理船厅办理登记的各项类外籍船舶信息资料，各关监督很难获取。而最根本的理船事务，税务处所属的各海关税务司并未将其移交，这就从源头上注定了此期船政司轮船登记备案工作的有限性和不完整性。这也是邮传部于宣统二年（1910年）再行颁行《轮船公司注册给照章程》的直接动因。

举办航海教育。五口通商以后，在外籍轮船刺激和示范效应下，民族航运业逐步得到发展。但船员问题，尤其是驾驶和轮机两项航海人才急缺。华商轮船上的驾驶和轮机人才多由外人充任。外籍船员薪资过高，同时因语言隔膜，船务公司管理多有不便。是故，经由航海教育，培养本国航海人才成为当时邮传部的一项重要业务。举办航海教育重要举措即是设置培养机构。根据宣统元年（1909年）八月宪政编查馆奏核成立各衙门案，卷内指出船政机关应办事宜，一为理船厅划分；一为航路航业推广；一为商船学校之筹设。是年九月，部令上海高等实业学堂监督招考学生，先行设立航海一科，附属校内。宣统二年（1910年）先行开课。同时，在长江吴淞口建筑商船学校校舍，建成后将该科学员移入。更名为商船学校。并指派萨镇冰为该校校长。该校招生时，因应考者对航海一科学习内容及未来从事工种不甚明了，报名及通过筛选者人数有限。该校办学过程中与各航运企业联络不密切。加之当时海关理船厅负责中外船员的考验及证书发放，其对中外船员考核有别，致使该校毕业生进入航运界多不通畅。1915年该校被迫停办。

（二）交通部航政司

民国肇始，邮传部更名为交通部，该部初设总务、路政、邮电三股。航政事务暂附于邮电股项下。后设航政司，该司分总务、航务、航业、港务四科。民国北京政府时期，交通部所属航政管理机构，因交通部的历次官制改革，其职权范围、业务内容等多有变动。此期航政司的航政管理事项，因各地海关所属的理船厅未能收回，业务较为窄仄。其业务荦荦大者有以下数端：

修正、订定航律。航政司此期对船舶相关的航律进行订定、修订主要围绕轮船注册给照、特殊船舶管理及沉船打捞等三部法令。其中，对晚清邮传部所颁《轮船注册给照章程》进行的修正内容集中于原条款个别文字表述不合时宜部分，原章程对于轮船注册给照为免费性质（邮传部时为暂行办法），而此期东西各国轮船注册给照均收取费用，考虑到各国成例，航政司在注册给照时亦收取相应费用。该章程经修正后，于1914年5月12日以部令公布。修正供厘定21条。民初，沿江沿海各省军警自备或租借轮船日多，而此项船舶与一般商轮性质及用途有别，1915年4月，陆军部会同内务、交通两部暨税务处拟具12条《军警用船管理章程》，并呈请大总统批准。该章程第二条所指的"该项船舶仍应按章注册领照，遵照海关关章，由海关指派人员进行船舶检验"的内容进行修正，该项内容主要针对各省军警长期租借商船而言，其临时租借商船不在此项。修正后将此内容添列其中。此外，航政司曾就沉船打捞事项，牵头会订《起除沉船章程》。1915年，总税务司呈由税务处咨送交通部会同订定晚清参照英国相关章程订定的《起除沉船章程》，并于是年6月6日由大总统核准并咨外交部照会各国驻华公使查照。针对船员的相关航律订定的主要有1922年10月四日公布的《商船职员证书施行细则》、1924年7月7日公布的《商船职员服务证书暂行规则》。除直接修订相关航律外，交通部鉴于海事事件难以裁判，于1918年聘请英人戴理尔为航政顾问。并于1919年3

月设立航律委员会于部内。指派参事陆梦熊为会长,设会员若干人,编译员若干人,有航政顾问起草后,译成中文,交由会员审订签注。定期开会议决呈部核定。经该委员会先期编译的航律涉及船舶登记、船舶吨位丈量、造船规程、船舶检查、船舶管理、船员任免、船务裁判、危险预防、灯旗信号通信规则、航务标识、水难救护、税则、港章、检疫、商法等。1921年,戴氏返国,修订航律搁浅。后续又聘请美人义理寿为顾问,不久交通部取消该委员会,航律修订亦中断。

调查理船厅,筹备收回航政管理权。1913年,交通部曾派员赴江海各关调查理船厅及民船情形,为在江海航运发达区域设置航政管理局做准备。终因总税务司不允,未能规复。其间,交通部曾草拟《航政管理局职掌暂行章程》12条,内载航政管理局的组织、职掌及权限等。

二、兼理航政之海关总税务司

从1854年至1949年,中国的海关是由中国政府雇用客卿(洋人)代管,以洋员为主。这一时期中国海关的管理制度,学术界一般称之为"外籍税务司制度"。总理衙门是总税务司的中央监管机构,对重要的情事保有审核权,南、北洋通商大臣及各关监督则拥有知情权。各税务司不受各关监督统辖。民国成立后,各地海关(包含常关)改由北京政府税务处管辖。南京国民政府时期,总税务司隶属于财政部,具体受财政部关务署的监督管辖,各地海关直隶于总税务司署,各海关下设分关、支关或支所。

近代的中国海关是一特殊的组织,其执掌范围不仅仅局限于口岸管理及课税,举凡航政管理、海务港务、邮政、教育、商标注册、外务活动、博览会(赛会)、华工出洋等业务均涉猎其间。具体到海务一项,五口通商之后,国门被迫洞开,外轮进出各通商口岸后发现,沿海、沿江的海务设施远远不能满足其商轮的需要,严重制约其对华商业贸易活动的开展。而彼时之中国既无财力,亦无技术开展相关设施的设置、维护及管理。这一职能只好交由外人主导的海关代办。

咸丰八年(1858年)《天津条约》第32款规定:通商口岸分设浮桩、号船、塔表、望楼,由领事官与地方官会同酌视建造。是年《中英通商章程》第10条规定:"凭总理大臣邀请英人帮办税务,并严查漏税,判定口界,派人指泊船只及分设浮椿、号船、塔表等事,毋庸英官指荐干预。其浮桩、号船、塔表、望楼等经费,在于船钞项下拨用。"[①] 此条款是近代海关兼管海务、港务的条约依据。

---

① 王铁崖编:《中外旧约章汇编》(第一册),三联书店,1957年,第140页。

同治四年（1865年），总理衙门准将船钞一成交总税务司办理海关各口理船厅。同治七年（1868年），又准拨七成船钞办理江面、海面灯楼、塔表。因此时，清廷无航政管理机关，航政管理事务遂由海关兼办。

19世纪60年代初期，各地海关（洋关）设立之后，初因中外商贸稍简，轮舶出入数量有限。因此，海关此期主要关注的是商税稽征。迨至后续中外商贸繁盛，轮舶日增时，航行于江洋水面的船舶安全成为迫切需要解决的问题。同治十年十一月，清政府设税务营造处，并委派总营造司一人，会同各关税务司办理相关事务。遇有航行危险处，进行探测，并随时标记。并在相关处所设置灯塔、灯船、灯杆、警船、浮桩等设施。并对于其移修增撤进行动态记录。总营造司驻江海关办公，执掌全国各口行船工程兼办船舶检验。总巡工司负责其管理事项。总巡工司下设巡工司、巡灯司及港务司（即理船厅）三部。

巡工司负责管理各关灯塔、灯船、浮桩及各关理船厅，海道测量、航道绘图、天气预告、疏浚内港、沉船打捞、灯务用人、灯务报销、巡船耗费、船员薪给等业务。巡灯司设有巡灯员、灯船主若干。该司对天气、机器工作状态、浮标情形、船只旗号次数、灯用汕气压力等内容需要按照表格登记后报告于巡工司。港务司所掌职务即理船厅所掌职务。负责船舶（指定泊所）、设置码头驳岸、稽查出入船舶、考验船员证书、勘量轮船吨位、检查浮标、指示航路、选用领港、管理火药及爆裂物储藏所、防疫所、守望台、水巡等工作。各通航口岸均设专员办理上述事务。[①] 海关所辖巡工司，其业务范围涵盖了一切与航行安全有关的业务，航路助航标识设置、管理，航道疏浚，海道测量、海图绘制，船舶指泊，船舶检查、丈量、登记，船员考核，引水人员考核管理，港口检疫，海事事件的处置等。海关实际上全面控制了中国沿海沿江各口岸的航运、港口、航政管理权。

具体而言，海关兼办的航政事项，以船舶注册给照和检查丈量两项业务为例，其前项业务开展的实际情形是，凡华洋商轮往来长江一带者，由海关发给行驶长江专照（即江照），其上注明船名、国籍、吨数、装载何物品、携带何项保护军械。其在内港行驶者，须在海关注册，由海关发给凭单（又称港照），注明船名、业主姓名、国籍、制造厂名、船价、船身、船桅、烟囱颜色，船主姓名、水手总数、国籍，机师总数、国籍，所带军械等。初次注册领单须缴纳关平银10两，每年换单须缴纳费用2两。如有改售等情事，须开单请理船厅核准，并由其换给号数，报税司存案。小轮、拖带船由海关发给拖船执照。

后项业务开展实际情形为，小轮及拖船按照海关定章丈量，限制乘客数量，违者处

---

① 关赓麟总编：《交通史航政编》（第一册）（一），交通部、铁道部交通史编纂委员会出版，1931年，第9—12页。

罚。华商制造大小轮船，由海关测量吨数；洋商船只则自行测量，其有请理船厅代为测量者，测后给与凭单。华商小轮每年检查1次，视其锅炉、船身、救生具、小艇及各项附设器用机关是否合用。检查后，将其所验情形，报理船厅，嘱其修理。修葺后，发给凭单，方能行驶。每检验一次，船主须纳银若干两。洋商小轮不在此例，不由理船厅进行检验。① 此项业务，海关对于华轮及外轮进行明显的区别对待。

邮传部成立后，曾拟定大小轮船公司注册给照暂行章程，要求各省大小轮船公司须将一切章程呈报该部，经审核进行立案注册后，随时颁发执照。并由各该航运公司自行持照至海关呈验后，方可禀请海关给予船牌，完纳船钞。并要求以前海关已给船牌各大小轮船公司均应一律补领该项执照。② 该项要求实际是试图从海关规复轮船公司的注册给照职权。但因海关对于航政与关税征收关系密切，不肯放权，其实际施行的效果自然差强人意。

三、航业团体

近代民间航业团体在一定时期内亦曾部分承担过航政管理职权。典型的即是商船公会。清光绪三十二年（1906年），基于海禁开放后，轮船日繁，为解决轮帆船业者矛盾冲突，航线竞争、航道维护、关卡胥吏需索刁难等航运的现实需要，在无政府相关航运管理官署及相关团体组织的情况下，航商自发成立维护自身利益、调解内外矛盾，并呈请政府（农工商部）备案的航运同业组织。光绪三十二年（1906年）三月初二日农工商部奏准颁行《商船公会简章》。从该简章中我们可以看出，商船公会实际在部分行使政府航政官署有关航政管理的职能。如公会总理协理政府办理检查船只良窳。编列船只号数及航商名录，计划其发达及扩张等事，农工商部颁定船旗、船牌格式后，由公会备制，劝令华船领取。旗牌费用按年分船型大小征收。③

该章程颁行后，先是江苏在镇江设置商船总会，上海、宝山、通州、无锡、盐埠、泰兴、如泰、清江、窑湾、南京、扬州等地先后设置分会。宿迁、江阴、正阳关等地设置支会。江苏之后，广东有广州、韩江各内河商船总会设置。清远、肇罗、江门、阳江、惠州、香山等处设分会。恩平、开平、新宁三地设置商船支会。佛山亦设有商船支会。广西梧州设有内河商船总会，南宁则设商船分会。江西九江设有商船总会，南昌、

---

① 关赓麟总编：《交通史航政编》（第一册）（一），交通部、铁道部交通史编纂委员会出版，1931年，第13页。
② 《邮传部札上海商会文：为轮船注册领照事》，《申报》，1910年1月14日，17版。
③ 关赓麟总编：《交通史航政编》（第一册），交通部、铁道部交通史编纂委员会出版，1931年，第104–106页。

吴城、吉安、赣州、饶州、河口、景德镇、樟树、义宁州、抚州等地设分会。福建在福州设置商船总会。安徽在芜湖设有商船总会。湖北有汉镇商船总会。湖南有长沙商船总会（后改为分会，隶属于镇江商船总会）。同时期也有其他各省呈请设置商船公会，因查核发现辖境冲突、虚假招摇（为勒索船户等正名）等未能批准成立。

四、地方政府航政管理机构

近代中国的航政管理机关，除海关理船厅经办的沿江沿海各口岸航政管理外，各内港的航政管理多由地方政府的相关管理机关承担。其管理纷繁不一，各具特点。民国初年，四川、湖北、江苏等地设有船政局（或称航政总局）以管理全省船舶事务。该类航政管理机构均隶属于地方省政府，不归交通部直辖，后因事权不属、经费困难及地方航商反对而均遭裁撤。惟广东航政局自1915年成立，直至1930年代仍在存续办理相关事务。[①]

湖北省航政管理机关演变。辛亥革命时期，湖北军政府曾成立交通司管理武汉三镇的水陆交通。该司存续期间曾向北京交通部及各省交通司提议收复理船厅。[②]国民革命军北伐占领武昌后，为加强武汉水上交通管理，于1926年12月设立湖北省航政局，并颁行《湖北航政简明条例》《航政局暂行职掌章程》等法令。[③]该局成立后主要负责办理民船、小轮的检查、丈量、登记、注册、给照等业务。汉口地区的外轮检丈主要有江汉关理船厅办理。1927年冬，湖北航政局改组为湖北航政委员会。1928年，湖北航政委员会被裁撤，湖北省政府在其建设厅之下设置航政处，办理武汉三镇间的轮渡。1931年，南京国民政府交通部汉口航政局成立后，厉行对该区域内大小商轮的检丈工作（此时中央与地方航政管理权限尚未划分），建设厅航政处主要办理武汉轮渡，[④]并以轮渡为基础，以"商督官办"形式办理全省内港航运，[⑤]接管全省商办内港小轮营业事务。此外，航政处还筹设内河航轮管理局，专管商有小轮营业。1937年6月，该省建设厅在航政处基础上，设置湖北省航业局，掌理全省水上运输建设事宜。[⑥]

[①] 关赓麟总编：《交通史航政编》（第一册），交通部、铁道部交通史编纂委员会出版，1931年，第58页。
[②] 关赓麟总编：《交通史航政编》（第一册）（一），交通部、铁道部交通史编纂委员会出版，1931年，第27-28页。
[③] 《湖北航政局武汉轮渡处暂行章程》，《湖北航政月刊》1926年，第5期，第8-10页。
[④] 陆伟：《湖北航政概况及改进计划》，《建议评论》1935年，第3卷，第4期，第1页。
[⑤] 苏明强：《近代湖北航政研究》（1928-1949），华中师范大学博士学位论文，2015年，第28-30页。
[⑥] 《本省法规：湖北省航业局组织规程》，《湖北省政府公报》1937年，第314期，第13-16页。

浙江省航政管理机关演变。民国成立之前，浙江省的民船牌照编发、捐费的征收有原水上警察局负责。民国成立后，因水上警察局未进行改编，所有民船的管理、取缔、牌照核发，暂由省内各县知事负责办理。1914年，浙江省行政公署设立内河、外海水上警察厅，负责稽查船舶、缉捕海盗、编发牌照、征收船牌费等事项。起初水警以船大小定牌照费高低，因船户反对，实行数月即中止。后规定一律征收牌照费二角，小牌1角。沿海由外海水警征收，内河由内河水警分段征收。因航政、港务与地方政府经济社会发展关系密切，各地方政府对内江、内河轮船、民船的航线核定、航业同业纠纷、航业从者取缔等事项亦拥有处置权。1927年10月，浙江省政府设立建设厅，该厅负责全省的航政建设。是年11月初，全省8个区成立管理船舶事务所，负责辖区内船舶的管理、取缔及牌照查验、征费等事宜。1930年2月，浙江省政府公布《浙江省航政局章程》，决定成立浙江省航政局，直隶于省建设厅，职掌全省航政管理事务。2月13日，航政局正式成立。改8个区管理船舶事务所为四个区航政分局。1931年2月，该局被撤销，改为航政处。7月将航政处撤销，改为航政股。下辖四区管理船舶事务所及分所，负责各项船舶管理事项。[①]1937年初，因抗日战争，浙江实施战时船舶管理办法。2月底，撤销各区管理船舶事务所及各分所。此后，省内船舶管理事务由各县、市政府负责。[②]

广西航政管理机关。广西省的航政在1927年春之前，分两部分组成。一为海关理船厅兼办，主要针对往来通商口岸轮船及接驳该项轮船货物的船舶。另一部分由广西省署实业科，其主要对往来内港的船舶进行管理。对于民船则随地征收船行捐。1927年春，广西省建设厅呈准在梧州设立航政局，罗汉声任局长，并于邕、龙、色、柳、浔等地设置分局。该局设立后主要对水筏、轮渡、船艇进行注册给照及取消船行捐。1928年该局被撤销，改设船舶征收处，由梧州中关统税局长韦超庸接收，航政中止。[③]1929—1931年因两广军事战乱，该局主政人员更调频繁，隶属关系改变（由建设厅改为财政厅），业务偏重税费征收，对于航政自身的建设鲜有可及。至1933年，该省航政主管机关完全撤销，改为纯粹船捐征收的"航舶征收处"。[④]

上海地区的航政管理。辛亥革命之后，上海市市政厅曾设立市舶科，该机构存续时间较短，1913年7月因市政厅被撤销而撤销。成立初期该科科长不设专员，由市政厅董事会总董事兼任。该科主要管理浦江两岸的各种船只并负保护之责。该科派员会同水巡警共同办理编查船籍，审查船舶良窳。检查船户，制止冒挂洋旗船舶，并饬令改悬民国国旗。发放沙船船照、渡船船牌。征收浦江及各河道所泊船只的船捐。管理渡船等事

---

① 朱延平：《浙江省航政建设之今昔与将来》，《浙江省建设月刊》1934年，第7卷，第11期，第1—6页。
② 童隆福：《浙江航运史》（古近代部分），人民交通出版社，1993年，第418—420页。
③ 《调查：林志澄：调查广西航业及视察航政之报告书》，《广西建设特刊》1933年，第3期，第4—5页。
④ 《论著：林志澄：广西航业与航政》，《广西建设特刊》1933年，第3期，第11—12页。

宜；①成立后，市政厅曾颁布《上海市政厅市舶科管理各项船只办事规约》。②

1927年5月，上海特别市成立，市政府成立港务局、公用局等机构，掌理水上安全、港口航道疏浚、码头管理运营、岸线租赁、船舶检丈等职能。1931年7月，交通部上海航政局成立后，依据《海商法》规定，执掌江浙沪区域内，总吨数20吨以上，或容量200担以上船舶；上海市市属的公用局、交通部上海航政局及江海关理船厅并行共存、共同掌理上海区域内中外船舶的登记、检查、丈量等航政管理事务。③

1928年8月，上海特别市政府依据《上海特别市组织法》组设港务局筹备处，并经国民政府核准备案。同年11月间，上海市拟具港务局组织细则呈奉国民政府交发至行政院。经行政院议决交财政、交通、外交、工商、军政各部审查。五部会同审查认为港务局组织细则所列各项职权，如第4条内第2.3.4各科职掌，多属中央行政范围，且与交通部组织法规定的航政司所掌事项重复。认为其所列职掌多数现由海关兼理，在全国范围内未收回海关兼办航政事务时，进行局部进行，"滋多歧异"。五部审议结果是"碍难实行"。五部对于此案态度实际是该局不能成立。而国民政府根据审查报告转饬上海市政府重行拟定，呈候核议。上海市根据五部审查意见，参酌海关兼办航政制度及交通部航政司职责范围，对原组织细则进行修订。对于江海关兼办上海港航政事项，出于对将来收回后拟办的考量，仍旧放入条文中。其间，港务局曾拟定方案，呈请收回浚浦局（主要办理黄浦江疏浚），并饬浚浦局三局长克日移交。④1928年12月，上海港务局宣告成立。⑤上海市港务局成立初期其组织细则未经南京国民政府核准公布。⑥上海市政府将该局组织细则及任命奚定谟为局长的呈文，国民政府行政院并没有核准公示。⑦换言之，港务局在成立两年时间内，并未获得中央政府的核准。中央对于该局的成立开始是持保

---

① 《纪事：外区纪事：市舶科简章交议》，《警务丛报》1912年，第1卷，第34期，第25-26页。
② 《上海市政厅市舶科管理各项船只办事规约》，《上海市公报》1912年，第4期，第5页。
③ 有相关研究在言及上海地区航政管理机关沿革时称"民国20年7月，上海航政局成立后，替代港务局实施航政、船舶、船员管理"。（《上海内河航运志》，上海社科院出版社，1999年，第300-301页）这里表述并不准确，是时航政局成立后并没有完全替代港务局，原来港务局的结束后，其业务划分到公用局、土地局、工务局承办。其涉及船舶登记、检丈业务主要由公用局继续承办。并且公用局与航政局分别代表地方和中央实施航政管理，两者长期并存。
④ 训令：行政院训令第105号（1930年1月14日），令建设委员会，《建设委员会公报》1930年，第2期，第6-8页。
⑤ 上海特别市政府训令（第3404号）：令各局（除港务局）：《为嗣后凡有关于港务事宜均应分别划归港务局办理由》，《上海特别市市政公报》1929年，第19期，第16-17页。
⑥ 《上海特别市港务局业务报告：关于经费收支事项》，《市政公报副刊各局业务汇报》1929年，第5期，第121-122页。
⑦ 指令：国民政府行政院指令（第179号）：1928年12月28日：令上海特别市政府市长张定璠：《呈请转请任命奚定谟为上海市港务局长由》，《行政院公报》1928年，第10号，第43页。

留态度的。1929年春，上海市长张群将港务局组织细则再次呈报行政院，国民政府令饬财政、外交、交通、工商、军政等部审查、拟具意见。认为上海港务局的组织细则多与中央职权有抵触，"碍难实行"。①此事延宕至1930年，对于行政院对设立港务局的态度，上海市政府仍然认为该局成立已久，职责重要，万难缓办。②虽然该局一直未获中央核准，但其实际在开展各项业务。

成立半年后，在向市政府汇报一项计划事项内，该局共列举28项之多。此28项之中与航政关系密切的计有：建议中央收回浚浦局及江海关理船厅；收回码头捐；对上海港船舶进行登记、检验；筹设黄浦江内添设浮筒，便利商船系留；对进出口船舶进行调查统计；对市域所辖各河往来船舶进行调查统计；划分邮船、货船、帆船停泊区域；筹设水上巡查队，维持港口秩序；修筑十六铺码头；修订引水章程，设法收回引水管理权；添置内港航行设施；筹设气象报告；筹设救生义渡及水面救火救难；开浚河道；修筑吴淞江及其重要支流堤岸；整理吴淞江码头岸线；修筑海塘；疏浚苏州河；建筑黄浦江及吴淞江两岸公共码头；改良黄浦江水道等。③新成立的港务局，激情万丈，但是所列各项事务，揆度当时情形，能施行的不多。以收回浚浦局、理船厅及码头捐为例，其不是上海一地政府可以解决，它涉及整个国民政府的内政、财政、外交、交通、军政、建设各方机构。在整个国家受制于列强不平等条约束缚的前提下，要实现局部通盘调整，牵一发而动全身。其出发点均为良好，但以当时国内外环境而言，未必可以实现。

对于船舶登记检验，港务局筹设以前由公用局登记检验，至1929年8月公用局还对辖区内的划船（两头翘，无桅、无锚、无蓬、无舵，专用两桨划行，是为浦江划船。有时行经内河时以一橹代双桨。④）进行暂行登记。⑤1929年11月，该局曾设沙钓船登记处，办理市域内沙钓船登记事宜。并颁有《上海特别市港务局沙钓船登记处规则》《上海特别市港务局沙钓船登记暂行规则》《上海特别市港务局检验沙钓船登记暂行罚则》等规章制度。上述登记管理制度规定，船户呈请登记沙船、钓船需要填具其船名，业主姓名，船长、宽、吃水、舱深，载重，制造年月，营业种类，航行路线，全船人数，现在状况（船底、船身及其他），附属机器种类、舢板数目及救生器具，航海指南针有无设备，每年出入吴淞口期数等。港务局接到船主填具的请求登记书后，派员前往该船依据

---

① 《国民政府行政院：为请补发审查港务局组织细则意见书俾依据改订由》，《上海特别市市政公报》1929年，第22期，第102-103页。
② 指令（第1065号）：1930年4月2日：令上海特别市政府，《行政院公报》1930年，第140号，第20页。
③ 上海特别市港务局业务报告：（七）关于工作设计事项，《各局业务汇报》1929年，第5期，第122-123页。
④ 上海特别市市政府指令（第1663号）：令财政局、公用局：为呈报订定划船形式及纳捐范围请示由，《上海市政府公报》1928年，第12期，第32-33页。
⑤ 上海特别市市政府指令（第1855号）：令港务局：呈一件为划船登记暂由公用局连同检验合并办理请检核令遵由，《上海特别市市政公报》1929年，第29期，第19-20页。

上述填具内容进行检验,如合格,则准发给沙钓船牌号及登记证。沙钓船请求登记时,须缴纳一定的登记费,每年登记一次。遇有更换名称、业主、业务及航线时需要呈请港务局更正相关登记信息。

1930年对于该局的一项统计显示,其所办港务涉及河流疏治、海塘修筑、船舶登记、码头管理等。于船舶登记一项,该局曾在吴淞设立登记处,对出入沙船、钓船进行登记。①

就沙钓船的船捐收取,该局先期实行的是各船按月进行纳捐,②后经木商公会呈请提议按照各船进口的次数进行收捐,这样比简单按月收捐,船户更容易接受。一般情况下,沙钓船每进口次数越多,获益越多。获益多,按次纳捐,更符合市场规律。在考虑调整船捐征收方式的同时,港务局站在政府立场,更多考虑的是如何保证征收方式调整后税收不减或增加。因此,在会同财政局进行初步测算之后,认为按次征收更有利于征税后,方才呈请市府进行核示。其间,为实现分类管理,该局曾对辖区内沙钓船的船捐费率进行调整(见表1-1、表1-2)。

表1-1 上海特别市港务局原订各项沙钓船捐率表③

等级	容量(吨数)	月捐数
1	不满30吨	3元
2	30吨以上、不满90吨	5元
3	90吨以上、不满140吨	7元
4	140吨以上、不满200吨	9元
5	200吨以上	11元

---

① 港务:(丙)船舶之登记:《各省市各项革新与建设》1930年,第4期,第28页。
② 上海特别市政府指令(第3747号):令财政局、港务局:呈为沙钓船请改为按次征捐并将捐率等级酌加三等乞迅核示由:徐桴、奚定谟:《上海特别市政府公报》1930年,第42期,第15–18页。
③ 《修正各项沙钓船捐率表》,《上海特别市政府公报》1930年,第42期,第18页。

表 1-2 上海特别市港务局修正各项沙钓船捐率表[①]

等级	容量（吨数）	每次进口捐银数
1	不满 15 吨	1 元
2	15 吨以上、不满 30 吨	3 元
3	30 吨以上、不满 90 吨	5 元
4	90 吨以上、不满 140 吨	7 元
5	140 吨以上、不满 200 吨	9 元
6	200 吨以上、不满 260 吨	11 元
7	260 吨以上、不满 320 吨	13 元
8	320 吨以上	15 元

对于码头管理，该局曾从大达、大通两家航业企业接收南市码头（接收之际，该局即将各码头租赁与各华轮公司，由各华轮分批次领认保证金。该局将分批取得保证金支付给大达、大通公司作为码头赎回费）。[②] 收回后的南市码头分两部分，部分由港务局核准轮船公司租用，其余为该局南市码头管理处支配使用。其间，该局曾就南市码头管理颁布数项章程。1929 年 10 月公布《上海特别市港务局南市码头并泊费章程》，规定中外轮船停泊南市码头均须缴纳并泊费（即停泊费），收费以时间和船舶注册尺寸为依据。[③]1930 年曾公布《上海特别市港务局南市码头管理处组织细则》[④]《上海特别市港务局南市码头管理处办事细则》[⑤]《上海特别市港务局南市轮船码头管理章程》[⑥] 等。

1930 年 12 月 10 日，上海市政府训令港务局于是年底结束各项业务。其掌理各项业务分别移交。整理南市码头事项及船舶登记事项归公用局接管；整理岸线事项归土地局接管；整理海塘堤防事项及疏浚河道事项归工务局接管。[⑦]

上海市公用局。该局掌理范围是经营监督电力、电话、电车、自来水、煤气等，并

[①] 《修正各项沙钓船捐率表》，《上海特别市政府公报》1930 年，第 42 期，第 17-18 页。
[②] 汇闻：内国航讯：《港务局接收南市码头》，《航业月刊》1930 年，第 1 卷，第 1 期，第 24 页。
[③] 《上海特别市港务局南市码头并泊费章程》，《上海特别市政府市政公报》1929 年，第 36 期，第 42-43 页。
[④] 《上海特别市港务局南市码头管理处组织细则》，《上海特别市政府公报》1930 年，第 50 期，第 51-52 页。
[⑤] 《上海市港务局南市码头管理处办事细则》，《上海市政府公报》1930 年，第 61 期，第 56-59 页。
[⑥] 《上海特别市港务局南市轮船码头管理处章程》，《上海特别市政府公报》1930 年，第 50 期，第 52-53 页。
[⑦] 上海市政府训令（第 6613 号）：令港务局：《为该局定于本年年终结束令仰届时办理移交由》，《上海市政府公报》，1930 年，第 75 期，第 13 页。

第一章 清末民初的航政管理体系格局

管理交通行政，检查权度，办理公共广告，编订门牌，设置路灯等公用事业。[①]其所经办的交通行政一项，涉及水上交通管理的业务主要有整顿市办轮渡，整饬商办黄浦江、吴淞江两岸的渡口的商办济渡，检验船舶等。为检验船舶，整顿水上交通，该局曾向中法求新船厂订造验船用的巡轮一艘，该船发动机系购自德商谦信洋行。[②]1929年5月该船验收后，该局在董家渡码头筹设总船务处，就近办理检查船舶事项。验船先从划船着手。其船舶检验程序为登记、检验、领牌照（连灯）、打钢印、订号牌。为此并订立《检验船舶罚则》六条，呈请市府核准施行。[③]

1929年8月该局颁行《上海特别市公用局后攒波执照规则》，规定凡船舶向该局登记，经检验合格者，由该局发给执照及号牌，向财政局捐纳船捐后，方得在该市区域内航行。[④]1931年10月该局修正核准《上海市公用局仓库码头管理处规则》[⑤]《上海市公用局轮渡总管理处规则》[⑥]。1933年3月核准公布《上海市公用局轮渡总管理处招用练习生办法》[⑦]、1933年公布《修正上海市公用局仓库码头管理处组织规则》[⑧]

接收港务局水上交通事务之后，该局筹设上海市公用局码头仓库管理处，至1936年3月，该局沪南码头区域内共有轮船码头20座，1至17号码头靠泊江海各轮船。18号及闵南大利码头停泊内河小轮船。[⑨]

公用局与江海关业务交叉。公用局所管辖的沪南码头前面，常有渔船停泊，影响公用局对该码头的运营管理。因条约规定，江海关负责黄浦江内浮筒、号船、塔表、望楼等航路标识的建造，费用在船钞项下列支。据此，该局呈请市政府转函江海关在南市黄浦江区域设置浮筒，以便渔船系泊。海关原在该区域装置一具浮筒，系泊船只不多，多因船舶随意停泊所致。而设置两具浮筒费用较高，需估算相关经费，核准拨款后方可安

---

① 呈国民政府：《为陈地方特殊情形请准设置公用局由》，《上海特别市市政公报》1928年，第13期，第139—140页。
② 上海特别市政府公用局业务报告：《关于水上交通事项》，《市政公报副刊各局业务汇报》1929年，第4期，第85—87页。
③ 上海特别市公用局业务报告：《关于水上交通事项》，《市政公报副刊各局业务汇报》1929年，第5期，第110—111页。
④ 《上海特别市公用局船舶执照规则》，《市政公报》1929年，第28期，第49页。
⑤ 《上海市公用局码头仓库管理处规则》，《上海市政府公报》1931年，第105期，第41—44页。
⑥ 《上海市公用局轮渡总管理处规则》，《上海市政府公报》1931年，第105期，第35—40页。
⑦ 《上海市公用局轮渡总管理处招用练习生办法》，《上海市政府公报》1933年，第131期，第129—130页。
⑧ 上海市政府令（第110号）：《修正上海市公用局码头仓库管理处组织规则》，《上海市政府公报》1933年，第139期，第87—90页。
⑨ 调查：《沪南码头区各码头并泊轮船时间航线一览表》，《航业月刊》1936年，第3卷，第11期，第1—3页。

置。并请公用局严行布告各船户，船只必须就指定浮筒停泊。①

1929年7月26日，公用局发布《上海特别市公用局检验船舶罚则》，规定凡上海市内及出入该市区船舶（出入吴淞口者除外）。②27日核准发布《上海特别市公用局总船务处规则》。③8月16日起，在董家渡上海市公用局总船务处举行船舶登记（从划船登记入手）。④检验的基本流程是：登记（由船户口头说明本人姓名、住址等，由该处职员代为记录）、检验、领取牌照和缴费（每船发号牌两块，执照一份、油灯一具，计收费银2元）、打钢印、钉号牌（钉于船尾两旁）。

船舶检验之前，该局告知各船户，应将其船舶修理完好。船身、船板、湾挠、甲板等，如有腐烂者，应尽快修好；桨柱、皮带、桨橹如有松动，或是破坏者，应将之修好。船头、船尾的铁圈带缆绳等，如不坚固，应请换新装好。船身油水如干枯，应加新油。如不申报登记或申报登记，但检验不合格，不能在市内水域行驶。该次划船检验原定9月30日停止，10月1日开始检查划船登记检查情况。后因种种原因展期1月，至10月31日止。11月1日起开始稽查。⑤检验期过后，经稽查无照划船即采取扣留罚款等措施。⑥划船试行登记后，该局陆续登记其他类别船舶。于是年12月社会局开始办理其他船舶检验，同时财政局根据船舶容积规定船捐等级，开始征收船捐。对于该项登记办法及船捐捐率，上海驳船业同业进行反对，并于12月1日起宣布罢工。该业提出罢工原因首先是船捐较前增加数倍，不堪负担；其次是驳船登记检验办法过于苛刻，要求修改。

驳船业提出的问题集中于以下几点：①登记费用与登记手续；驳船业不反对登记，但登记费用过巨，请以1元为限，此次登记应为永远有效。至于登记手续，令往各公用局全市各船务处报请检验，较多窒碍。排队和等候影响驳船业务和收入。建议参照前征收船捐办法，由公用局、财政局、公安局职员乘驾划船，沿浦查核，见未领登记牌号者，即从事登记。②检验船只办法；建议免除。船户对于赖以为生的船只，岂有不自行整理之理。按船业常规，备器（船）揽货，船舶肯定无渗漏之虞。③牌照、避风灯等费（即上述登记费）；公用局所发明角封套1份、珐琅号牌连镶边木2份、玻璃风灯连座

---

① 上海市政府训令（第7562号）：令公用局：《为江海关函复对于沪南江中增置浮筒意见令局查照办理由》，《上海市政府公报》1931年，第84期，第17–18页。
② 《附上海特别市公用局检验船舶罚则》，《海员月刊（上海1929）》1929年，第4期，第41–42页。
③ 上海特别市公用局总船务处规则，《市政公报》1929年，第27期，第50–51页。
④ 《上海公用局定期检验船舶》，《海员月刊（上海1929）》1929年，第4期，第40–41页。
⑤ 上海特别市政府指令（第2587号）：令公用局：《为呈报检验划船展期一个月仰祈鉴核备案由》，《市政公报》1929年，第34期，第51–52页。
⑥ 上海市政府训令（第7376号）：令公安局：《据公用局呈复处置划船无照行驶办法仰转饬遵办由》，《上海市政府公报》1931年，第82期，第16页。

1份。价值无4元之巨。此项风灯制造恶劣,且不适用。燃煤油则空气不透烟失明,用豆油、生油则欠明亮,生油寒天凝冻,不能点燃。倘在租界浦面行驶,更须被捕房拘罚;同业所用桅灯,为前海关制定号灯,光线十倍于今。上项要求由驳船同业提请上海杂粮公会,函由商人团体整理委员会转请市政府。公用、财政两局局长在商人团体整理委员会作回应和解释。①登记费,并无此名目。登记只一次,后续驳船如无变更及其他违法行为,所领牌照、号灯均可长期有效。船舶停驶时,缴回号牌、号灯,如无损坏,原缴4元如数发还。登记检验手续简单,可将帮中所有船舶开具总数,自行按等分列,每等仅开一船至船务处察看,符合迳发登记书,填注完备后,将费用一同呈给缴纳,换取牌照、号灯。以后,如查得驳船实际登记超过登记登记及船身破坏不合规定,将10倍处罚。唯须由商人团体整理委员会正式向市政府声请保证,由市府核定令局遵办。②牌照、风灯等缴费,原可发还,不能以是否与价值相当计算。风灯上有号码,钉在船后,接近号牌,方便夜间稽核。与挂在桅杆的桅灯作用不同。水面主权在本市,不受租金办法影响。③船捐以往分三等,现分七等。各船按等级进行纳捐,比以往减少,第6、第7两等5元、8元船捐较以往捐率增加较大。财政、公用两局会同后分别进行酌减。①

有关登记等费用的缴纳,结合该局前所进行的划船登记检验,所缴纳费用即船舶押牌费。②或因收取4元过高,受到驳船业的强烈反弹后,该局方改变说法。申明此4元费用,如若船舶停驶,号牌及号灯无损,届时仍退回(名义上无登记费用,其实船舶停驶毕竟为少数且停驶营业时间后延,届时只要是号牌及号灯有损其扣除相关费用顺理成章,查核有关押牌费在公用局预算中所列情况,即可明了它是变相的登记费③)。对于号牌、号灯的发放,收取一定工本费用,亦属正常。对于驳船业提出的号灯、号牌制造粗劣,不实用,公用局并未作出正面回应。号灯随号牌无论置于何处,其质量问题均不能解决。另外,对于驳船登记程序,驳船业认为仍采前例,由公用、公安、财政三局职员乘船登记,涉及浦江内驳船数量之多,对政府来说,势必拖延登记的时间,人力、财力均不经济。对于此条,政府给出的解决方案是,由驳船按等级自我分等,每一等级派船一艘赴船务处进行登记、缴费。这里有一点,无论是出于耽搁时间影响收入、规避检验计、还是快捷进行登记计,船户和公用局所提方案,于航政管理而言均是极大的漏

---

① 《市财政局、公用局对于驳船同业要求修订驳船登记检验办法及船捐捐率之解释》,《上海特别市政府公报》1930年,第41期,第129–131页。
② 上海特别市政府训令(第2893号):令公用局:《据财政局呈复核议该局请确定船舶牌费一案甚属允当令饬遵办理由》,《上海特别市政府公报》1929年,第41期,第26–27页。
③ 上海特别市政府指令(第2478号):令财政局、公用局:《为遵令会呈检验船舶整顿船捐意见请核示由》,《市政公报》1928年,第15期,第35–38页。

洞，公用局提出的由驳船业自我分等，船户如何分等？分等标准有哪些？船户从自身利益计，本能的会降级呈报。船舶检验一环严重缺失，于水上交通安全一节关系重大。公用局后续将商人整理委员会对此项分等进行担保，看似撇开了自己日后如若实际船实不符的责任，其实，此举是其严重失职。商人整理委员会如何对众多船户进行监管？它没有权利，亦无义务。诚然，从上海公用局对划船、驳船等船舶的登记检验实际看，其实质是增加政府之税收，这也是其进行此项工作的最重要的着眼点和关注点。对于以船舶安全、船舶检丈、航行安全、船员等为代表的各类航政管理建设事项关注度和实施明显不足。

与船户而言，所面对的除市政府的各类登记费（押牌费）、执照费（每年换取新执照缴纳一定费用①）船捐（以往的船捐系由商承包收捐，实际增加了苛收的各种可能②）外，有时同业团体所收会费亦是其一项负担。上海市财政局陈家渡船捐处曾向该局报告，发现上海市驳运船业公会在其作为社会团体在社会局注册尚未通过的情况下，向船户征收会费，发放会员费及磁牌。依据船舶吨位征收会费。其磁牌系仿造公用局所发牌照（由搪瓷蓝底白字构成）和捐级图章。其所勒收会费与市公用局、财政局所收船捐有碍。最终，该公会的勒收会费的行为被制止。③政府对于船舶实行的各类捐费的征收，对船户负担的加重是毋庸置疑的。曾有外地粪船每年来沪一两次或三四次，并无定期。因须登记缴费，船户"裹足不前"。粪船不来，又会影响市政清洁。最后，由市清洁所垫款为粪船运户代领检验牌灯，按照公用、财政两局的规定，按月缴纳船捐。④

至1931年，对于市内船舶的登记，因港务结束后，其登记业务仍由公用局承办，其间，上海浚浦局曾函市政府请将其货船参酌江海关所备船舶免予登记。公用局据理力争，江海关及浚浦局船只免予登记均无据可依，其所有之船舶，与市卫生局之垃圾船及其他机关船只一样，均须照章办理。⑤

1930年12月，公用局为办理船舶登记检验事项，将前港务局在吴淞主办吴淞沙钓船登记处改组为吴淞船务处。此处与沪南、闸北、蒲淞各船务处一起构成公用局航政管

---

① 上海特别市政府指令（第5772号）：令公用局：《据呈报定期换发货船划船新执照并酌定收费办法准备案由》，《上海特别市政府公报》1930年，第58期，第25-26页。
② 上海特别市市政府指令（第662号）：令财政局、公用局：《呈为签呈试办浦江划船捐与划船业代表商定各点请示遵由》，《上海市政府公报》1928年，第7期，第68-70页。
③ 上海市政府指令（第5324号）：令公用局、财政局：《为呈报取缔上海驳运船业同业公会勒收会费情形祈鉴核由》，《上海市政府公报》1931年，第99期，第22-23页。
④ 上海特别市政府指令（第3689号）：令公用局、财政局：《为会呈粪船请领检验号牌办法由》，《上海特别市政府公报》1929年，第41期，第69-70页。
⑤ 上海市政府公函（第2614号）：《为据市公用局呈复关于浚浦局请将所备船只免予登记一案在法律上均无依据烦查照由》，《上海市政府公报》1931年，第87期，第61页。

理机构。①

　　除对划船、驳船、货船等进行登记检丈外，该局还就吴淞江各渡口承商办理的渡船进行登记给照、检验。对于吴淞江上各渡口渡户，公用局收缴一定保证金，由该局派员对各渡户船舶进行检验合格后，准予航行载客。并呈请市府给予各渡户8年的承办权。渡户渡船的执照、号牌及承办凭证均有该局签发。时吴淞江共有12处渡户（见表1-3）。

表1-3　上海市公用局所辖吴淞江渡口渡户简表②

渡口	承办人	渡口	承办人
通济路渡口	朱佐清	潭子湾西渡	龚阿团
长安路渡口	马子濂	潘家湾西渡	刘先文
梅园路渡口	袁载明	广肇路渡口	赵万鉴
汉中路渡口	刘定安	麦根路渡口	孔宪良
叉袋角渡口	黄玉堂	小沙渡渡口	公记陆生南
潭子湾渡口	尤荣华	永豫东渡	刘上琦

---

① 上海市政府指令（第8349号）：令公用局：《为据呈拟将沙钓船登记处改组为吴淞船务处应照准由》，《上海市政府公报》1930年，第76期，第42-43页。
② 《市公用局发给吴淞江各渡户渡船执照及承办凭证》，《上海特别市市政府市政公报》1929年，第38期，第58页。

第二章　上海航政局的设立、调整与变革

1931年7月，上海航政局设立。此前交通部航政官署对与航政局的设立做了大量的酝酿准备工作。此间，航政官署规复了部分航权、罗致了部分航政技术人才、并初步颁行了航政局相关的组织法规。为各口航政局的设立在思想、组织、人才等方面做了初步准备工作。设立之后，上海航政局以各口岸航政办事处及船舶登记所的设置为载体，进行了急剧扩张。后因中央与地方省市在航政管理职权方面矛盾、船户或船公司与航政办事处（船舶登记所）之间的矛盾，交通部对航政局及其分支机构从内外部进行调整和变革。内部着眼于对航政从业人员的信用监督和业务查核；外部则厘清与各地方省市航政管理官署（各省市建设厅、公用局等）依照《海商法》划定管辖区域及管理对象。

一、酝酿与设立

上海航政局成立之前，交通部航政管理官署借助航权规复运动，

先后厘定航政管理职权，确定了航政根本方针，先后颁行了航政局的相关组织法规，并罗致各类航政专门技术人才。

（一）规复航权与官民呼吁

基于内河沿海航行权的丧失，海关兼管航政的状况，朝野对于规复海关理船厅兼办的航政职权的建议，自北京政府时期就已论者纷纷，相关议案公牍盈尺。海关总税务司因利权关系加以拒绝，遂未成行。南京国民政府成立，关税自主的极力倡导及废除不平等条约运动的高涨，整理全国航政再次为朝野各方聚焦。

交通部、地方省市的建设厅、港务局、公用局等涉及航政职能的机关及航运界逐步认识到欲整顿全国航政，非收回海关所辖理船厅不可。而收回理船厅所办各项航政事务之前，需要做好各项预备。首先需要预备各项航政人才；其次要厘定理船与内河航政、水上公安之间的职权。① 但具体此项职权由中央还是地方接收办理？当时部分地方省市倾向于由地方收回自办。②1927 年，交通部交通研究会专任会员谢学霖、徐凤原提出《海关代管之航政应收归部管议案》，③ 建议值关税自主时期，将海关所属海事部及工务部所职掌的属于航政范围内的职权移交交通部。1931 年 2 月 15 日，中国商船驾驶员总会曾致电交通部呈请及早开办航政局。④ 该会详陈国内航政问题：海上航行船舶本身缺乏相应监管、船员没有完备的考核法度、航商规避船舶产权转移登记，私相授受，冒悬外旗。船员、船舶载客等定额标准不一。港务管理、海事裁判，或假手外人，或无此规划。凡此种种，均须成立专管机关。

此期，朝野对海关兼管航政的认知和论述主要有如下数端：首先是管理系统紊乱。海关职司征税事务，兼管航政事务，属于代办性质。它理论上受中国政府的财政部门主管，但实际上在海关总税务司的统领下，在中外条约的庇护下，其有相当的独立性和自主性。又因其不直辖于中国交通主管机构，这就造成航政管理事权不一的紊乱状况。其次是各类航政章制纷歧。海关管理法规各口不尽相同，税务司及理船厅自行制定颁布，严重影响中国立法主权的实施。再次是外人主办中国航政业务隔阂。办理航政事宜的理船厅，其职员多数为外籍人士，对于中国航商多有隔阂。中国航商因语言文字等不能与

---

① 凌杰：收回海关理船厅之必要：《航政特刊》1931 年 8 月，第 49-50 页。
② 工作概况：两阅月之交通：航政：海关验船应收归省办：《浙江省建设月刊》1931 年，第 4 卷，第 6/7 期，10 页。
③ 呈交通部呈送海关代管之航政收之归部管辖议案请采择施行文（1927 年 3 月 29 日）：《交通研究会报告》1927 年，第 3 期，第 24-27 页。
④ 中国商船驾驶员总会请及早开办航政局以整理航运等致交通部呈：中国第二历史档案馆编：《中华民国史档案资料汇编》第五辑第一编财政经济（九）：江苏古籍出版社，1994 年，第 302-303 页。

之交流，难以办理相关报关手续，不得已假手于报关行，而报关行上下其手，流弊甚多。同时，理船厅办理船舶相关事务时存在袒护外轮，留难华轮情事。最后海关漠视船舶海事事件。对船舶遇险遇难情事，理船厅在事前、事中及事后均无系统的预防、处置及善后措施。同时，放任船舶登记，管理废弛，造成华轮冒挂外旗，规避监管。[①] 加之在修约运动的推波助澜下，朝野多认为海关洋员代管航政流弊甚多。海关理船厅代管航政，"徒为外人经济侵略之工具"，在此情形下，交通部航政司、[②] 中国驾驶员联合会、上海市商会、上海市航业公会、川江航业公会、上海纳税华人会、上海特别市商人团体整理委员会、中国商船驾驶员总会及航商，呼吁国民政府于改订新约时，积极收回航权，并由交通部及早归复自办。[③] 为收回内河航行权，宁波一地甚至举行收回航权运动大会，以为政府助威造势。[④]

（二）确定航政根本方针、厘定航政管理职权。

国民政府定都南京后，重行厘定中央及地方官制。成立交通部管辖全国路政、电政、邮政及航政。于航政一门专设航政司，监督管辖全国航业行政及船舶、海事、海员诸项事宜。

1929年6月，第3届中央执行委员会第2次全体委员大会，讨论中央各部职权统属案，并议决"海政归海军部管理，航政归交通部管理，至其范围之划分，由行政院拟定，迳呈中央政治会议核定。"行政院根据此意旨，分别令行交通、海军及相关各部，拟定划分航政、海政范围办法，其间经各部数度研讨。财政部对于航政范围表示：除管理航路标志及指泊船只二事仍归海关办理外，其余如监督航业、查验船舶、浚治航路、修筑及管理港埠、考验及审判船员等事务，交通部认为有管理必要，如若为海关向所管辖者，财政部"自当协助令饬遵办。"[⑤]

交通部长王伯群针对国内航政事权不一，拟就确立航政根本方针提案，并于1929年7月，提经中央政治会议第192次会议议决"凡属港政，应归中央主管机关主持，负责实施，以昭统一；凡属港务，如埠头、仓库、港内航行标志、船坞等，均归地方管理，惟仍受中央主管机关指挥监督。向由海关代管航政各部分，暂时仍旧，惟须同时受中央

---

① 王伯群署：《四年来之航政》：交通部编印1931年，第16-17页。
② 实业消息：国内：交通部航政司长殷汝耕对收回航权之意见：《实业杂志》1929年，第142期，第96-100页。
③ 中日订约中的积极收回航权问题重要文电一瞥：《海员月刊（上海）》1929年，第5-6期，第40-50页。
④ 来电：宁波收回航权运动大会请收回内河航行权电：《国民政府公报（南京1927）》1927年，宁字8，第70-71页。
⑤ 咨：交通部咨：第415号（1931年6月5日）：咨财政部：为检送航政各项规章并请依照前咨自本年七月一日起海关对于中外船舶检验丈量及管理港埠各项事务即行分别移归各该航政局办理请查照由：《交通公报》1931年，第254期，71-72，第3页。

主管机关之指挥监督，确定航政范围。航政法规，亟应由立法院从速制定颁布，沿海岸及本国境内之外船航行权，应速收回。"① 与此同时，各部将意见汇交交通部，由交部草拟航政、海政划分大纲，呈经行政院议决，交财政部、交通部、内政部、工商部、铁道部、海军部会同审查。② 经审查，核定航政范围为：关于航路及航行标志之管理监督，管理并经营国营航业，监督民营航业，船舶发照、注册，计划筑港及疏浚航路，管理及监督船员、船舶、造船，改善船员待遇及其他航政等事项。属于海政范围者包括：关于测绘江海各航路及军港事宜，关于调制颁布航路图志事项，关于领海界限及军港开清事项，关于国际航行规则事项，关于审查沿海沿江灯杆、浮桥事项。③1929年8月，呈经行政院会议议决，依照审查结果，呈中央政治会议议决通过。④

1930年12月《交通部航政局组织法》公布施行后，凡船舶登记、检验、丈量及载重线标准等事项均规定为该局职掌。基于三中全会航政职权统属案中财政部的表态，1931年交通部再行咨行该部，言及各地重要港埠航政局设立在即，对于中外船舶检丈等事项请海关于7月1日起分别移交各航政局办理，原海关办理该类事务员役，分别列单送由各航政局酌予留用。⑤7月7日，财政部由关务署令行总税务司将是项海关兼办权限即行卸除。⑥

交通部经由上述航政根本方针的颁布、航政与海政范围的厘定，海关兼办船舶检丈登记权限的划定，初步与中央其他相关部会（如海军部、财政部等）、地方省市在船舶管理、水上交通安全、港口、航道疏浚、航标建设、船员管理、航业监管等职权上进行划分。为其下一步设置直辖航政管理机关、开展相关航政管理业务奠定了基础。

（三）《交通部航政局组织法》颁行

1926年，广州国民政府设立交通部，下设邮电航政处。是年11月，汉口国民政府公布《交通部组织法》。1927年4月18日，南京国民政府成立。5月16日，交通部成立，

---

① 确立航政根本方针案（中央政治会议第192次会议议决，1929年8月8日送立法院）附中央政治会议公函：《立法专刊》1930年，第2期，第17-18页。
② 训令：第2682号（1929年8月16日）：令交通、工商、内政、铁道、财政部：为饬会同审查划分航政海州范围案由：《行政院公报》1929年，第75期，32-33，第4页。
③ 航政海政划分范围：《海员月刊（上海）》1929年，第4期，第24-25页。
④ 行政院令：行政院训令：第3441号（1929年10月11日）：令海军部为划分航政海政范围一案已奉国府指令照准仰知照由：《海军公报》1929年，第5期，第2，37页。
⑤ 咨：交通部咨：第415号（1931年6月5日）：咨财政部：为检送航政各项规章并请依照前咨自本年七月一日起海关对于中外船舶检验丈量及管理港埠各项事务即行分别移归各该航政局办理请查照由：《交通公报》1931年，第254期，71-72，第3页。
⑥ 航务：财政部令准交通部咨以沪汉津哈各航政局均已成立海关检验丈量船舶事项应分别移归各局接办由（七月七日）：《长岳关月刊》1931年，第1期，第217-218页。

下设路政、电政、邮政三司，航政暂由路政司第四科兼管。1927年8月8日，修正汉口版《交通部组织法》，11月11日再次对其进行修正，增设航政司职能。1928年5月17日，交通部成立航政司，该司下辖两科，分别负责航业行政与船舶管理事务。

航政司作为交通部内设的管理全国航政的组织机构，当时面临着一个现实的问题，航政相关政令颁布后，在地方没有其直属的机关进行施行。北京政府时期，交通部曾有在全国各港埠设置航政管理局的拟议，但因种种窒碍，未能成行。此时的交通部再次面临这一迫切需要解决的问题。

1929年12月20日，交通部依据《交通部组织法》第五条规定，制定并公布了《交通部航政局组织通则》。[①] 该通则计十四条，前三条分别从航政局设置法理依据、设置处所及其管辖区域、分级设等方面进行了原则规定。第四、五、六、七各条主要规定航政局内部机构设置及其职掌范围。该通则规定航政局分设第一、二、三科，但各口岸根据航政业务的繁简情况，"得以部令增减之"。第一科职掌范围主要为航政行政业务，涉及机要及考绩、收发文及保管案卷、宣布局令、典守印信、局内经费预算及出纳、编制统计报告、庶务及不属于其他各科事项。第二科职掌范围为轮船、民船的检验、丈量，轮船、民船的登记及牌照发给，船员、引水员的考核监督，造船事项等。第三科职掌有航路标志的监督或管理事项，港务、码头、趸船堆栈的监督或管理事项，港内险难的救护事项，航道的疏浚测量事项等。第八、九、十各条则是对于航政局设置分支机构、人员选任及岗位设置进行相关规定。航政局得于必要处所设置分局或所属机关，航政局设局长1人，技术员若干人，各科设科长1人，秘书1人，以上各人均由交通部派充。各航政局设置科员若干人，此类科员由局长遴选后呈请交通部派充。因业务需要航政局得酌用稽查人员及雇员。

该通则显示出此期交通部航政管理方向的清晰化与航政管理具体内容的模糊化。晚晴乃至北京政府以来，政府对于航政管理范围的认知，逐渐清晰。无论是北京政府时期拟议的《航政管理局组织法》，抑或是此次公布的《交通部航政局组织通则》，其整体上对航政局掌理业务没有作太大的调整。除却办公、人事、财务等事项外，航政局的核心业务，如船舶检丈、登记、船员及引水的考核、造船事项的监管、航路标识的监管、航道的疏浚等均为其立法的必选内容。同时，通则只是对航政局组织做概略性、原则性的规范，在具体需要明确的内容上不甚清晰。如人员选任方面，选任的数量规定不清，各航政局的分级设等不明确，对各类管理对象即船舶没有做出明确界定。

该通则系由交通部颁布，其涉及各航政局处所设置、管辖区域、分级设等、各科弹性设置等均由交通部以部令形式进行决定。从后期的航政实践看，此次航政局通则制度

---

① 朱汇森主编：《中华民国交通史料（一）：航政史料》："国史馆"印行，1989年，第58-60页。

文本的制定，凸显出交通部对相关航政管理问题认知和预估不足。单就航政管理职权的划分而言，此时的航政管理涉及财政部所属的海关总税务司、各地方政府航政管理机构，在航政管理未实现全国划一管理之前，单由交通部以部令的形式进行相关的规定，显然不太契合实际。

通则从其文本的语言描述上可看出其阶段性的特征，该局第三科掌理事务，航路标志采取"监督或管理"、港务、码头、趸船堆栈的"监督或管理"，作为航政管理机关，监督和管理是两个完全不同的航政管理实践概念，实际上，此为此时国内航政管理权限分散在航政法律上的具现，即交通部与其他相关机构有关航政管理权限划分未清。

即使如此，亦不能低估该通则的现时意义，它是自晚晴以来航政始有单独执行职务机构成立的重要法律依据。换言之，它是在南京国民政府呼吁航权规复，争取航政管理自主等方面，由舆论呼吁、政府立法、进而设置航政管理机构的重要阶段和环节。

1930年2月3日，国民政府第53号训令颁发修正后的《交通部组织法》。该法明确规定，交通部设置总务司、电政司、邮政司、航政司。航政司职掌关于管理航路及航行标识并其他一切航政事项；管理经营国营航业、监督民营航业，负责船舶发照登记，计划筑港及疏浚航路，管理及监督船员、船舶、造船，改善船员待遇等。[①]是年12月15日，国民政府第686号训令公布《交通部航政局组织法》。[②]该法第二条明确规定航政局隶属于交通部，其设置处所及管理区域，由行政院定之。对于船舶航政事务第三条较《交通部航政局组织通则》作了详细规定，总吨不及200吨，容量不及2000担船舶不在其管辖范围。除此之外，航行海洋者、航行二省以上的船舶均归其管辖。第四、五、六条规定其机构设置，由通则所规定的三科变为两科。第一科职掌范围与通则相比没有变化。第二科职掌事项涵盖：船舶检丈、航线标识、船舶登记及发给牌照、船员及引水人考核监督、造船、航路疏浚、航路标识监督、船舶出入查验证核发等事项。上述第二科职掌合并了通则原第二、第三科的职掌事项。同时，对其中个别事项的职权进行明确，如航路标识明确为监督角色（该项职能当时由海关办理）。有关港务、码头、趸船堆栈、港内险难救护及航路测量等航政业务则没有做相关规定。该部分职能亦多由海关兼办。人员选任方面，规定航政局各科设科长1人，设技术员4人至8人，设科员8至12人。局长简任或荐任，科长、技术员荐任或委任，科员委任。必要时，航政局得酌用雇员。此法较之《交通部航政局组织通则》框定了调试对象，核心业务更加具体，各类人员选任、岗位及规模进一步明确。

---

① 中国第二历史档案馆编：《中华民国史档案资料汇编》第五辑第一编财政经济（九）：江苏古籍出版社，1994年，第4—7页。
② 中国第二历史档案馆编：《中华民国史档案资料汇编》第五辑第一编财政经济（九）：江苏古籍出版社，1994年，第7—9页。

该法在经过立法程序时，立法院认为航政局类似税关厘卡性质，多设恐多扰民。同时鉴于以往交通部与财政部为航政移管问题，海关总税务司不肯移交，多年交涉无果的情况，该法有关航政局设置处所只作初步规模（全国设五局，各局各设少数办事处）。① 亦有以为"此种机关为只有开支，绝少收入"，"遂视之为不急之务"。② 受制于此类认知的偏差，致使航政局组织法在后期的施行过程中，"每有先天不足之感"。③

翌年1月23日，交通部依照《交通部航政局组织法》第二条航政局设置处所及管辖区域，应由行政院核定。呈请行政院之后，交通部拟就上海、汉口、广州、天津、哈尔滨等五重要港埠，先行分设五局。各局所辖区域，计上海局兼辖江、浙、皖各埠；汉口局兼辖湘、鄂、川各埠；广州局兼辖闽、粤、桂各埠；天津局兼辖直、鲁、辽东沿海各埠；哈尔滨局兼辖松、黑两江各埠（见表2-1）。"其他各埠将来应否另行设局，或由该五局分设管理机关之处，应俟五局成立后，再视事务繁简、航业盛衰，随时酌议"。1月31日，行政院以第322号指令原则同意了交通部的呈请，令"该部遵照办理"。④

表2-1 交通部航政局及其管辖区域一览表⑤

序号	航政局	管辖范围
1	汉口航政局	湘、鄂、川、赣各埠
2	上海航政局	江、浙、皖各埠
3	广州航政局	粤、桂、闽各埠
4	天津航政局	冀、鲁、辽东沿海各埠
5	哈尔滨航政局	松、黑两江各埠

在各口岸航政局成立之前，除上述与航政局组织相关的法律颁布外，交通部或由国民政府陆续公布或修正了《船舶法》《船舶登记法》《轮船注册给照章程》《海商法》《海商法施行法》《船舶登记法施行细则》等与航政局业务直接相关的法律、法令。此类航律的制定及颁布，为即将成立的航政局及其开展的各类航政业务提供了初步的制度保障。

---

① 高廷梓：《中国航政建设》，商务印书馆，1947年，第135页。
② 中国商船驾驶员总会请及早开办航政局以整理航运等致交通部呈：中国第二历史档案馆编：《中华民国史档案资料汇编》第五辑第一编财政经济（九）：江苏古籍出版社，1994年，第302–303页。
③ 高廷梓：《中国航政建设》，商务印书馆，1947年，第135页。
④ 交通部为航政局设立处所及管辖范围与行政院往来呈令：中国第二历史档案馆编：《中华民国史档案资料汇编》第五辑第一编财政经济（九），江苏古籍出版社，1994年，第301–302页。
⑤ 王伯群署：《四年来之航政》，交通部印行，1931年，第18页。

（四）罗致各类航政专门人才

航政管理对其从业人员的专业技术、从业经验、教育背景等均要求较高。上海航政局成立前夕，相关人才的罗致，一是交通部向相关机构进行征询、调查；[1] 再是航政局筹备处通过登报、个人人际关系等方式进行罗致。[2] 以船舶检验为例，此项业务航政局成立以前向由海关内部验船师办理或由海关核准的中外验船师代办。船舶检验关系船舶航行安全，交通部认为各口岸航政局成立后，关于验船事务应由各航政局直接管理，并认为验船师应尽量延用本国人。为了解该行业的状况，交通部曾咨财政部饬令江海关监督将该关所用验船师姓名、国籍、履历、合同年限及每月薪给详细列表，并将在该关注册代办验船师的姓名或团体列表呈送参酌。同时令上海航业公会调查富有经验的本国验船人才呈送备查。[3]

1931年，交通部分别指派奚定谟代理上海航政局局长、徐潽镕代理汉口航政局局长、陶毅代理天津航政局局长、曾广钦代理哈尔滨航政局局长，分别筹办各局成立事务。[4] 分别指派江祖岷前往上海、王洸前往汉口、吴世昌前往天津、何道澐前往哈尔滨帮办各航政局事务。[5] 时广州航政局因由广东人事由西南政务委员会主导暂缓设置（1932年交通部曾指派孙承泗为该局局长筹办设立事宜。直至1936年该局始设置）。同时，经交通部咨请财政局转饬海关税务司，分别将其代办的航政事务移归各航政局。[6]

1931年，奉交通部第2009号令，1931年，上海航政局收到国民政府颁发的铜质关防暨局长小章各一枚。[7] 依据《交通部航政局组织法》相关规定，勘定公共租界四川路六号房屋为该局局址，并于7月1日正式成立。据该局在《申报》上布告谓：该局奉国民政府交通部令，处理航政事宜，凡在苏浙皖三省区域内航行船舶，关于登记、检查、丈量、载线、标志、并海员航路、造船以及核发牌照，与出入查验证等事项，概归其掌

---

[1] 《航政局积极筹备》，《申报》，1931年6月14日，20版。
[2] 《奚定谟启事》，《申报》，1931年6月28日，7版。
[3] 调查上海验船专门人才：（丙）关于航政事项：交通部二十年三月份工作报告：张研、孙燕京主编：《民国史料丛刊》645，经济·工业，交通部民国二十年度工作报告，大象出版社，2009年，第96页。
[4] 命令：部令：交通部令第121号（1931年6月3日）：《令奚定谟、曾广钦、徐潽镕、陶毅为委该员等代理上海汉口哈尔滨天津航政局局长由》，《交通公报》1931年，第253期，4，1页。另见《四航政局长已委定》，《申报》，1931年6月3日，7版。
[5] 组设航政局：（丙）关于航政事项：交通部二十年六月份工作报告：张研、孙燕京主编：《民国史料丛刊》645，经济·工业，交通部民国二十年度工作报告，大象出版社，2009年，第201页。
[6] 交通部成立航政局请协助办理等致东北政务委员会咨稿：中国第二历史档案馆编：《中华民国史档案资料汇编》第五辑第一编财政经济（九），江苏古籍出版社，1994年，第306页。
[7] 筹设航政局之经过：（丙）关于航政事项：交通部二十年二月份工作报告：张研、孙燕京主编：《民国史料丛刊》645，经济·工业，交通部民国二十年度工作报告，大象出版社，2009年，第67页。

管。① 该局秘书姚肇滋，第一科长江祖岷，第二科科长由局长暂兼，技术室主任朱天奎，技术员朱天奎、曹守廉、周厚坤、黄绍三、徐世溥、秦吉云、孟慕庄、丁延龄等。文书股长唐尧臣、统计股长高仰山、庶务股长陈思锡、会计股长孙昌恒、验船股长徐世溥、登记股长秦吉云、考核股长孟慕庄、造船股长周厚坤。各科科员：谢文彬、余安邦、陈绍燮、屠宝镛、刘钟英、杨厚、黄敬一、陈天彪、蔡澐、殷锡彰、技佐冯鹤琴、书记郑世尧、余振庭。②

二、扩张与调整

交通部鉴于沪汉津哈四航政局成立数月后，接收各海关兼办船舶丈量、检查等职权后，因原定各局管辖区域范围较广，航业繁盛、船舶积聚的港埠距离各局较远，影响相关业务的开展。于是交通部呈请行政院核准拟在各局辖区内"择其航业繁盛各埠分设办事处"，"借收指臂之效"。③ 为加强对其设置规范，应行政院训令航政司拟具航政局办事处组织章程，交立法院审查。④

（一）设置航政办事处暨船舶登记所

根据《交通部航政局办事细则》第一章第四条"航政局为办事便利起见，得于所辖域内酌设办事处"的相关规定，⑤ 上海航政局在苏浙皖扼要埠口设立办事处，分别令委主任前往开办，并咨请所在地政府协助。在航政管理施行过程中，各航政局发现其办事处所辖境内大都需要兼跨数县处理船舶航政事宜。该局办事处办事细则第一章第四条载有"办事处为办事便利起见，得于所辖区域内酌设船舶登记所"的相关规定。⑥ 于是各

---

① 《上海航政局七月一日成立》，《申报》，1931年6月28日，17版。
② 《航政局今日成立》，《申报》，1931年7月1日，17版。
③ 酌设航政局管辖域内办事处：（丙）关于航政事项：交通部二十年十一月份工作报告：张研、孙燕京主编：《民国史料丛刊》645，经济·工业，交通部民国二十年度工作报告，大象出版社，2009年，372页。
④ 拟具航政局办事处组织章程：（丙）关于航政事项：交通部二十年十二月份工作报告：张研、孙燕京主编：《民国史料丛刊》645，经济·工业，交通部民国二十年度工作报告，大象出版社，2009年，394页。该章程后续未见公开颁布施行。
⑤ 交通部航政局办事细则（1931年6月13日公布）：（一）关于法令事项：交通部二十年六月份工作报告：张研、孙燕京主编：《民国史料丛刊》645，经济·工业，交通部民国二十年度工作报告，大象出版社，2009年，191页。
⑥ 指令：交通部指令：第380号（1932年1月22日）：令上海航政局，《交通公报》1932年，第319期，26页。

办事处纷纷择要分设船舶登记所，经交通部令准后施行。① 此期，该局共成立海州、南通、镇江、苏州、南京、芜湖、安庆、蚌埠、兰溪、台州、温州、宁波、杭州等13个办事处。闵行、苏州河、吴淞、浏河、定海、镇海、闸口、无锡、江阴等23个船舶登记所。这些航政办事处及其登记所的业务触角遍布苏浙皖三省所有的重要内河、沿江、沿海埠口。以安徽省为例，该局在该省设置四个办事处管辖区域为：芜湖办事处辖芜湖、繁昌、南陵、当涂、广德、郎溪、宣城、泾县、宁国、合肥、巢县、庐江、和县、含山等地；安庆办事处辖怀宁、桐城、潜山、望江、宿松、太湖、英山、霍山、无为、舒城、贵池、铜陵、石埭、东流、秋浦、青阳等地；蚌埠办事处辖凤阳、定远、滁县、来安、全椒、天长、盱眙、五河、怀远、凤台、寿县、颖上、霍邱、六安、阜阳、太和、蒙城、涡阳、亳县、泗县、灵璧、宿县等地；屯溪办事处辖歙县、黟县、休宁、婺源、绩溪、祁门、太平、旌德等地。② 对于各办事处设置登记所数目，交通部规定：一等办事处设登记所三所；二等办事处设登记所二所；三等办事处设登记所一所。按照上述规定，各航政局依据其所属办事处等级，依照上述核定数目，分别在江河扼要之处设置。设置数量不得超越规定。有无必要设置至三所、二所，自可酌量情形办理。杭州办事处主任杨昭曾呈文上海航政局奚定谟将处于钱江流域、运河要道、沿海口岸的闸口、乍浦、吴兴南浔等处设立登记所。除设点办理登记外，该处还随时办理流动登记。③ 至1931年10月各办事处及船舶登记所次第设立。其他各航政局也在前后陆续完成是项机构设置工作。至此，交通部航政司初步完成了航政司、直属航政局、航政办事处、船舶登记所四级航政管理体系构建。

（二）裁撤航政办事处暨船舶登记所

此期，航政办事处暨船舶登记所的急剧扩张，带来了一系列的问题。如擅发各类船舶证件、浮收各类规费情事接连发生。④ 机构本身繁冗，加之管理疏怠，弊端自然百出。交通部与地方航政管理机构在航政管理权限存在各类争执，双方矛盾重重（此处暂不作展开，下文将有专章深入探讨）。航政管理对象船户及其商船公会等同业组织与一线航

---

① 指令：交通部指令：第4995号（1931年10月31日）：令上海航政局：呈一件为重行拟定所属各要区分发办事处斟酌损益因地制宜绘呈详细图说仰祈鉴核示遵由，《交通公报》1931年，第296期，第15页。
② 命令：本厅训令：训令第3180号（1931年12月26日）：令六十县政府：准交通部上海航政局咨送各办事处管辖县境表请通令各县就近协助等因令仰遵照，《安徽建设公报》1931年，第35—36期，第38—39页。
③ 上海航政局人事职员名录（1930年12月7日—1937年9月28日），上海航政局档案：全宗号618，目录号001，卷号003。
④ 指令：交通部指令：第4055号（1932年8月8日）：令上海航政局：呈为遵令饬查前镇江办事处主任办法调查证一案情形仰祈鉴核示遵由：《交通公报》1932年，第378号，第7—8页。

政管理员役之间摩擦不断。① 同时，交通部与各口航政局之间对于航政办事处暨船舶登记所设置之间亦存在矛盾。

至 1932 年 8 月，交通部将已设办事处及登记所一律裁撤，另于三省航运要冲之处设立船舶登记所。经核准设立的登记所，计有上海航政局所辖吴淞、镇江、杭州、宁波、温州、芜湖、苏州、闵行、海州、清江浦、无锡、石浦、吴兴、华阳、正阳等 15 处；汉口航政局所辖九江、重庆、长沙、宜昌、沙市、岳阳、蝦蟆矶、皇经堂、下新河、南昌、湖口、常德、益阳、衡阳、合川、泸县等 16 处；天津航政局所辖秦皇岛、青岛、烟台、大红桥、芥园、丁字沽、小王庄、塘大、龙口、威海卫、德州、济南等 12 处；② 交通部遂厘定各登记所主任人选资格，刊发各登记所钤记。③

从 1931 年的急剧扩充到 1932 年进行微调，各航政局机构本身的伸缩，不单单是其管理处所的简单变动。上述处所的变动背后所反映的是交通部航政局系统与地方省市建设厅等机构之间航政管理职权划分矛盾。急剧扩张的交通部航政系统带来多重影响：首先，航政局及其办事处所经办的各类船舶航政事务，原先均归属地方建设或公用管理系统管辖，职权的重新划分与切割（这种划分中央与地方始终存在矛盾）直接关系到财政税收的多寡。其次，航政管理，尤其是船舶的登记、丈量、检验等业务，对从业人员的专业素养要求较高，国内航政人员本来极少，相关人才的供给与需求出现严重脱节。为适应航政机构扩张，各类人员相继进入相关工作岗位。这就造成航政人员专业素质良莠不齐，对相关航政管理制度理解与把握不准，④

（三）变革航政分支机构设置与监管

面对航政机构的不断膨胀及各类矛盾与问题，交通部从如下几个方面进行调整：1. 裁撤原有办事处及登记所。交通部命令各口航政局"所属办事处，应一律裁撤。其原有登记所并应极力裁并"，得于 1932 年 6 月底完成。并规定"所有各该局再就原设地点改设登记所暨裁并原有各登记所一节，自应视各地航务繁简，从长计议，分等设置（甲

---

① 澈查汉口航政局南昌办事处办理帆船登记检丈情形：（丙）关于航政事项：交通部二十一年一月份工作报告：张研、孙燕京主编：《民国史料丛刊》646，经济·工业，交通部民国二十一年度工作报告，大象出版社，2009 年，第 32 页。

② 秦孝仪主编：《中华民国史料丛编：十年来之中国经济建设（1927—1937）》：中国国民党中央委员会党史委员会，1985 年，第 26 页。

③ 厘定各航政局船舶登记所主任人选资格：（丙）关于航政事项：交通部二十一年九月份工作报告：张研、孙燕京主编：《民国史料丛刊》646，经济·工业，交通部民国二十一年度工作报告，大象出版社，2009 年，第 249 页。

④ 指令：交通部指令：第 502 号（1932 年 1 月 27 日）；令上海航政局：为转呈苏州办事处主任陈明拖船未能依照帆船办理缘由不能无见仰恳鉴核示遵由，《交通公报》1932 年，第 320 期，第 13 页。

等船舶登记所月支不得过500元；乙等月支不得过278元）"。①2.筹议航政人才养成所。针对航政机构急剧扩大，航政人才缺乏，船舶登记手续繁杂，丈量检查工作技术性要求高的现状，汉口航政局科长王洸拟具船舶登记检丈人员养成所设置办法递呈交通部。以期快速培养交通系统熟悉航政规章成法，娴习专门航政技术人员。②交通部认为该方案尚须详细审议筹备进行。后续，该方案并为见交通部实施。3.强化船舶登记所设置的监管力度。各航政局所辖办事处设置船舶登记所的制度依据来自各局航政办事处办事细则有关设置船舶登记所的规定。原则上各办事处所设登记所均应先由该局呈请交通部核准后方得设置。但实际的情况是各航政局设置部分船舶登记所并未呈报交通部，以致于航政局在奉命裁撤所属登记所时，交通部尚不知该局设置过该处登记所。③4.规范相关财务管理。各航政局所辖办事处每月收支计算书类，每每延迟报送或不报送，交通部难以对其进行财务稽核。针对航政办事处财务混乱，交通部航政司曾设计《航政局办事处每月收支计算简捷呈报办法》《航政局办事处收支款项报解及坐支办法》等进行调整和规范。④5.厘定航政局船舶登记所主任人选资格。规定船舶登记所主任资格，杜绝滥竽。暂定资格两项：曾在海军或商船学校毕业兼具行政经验者；曾在各省航政机关服务3年以上者。经部令饬各航政局，按照上定资格条件进行遴选。⑤6.制定各航政局登记所主任征缴保证金规则及航政视察员章程。对登记所主任及各航政局进行监管。⑥

在航政机构调整的过程中，交通部与各口航政局矛盾加剧。交通部不断地严饬各航政局裁撤前设各航政办事处暨船舶登记所；各航政局则是百般搪塞，屡禁不止，并不

---

① 训令：交通部训令：第1449号（1932年6月9日）：令上海、天津航政局：《交通公报》1932年，第359期，第1页。
② 筹设船舶登记检丈人员养成所：（丙）关于航政事项：交通部二十年十二月份工作报告：张研、孙燕京主编：《民国史料丛刊》645，经济·工业，交通部民国二十年度工作报告，大象出版社，2009年，第394页。
③ 指令：交通部指令：第2443号（1932年5月18日）：令天津航政局：《交通公报》，1932年，第353期，第20页。
④ 五、设计：（巳）关于会计事项：交通部二十二年七月份工作报告：张研、孙燕京主编：《民国史料丛刊》645，经济·工业，交通部民国二十年度工作报告，大象出版社，2009年，第269页。
⑤ 厘定各航政局船舶登记所主任人选资格：（丙）关于航政事项：交通部二十一年九月份工作报告：张研、孙燕京主编：《民国史料丛刊》646，经济·工业，交通部民国二十一年度工作报告，大象出版社，2009年，第249页。
⑥ 制定航政视察员章程：（丙）关于航政事项：交通部二十一年十月份工作报告：张研、孙燕京主编：《民国史料丛刊》646，经济·工业，交通部民国二十一年度工作报告，大象出版社，2009年，第285页。

断申请增置登记所。[①]这种矛盾可以从两个维度理解，从交通部层面看，其存在监管不力，对航政机构的调整方案不明确。发现各航政局私自设置船舶登记所之后，没有采取相应的监管措施。因"一·二八"事变，鉴于中央厉行紧缩政策，对于部分裁撤的办事处（如南京、安庆、南通、兰溪、台州、屯溪等）规定"不得再设登记所，其所辖区域内原设的登记所应一并裁撤"。后续又指出"各该局所属办事处，应一律裁撤。原有登记所并应极力裁并"。此项政策非常模糊，如何裁撤与合并？交通部并未给出明确可操作的调整方案。对于航政局而言，执行交通部有关部分或全面裁撤航政办事处或船舶登记所，带来的直接问题是有关船舶各类航政事务难以开展。这也是其反复强调新设航政机构的藉口。各口岸航政局对是项调整政策的抵制或阳奉阴违，另一原因则是各船舶登记所各项收费是其运转费用的重要保障。"航政局成立之初，既无经验，又缺经费，全凭检查丈量登记收入以为挹注。"[②]航政办事处及登记所数量的多寡，直接关系到其运转费用的丰欠。其私自设置的船舶登记所成为擅委私人、违法需索、私征捐税、攫取船货的渊薮。[③]为当时的朝野及社会所诟病。

上述有限度的调整，一定程度上缓解了航政机关内外面临的矛盾。但各类矛盾并未从根本上进行解决。有鉴于此，交通部于1932年12月着手对航政制度进行深入改革。首先将其管辖范围收缩，依据行政院原核准区域分设上海、天津、汉口、广州四局，并于沿江沿海船舶荟萃或商务繁盛口岸分设航政局办事处，仍按原定区域，分别隶属于上述四局。各局前所附设登记所，除改为办事处者外，一律裁撤。上海航政局管辖办事处计有宁波、温州、镇江、海州、芜湖等5处。汉口航政局管辖计有九江、长沙、宜昌、重庆4处；天津航政局辖有青岛、烟台、威海卫、秦皇岛4处。广州航政局辖汕头、厦门、福州、海口、江门、北海、梧州7处（该局此时尚未正式成立，交通部于1932年9月先行设立交通部直辖厦门船舶登记所。航政局改制后，该所改为交通部直辖厦门航政办事处。1934年11月总税务司将福州口岸的船舶检查、丈量、登记等航政职权移交后，

[①] 指令：交通部指令：第6984号（1933年6月12日）：令上海航政局：《交通公报》1933年，第465期，20页。指令：交通部指令：第2015号（1932年4月28日）：令上海航政局：《交通公报》1932年，第348期，第21-22页。指令：交通部指令：第2158号（1932年5月6日）：令上海航政局：交通公报》1932年，第350期，第15-16页。指令：交通部指令：第2444号（1932年5月19日）：令上海航政局：《交通公报》1932年，第353期，第20页。指令：交通部指令：第2443号（1932年5月18日）：令天津航政局：《交通公报》1932年，第353期，第20页。
[②] 高廷梓：《中国航政建设》，商务印书馆，1947年，第129页。
[③] 训令：交通部训令：第1145号（1932年5月11日）：令上海航政局：《交通公报》1932年，第351期，第1页。

交通部设立由部直辖的福州航政办事处）。各口航政局及其办事处均于 1933 年 2 月改组完成。①

1933 年 1 月交通部将各航政局组织及管辖范围进行的改革集中体现在如下五项基本原则：②

1. 全国航政局仍遵行政院原定区域，分设上海、天津、汉口、广州四局。其各局附属登记所，除改为办事处者外，一律撤销。

2. 沿海、沿江商务繁盛或船舶荟萃的重要口岸，分设航政局办事处，仍按原定管辖区域分隶沪、粤、津、汉各局。

3. 航政局除部定应设之办事处外，不得再立其他任何名目组织机关或派员前赴内地各处办理检丈登记。

4. 航政局管辖船舶以适用《海商法》规定者为限。此项船舶分为四种：甲、20 总吨以上之航海轮船；乙、容量 200 担以上之航海帆船；丙、在与海相通、能供海船行驶之水上航行之 20 总吨以上轮船。丁、在与海相通、能供海船行驶之水上航行之 200 担以上帆船。但以橹棹为主要运转方法者不在此限。

5.《海商法》第一条下半段，"在与海相通、能供海船行驶之水上"一语，时有误会。现将此项水上具体规定为：长江自海口至重庆之一段；海河自海口至天津至一段；珠江自海口至梧州之一段；湘江自汉口至长沙之一段；黄浦江自吴淞口至上海之一段；闽江自海口至南台之一段及其他沿海各港湾能通海船之水道均作为"与海相通、能供海船行驶之水上"，所有适用《海商法》规定的船舶，由各航政局办理，其余概归地方政府管辖，以清界限。

与此同时，交通部分等级、清晰地设置各直属航政局附属的航政办事处，明确各裁撤船舶登记处的归属并委任各航政办事处主任（见表 2-2、表 2-3、表 2-4）。

---

① 命令：交通部训令：第 961 号（1933 年 2 月 22 日）：令天津航政局：《交通公报》1933 年，第 962 号，第 3 页。
② 要件：知令部咨关于各航政局改革办法：福建省政府训令，第 1098 号（1933 年 2 月 10 日），令福建民政厅、建设厅：《福建省政府公报》1933 年，第 291 期，第 12–15 页。

表 2-2　全国各航政局办事处设置地点一览表[①]

办事处别	等级	所属省市	隶属航政局
宁波办事处	甲等	浙江省	上海航政局
温州航政局	乙等	浙江省	上海航政局
镇江办事处	乙等	江苏省	上海航政局
办事处别	等级	所属省市	隶属航政局
海州办事处	乙等	江苏省	上海航政局
芜湖办事处	乙等	安徽省	上海航政局
青岛办事处	甲等	山东省	天津航政局
烟台办事处	甲等	山东省	天津航政局
威海卫办事处	乙等	山东省	天津航政局
秦皇岛办事处	乙等	河北省	天津航政局
汕头办事处	甲等	广东省	广州航政局
厦门办事处	甲等	福建省	广州航政局
福州办事处	乙等	福建省	广州航政局
海口办事处	乙等	广东省	广州航政局
江门办事处	乙等	广东省	广州航政局
北海办事处	乙等	广东省	广州航政局
梧州办事处	乙等	广西省	广州航政局
九江办事处	乙等	江西省	汉口航政局
长沙办事处	乙等	湖南省	汉口航政局
宜昌办事处	乙等	湖北省	汉口航政局
重庆办事处	乙等	四川省	汉口航政局

---

① 要件：知令部咨关于各航政局改革办法：福建省政府训令，第1098号（1933年2月10日），令福建民政厅、建设厅，《福建省政府公报》1933年，第291期，第12-15页。

表 2-3　裁撤各登记所归并各局及新设办事处清单[①]

裁撤各登记所	归并各局及新设办事处
吴淞、闵行、苏州、无锡、吴兴、闸口	上海局
石浦	宁波办事处
华阳	芜湖办事处
正阳、海安	镇江办事处
南昌、湖口	九江办事处
裁撤各登记所	归并各局及新设办事处
沙市	宜昌办事处
蝦蟆矶、皇经堂、下新河	汉口局
衡阳、岳阳	长沙办事处
泸县	重庆办事处
龙口	威海卫办事处
济南、塘大	天津局
石岛	烟台办事处
任丘、天桥口、北塘、贾庄南、馆陶、大红桥、芥园、丁字沽、小王庄、德州	天津局

表 2-4　1933 年 2 月交通部委任各航政局航政办事处主任一览表[②]

服务处所		姓名	任命职务
天津航政局	威海卫办事处	蔡鼎	主任
	青岛办事处	徐守桢	主任
	烟台办事处	徐达行	主任
	秦皇岛办事处	张润芳	主任

---

① 要件：知令部咨关于各航政局改革办法：福建省政府训令，第1098号（1933年2月10日），令福建民政厅、建设厅；《福建省政府公报》1933年，第291期，第12—15页。
② 命令：部令：交通部令：第81号、82号、83号（1933年2月21日）；《交通公报》1933年，第432号，第1—2页。

(续表)

服务处所		姓名	任命职务
汉口航政局	长沙办事处	朱天昌	主任
	重庆办事处	何栗真	主任
	宜昌办事处	曾汝濂	主任
	九江办事处	吴诚	主任
上海航政局	宁波办事处	朱仿文	主任
	海州办事处	王懋勤	主任
	镇江办事处	郁世鹰	主任
	温州办事处	余九皋	主任
	芜湖办事处	金彭年	主任

至此，交通部基本确立了全国航政机关由交通部航政司、交通部直属航政局、航政局直属航政办事处（或交通部直属航政办事处）的组织体系。从地理和管理对象（船舶种类上）廓清了管辖范围和航政职权范围。在一定程度上纾解了中央与地方各类航政机关、交通部与其直属航政局之间的矛盾。理顺了交通部航政管理体系。对于后续各类航政管理的开展提供了组织保障和体制基础。航政管理逐渐步入相对稳定的轨道。

后续，交通部对《航政局组织法》前后进行过数次修正。1935年，交通部曾对于航政局职掌、航政人员任职资格、附属办事处的设置拟进行修正，并有意在航政事务较繁之航政局设置秘书（在实际操作中上海航政局1933—1934朱耀廷及彭湖任内均设置过秘书一职）、总稽查等职。行政院转咨立法院审议后，立法院认为航政局系事务机关，不须设置秘书。稽查又系征税机关所使用，亦无须增设。其余修正各点原则同意。[①]随着航政实践的不断丰富，《航政局组织法》尽管进行了数次修正，但其经1933年初改组后的管理体制基本得到延续和保存。

---

① 交通部训令：第2788号（1935年5月28日）：令上海航政局：奉行政院令转发修正交通部航政局组织法通饬施行仰遵照并将秘书稽查等缺裁撤以敷法案由：上海航政局有关船务业务的法规章则之类（1935年4月10日—1936年1月10日），上海航政局档案：卷号：9（3）。

第三章 上海航政局组织职权与人事分析

　　上海航政局直属于交通部，其业务工作直接受交通部航政司的监督和指导，具体负责江浙沪皖地区的航政管理事务。其组织职权扩张与收缩伴随《交通部组织法》《交通部航政局组织通则》《交通部航政局组织法》《交通部航政局办事细则》的演变而演变的。其航政人事管理制度文本与施行间存在较大的出入。

一、上海航政局组织职权及相关人事制度的演变

　　南京国民政府成立后曾颁布《国民政府交通部组织法》（1928年12月8日公布），该法第4条规定交通部设置总务、电政、邮政、航政等四司。[①] 同法第5条规定交通部得置邮政总局、航政总局，于必要时并得置各委员会，其组织另定之。第10条对于航政司的职掌进行划定，该司主要办理管理航路及航行标识并其他一切海政事

---

① 中央法规：国民政府交通部组织法（1928年12月8日公布）：《江西省政府公报》1929年，第1-2期，第46-48页。

项；筹办管理国营航空及监督民营航空并空中运输事项；筹办管理国营航业事项；关于船舶、飞机发照注册事项；关于计划筑港及疏浚航路事项；管理及监督船员、船舶造船事项；改善船员待遇事项。通过该组织法可以看出，交通部航政司的职权突出特点是管辖一切海政事项。同时航政不但包括水上运输，也包括航空运输。除设置航政司等常态航政管理机构外，交通部后续亦设有临时性或阶段性的机构如航政视察员、船员检定委员会等。

1929年，国民党第三届中央执行委员会第二次全体会议关于确定行政事项统属案，规定1.航空事业，统归军政部主管，航空邮运及其经费，归交通部主管。2.建设委员会将无线电管辖权移转交通部。3.海政归海军部管理，航政归交通部管理。4.各市公用事业，如电话、电灯、电车、自来水等，归各市政府监理。① 经由该次行政事项统属案，进一步廓清了交通部与海军部、建设委员会、军政部及地方市政府间有关交叉职能。但该次职能划分并不彻底，以各省市公用事业看，行驶于市域内船舶，亦承担重要公用事业职能，但其管理职权归属并未明确。同时，各市政府（主要是特别市政府）的公用事业与中央部会职能进行划分，而各地方省政府与中央部会的职能划分并未涉及。

依据交通部组织法第5条规定，交通部拟于各港埠设置航政局，并公布《交通部航政局组织通则》（1929年12月20日公布）。该通则对于航政局处所及其管辖区域认定以交通部部令施行。航政局分设一、二、三等三个等级。内部设置第一科（职掌机要，考绩，收发文、案卷保管，印信典守，经费预算及出纳，编制统计报告，庶务等）、第二科（船舶检验、丈量，登记及发给牌照，船员及引水的考核监督，造船等）、第三科（航路标识监督或管理，港务、码头、趸船、堆栈监督或管理，港内险滩救护，航路疏浚测量）。各科依据航政事务繁简进行增减。同时航政局得于必要处所设置分局或所属机关，此类分支机构设置及管辖区域由交通部以部令形式定之。对于人员配置，设局长1人，技术员若干人，各科科长1人，秘书1人，由部令派充。设科员若干人，由局长遴选呈部派充。航政局因事务需要得酌用稽查及雇员。②

《交通部航政局组织法》（1930年12月15日公布）规定航政局分设两科，第一科职掌局内机要，文书，印信典守，经费预算，决算及出纳，庶务等。第二科职掌船舶检丈、登记发牌，船员及引水人员考核监督，造船事项，航路标识监督，航路疏浚，船舶出入查验等航政管理事项。航政局设局长1人，各科分设科长1人，设技术员4~8人，设科员8~12人。同时，依据实际业务需要酌用雇员若干。故航政局员役配置最高限额23人（不含雇员），最低配置15人（不含雇员）。任用方式上，局长简任或荐任，各科

---

① 朱汇森主编：《中华民国交通史料（一）：航政史料》："国史馆"印行，1989年，第57页。
② 朱汇森主编：《中华民国交通史料（一）：航政史料》："国史馆"印行，1989年，第58-60页。

科长及技术员荐任或委任，科员委任。①

1931年6月13日公布的《交通部航政局办事细则》对航政局职权、内部考勤、文书管理、财务管理、差旅、职员奖惩、局务会务等分别进行详细规定。涉及人事管理的内容：总则中明定，局内职员名额依照《交通部航政局组织法》的规定，由局长酌量局内事务繁简呈请交通部核定。第5章第42条规定公役雇用、考核由庶务人员管理，并须取具相关担保。②

职员考勤。该细则第3章考勤，涵盖第9条至第20条。③相关内容包括：1.航政局办公时间（每日8小时）及考勤执行。局内备置考勤簿，职员到局时须亲笔签到（考勤簿在规定到局时间后15分钟内呈送局长核阅）。职员每周将工作填具报告主管长官核阅盖章，每月汇呈局长核阅。2.请假销假事宜。职员因病或有不得已事故，不能到局工作，应声明事由请假。病假须呈请局长核准，假期每月不得超过3日，每年不得超过1个月（因特殊情形者，经局长核准不在此限）。迟到或早退须向主管长官陈叙理由。请假日期及相关事宜，由航政局第一科按日登记，每月列表呈送局长核阅，半年报交通部备案。出差及出差完毕后须在考勤簿内注明备查。3.公务值班。节假日及每日下班后，各职员应轮流值班，遇有特别紧急事项，随时陈明长官办理。职员值日表由第一科每月拟定后呈局长核示。值班期间应将值日经过，填注值日簿内，逐日送请局长核阅。职员办公期间非因公不得接见宾客。对于职员请假事宜，该局依据《航政局办事处细则》第12条、第13条、第十五条规定订有《上海航政局职员请假规则》（1936年5月曾进行修正）。④

奖惩：航政局职员奖惩规则另定。文书管理。文件、案卷的收发、保管由第一科指定专人办理。文件收文后由第一科拆阅，按其性质分为紧急、最要、次要、寻常4类，标明主管科室，发交办理收发人员，并在登录簿内编号，送请局长核阅后分送各科承办。紧急文件由第一科长呈局长先行拟办。机要文件由局长指定专人办理。收文如有附件，须随文附送不得遗漏，发文时亦同。文件经局长核阅分配后，经办人员应拟稿签名，由其主管科长核呈局长核签。如有特殊缓办情形需要注明理由。业务涉及两科室的文件，应由主要科室拟稿或会同拟稿，但须会同签名。科长于核稿时须在添注涂改部分的首尾加盖私章，以明责任。文件办理完毕后，需及时归档编号保管。案卷保管办法由各航政局自行拟定。一切案卷均不得携带出局。

---

① 朱汇森主编：《中华民国交通史料（一）：航政史料》："国史馆"印行，1989年，第120–122页。
② 朱汇森主编：《中华民国交通史料（一）：航政史料》："国史馆"印行，1989年，第149、153页。
③ 朱汇森主编：《中华民国交通史料（一）：航政史料》："国史馆"印行，1989年，第150–153页。
④ 上海航政局训令：（1936年1月14日）：令各办事处：奉交通部令为职员请假派员代理应将经手事务文件公物点交清楚以重公务令仰遵照由：上海航政局有关船务业务的法规章则之类（1935年4月10日—1936年1月10日）：上海航政局档案，卷号：9（3）。

财务管理。局内经费应按月依照预算造具概算书呈交通部核发。每届月末应将本月出纳数目造具计算书，连同收据粘存簿于次月5日以前呈部查核。会计及庶务由第一科指定人员办理。会计应使用新式簿记，置现金出纳簿、分类簿、收支总簿等分别登记，由交通部随时派员查阅。会计人员对于收支款项每日应填日报表，月终填月报表，由第一科长核送局长查阅。款项至500元者，须送交指定银行储存。支用款项30元以下者由主管科长核定，30元以上者呈由局长核定。会计人员对于款项非经局长或主管科长签字不得支付。[①]

公物管理。航政局内所有器物应编号登记，由庶务人员保管，并在各办公室列表公示，不能编号物品应记其种类及数量。职员领用相关物品时，须在领用单内填明名称、数量、日期，并签名后方可领用。物品需用火损坏更换时，应将原物返还保存。购入、发出、收回及现存物品均应登记造册，每届月终由第一科科长检查。警卫及公共卫生。局内警卫及公众卫生事务由庶务人员办理。

差旅管理。职员因公出差，其差旅报销依照国民政府颁布《国内出差旅费规则》进行管理。局务会议。航政局重要事务由局务会议决定。会议时间由局长决定，组织由局长及科长共同进行。局务会议应作会议记录，每届月终呈部备案。

至1935年，交通部以训令形式发布《修正交通部航政局组织法》（3月2日公布）。是次组织法的修正及发布，其组织职权的形态历经中央部会之间（交通部与海军部、军政部、财政部）、中央与地方航政管理机关之间有关职权划分、航政制度文本与航政管理实践之间进行，至全面抗战爆发前达到相对稳定状态。这种稳定可以体现的多个方面：首先航政局设置处所及管辖区域，由最初的"交通部定之"，转变为"由行政院定之"。航政局设置科室由最初的三科变为办理总务和航政管理业务的两科。其业务内容亦更为明确，船舶的检丈，载线标识，船舶登记及发给牌照，船员及引水考核监督，造船，船舶出入查验证核发，航路疏浚，航路标识监督（明确了有关航路标识具有监督权限，而实际管理权限仍主要由海关进行）等事项。并明确上述第二科各项职掌，以适用海商法规定的船舶为限（此项规定明确将主要由地方省市管辖的不适用于海商法的内港船舶区分开来）。同时，有关港内的相关事务则划归海关及地方政府管辖。

人员设置上设局长1人，简任或荐任。科长2人，荐任或委任。技术员4人至8人，荐任或委任。科员8人至14人，委任。必要时得酌用雇员。航政局在各重要海口设置办事处，置技术员1人，荐任或委任。科员1人至3人，委任。为符合国家对于公务员的相关管理要求，该法对于局长、科长、技术员及办事处技术员，在航政人员考试未进行前，除具有公务员任用法所定的各该级别公务员资格外，同时需尽先任用曾在国内外

[①] 朱汇森主编：《中华民国交通史料（一）：航政史料》："国史馆"印行，1989年，第152—153页。

商船或其他航务专门学校毕业者,或曾在国内外大学肄业造船或轮机工程学毕业者,或曾在航政机关办理技术事务3年以上,成绩优良者。或曾在航政机关办理行政3年以上,成绩优良者。或对于航政有深切研究,有专门著作,经审查合格者。①

1933年12月,上海航政局及所属航政办事处填具国民政府主计处拟具《治权机关员额表》显示:上海航政局局内公务人员共计44人,男42人、女2人。其中简任1人(男1人)、荐任9人(男9人)、委任19人(男18人,女1人)、聘任0人,雇员15人(男14人,女1人)。是年8月7日,镇江办事处计13人,荐任1人(主任王懋勤),委任1人(技术员吴敩)、雇员11人。8月7日,宁波办事处共计10人,荐任1人(主任施承志,男),委任4人(技术员及事务员、男),雇员5人(男)。芜湖办事处共计10人(男),其中荐任1人(主任郁森,男),委任1人(男),雇员8人。温州办事处共计9人,荐任1人(主任余九皋),委任1人,雇员7人。海州办事处共3人,委任1人(技术员)、雇员2人。②

如上所述,1931年6月13日公布的《交通部航政局办事细则》对航政局职权、内部考勤、文书管理、财务管理、差旅、职员奖惩、局务会务等分别进行详细规定。但是对各航政局的分支机构如船舶登记所、航政办事处的相关规范阙如。特别是航政局成立初期由于与地方省市航政管理机关职权未能明确划分,扩张成立相关航政分支机构势头强劲。机构的扩张随之带来的是人员配置增多,此期对分支机构在人员甄选、奖惩及相关的财务监督几近真空。造成的后果不单是侵扰船户,加剧与地方航政机关的矛盾,还有接连不断的航政分支机构办事人员和负责人浮收各类规费,中饱私囊,侵吞公款,携款潜逃的案件。如设置航政登记所时期,登记所主任所经手征收船舶检查、丈量、登记、船牌各项费用,每有充当所内经费情事发生,甚至任意挪用。卸任之后,公物、公款多移交不清。事后追缴,"每至含糊了事"。③

交通部为杜绝侵蚀亏欠,加强对航政分支机构负责人的监管,于1932年10月6日公布《交通部各航政局登记所主任征缴保证金规则》④。该规则计十条,旨在强制航政局登记所主任缴存从业的保证金或提供相当的担保。该规则主要包含如下方面的内容:1.缴存的金额标准:甲等登记所主任500元,一等登记所主任300元;2.缴存的途径:各该登记所主任于任命后到差前,缴由主管航政局呈解交通部,然后由交通部转送

---

① 朱汇森主编:《中华民国交通史料(一):航政史料》:"国史馆"印行,1989年,第328-331页。
② 上海航政局各办事处人员统计调查表(1933年7月21日至1933年12月6日):上海航政局档案,全宗号618,目录号001,卷号066。
③ 《一月来之航政》:《交通杂志》1932年12月,第1卷,第3期,第143页。
④ 部令:交通部令:第407号(1932年10月6日):公布令:《为公布交通部各航政局登记所主任征缴保证金规则由》,《交通公报》1932年,第393期,第1页。

负责代理国库的银行进行保管存储。3. 保证金缴存的形式：现金，或用国民政府财政部发行的公债票或库券代替现金，公债券或库券的种类则由主管航政局随时核定。现金、公债票或库券滋生利息如数归缴存人所有。4. 保证金缴存变通方式：如登记所主任不能取得需要的缴存的现金或公债票（库券）时，得以曾经的主管航政局认可的殷实商铺为之担保，主管航政局对担保商铺负责随时考察。5. 收据：保证金汇解交通部后，由交通部填发收据，交由该航政局转发该主任收执。6. 保证金替代品的提前发还：如登记所主任需要将公债票或库券等代缴保证金的登记所主任，因特殊情事需要提前领回时，需要说明理由，连同交通部所发收据，并缴足相当的代替保证后，方可请求主管航政局代请发还。7. 保证金及其替代品（公债票、库券、商号的保单）的返还：登记所主任遇有免职、停职或转任时，待工作事项交待清楚、经手经费报销完全后，方可如数归还。如登记所财务有所亏欠，应将前缴现金或公债库券变价，按亏欠数目扣除，如有结余，结余部分发还该主任，如有不足仍按数追缴。以商号为担保者，由担保商号负责代偿相应亏欠。上述七项内容涵盖了航政登记所主任缴存从业保证金的基本流程，因是征缴规则，其相关内容的规定具体而详，尤其对缴存过程中可能出现的一些特殊状况，做了相应的弹性规定，使规则具有较强的操作性和实用性。另外，值得一提的是，该规则第九条"现在在职之各登记所主任应自公布日起一个月内补缴清楚"的规定条文清晰地显示该规则的出台是在具体的航政人事管理中的典型的事中或者事后管理，换言之，该规则是在具体的航政人事管理中催生出的制度供给，该类制度供给因为源于现实的航政管理实践，使得它相较于预设性制度供给更务实。

1933 年初，各航政局登记所经通令一律裁并为办事处并限期改组之后，交通部于是年 3 月 7 日修订公布《交通部航政局办事处主任征缴保证金规则》，前项登记所主任征缴保证金规则即行废止。[①] 修订后的新规则基本保留原登记所主任征缴保证金规则的主要内容，此次修订主要集中于两点：一是名称的变更，即由航政登记所主任变更为航政办事处主任；再是将原来十条内容调整为九条，原规则第九条为对当时在职登记所主任的追缴保证金内容，修改后的规则是原规则业已施行数月之后，自然没有必要列专条加以规范。此后，各航政办事处主任履新之前赴主管航政局照章缴纳保证金成为一个必不可少的环节。

航政局长、办事处主任及职雇员任职前保证金缴纳或提供殷实铺保的做法，民国期间在很多行业是通行的做法。理论上讲，这种保证金发挥效用是需要前提的，这与保证金本身额度及贪腐所得高低有关。一旦各航政长官通过手中的职权进行贪腐的所得远远大于其保证金数量时，特别是当航政人事经常变动不居情况下，其发生各类不法行为的

[①]《交通公报》，1933 年 3 月 7 日，第 436 期，第 1 页。

可能性无疑会加大。从交通部对各类航政不法案件的处理看，其更多的仅仅是涉及涉案者的道德风险。该类航政人事监管制度的局限性在后续的各类案件中不断显现。并且该类人事担保在实际操作中逐渐流于形式。上海航政局宁波办事处主任周鉴殷于1934年7月到差任事，本应在此前后完成担保事项，时至1935年3月上海航政局方将该主任由杭州春和堂药铺提供的保单呈交交通部。交通部遂斥该局查复其所属的镇江、温州、芜湖、海州四办事处主任保证缴纳情况。[①] 该类航政人事担保乱象可见一斑。

针对各航政局"职务能否切实执行"，无从稽考。其所属职员"控案累累，弊窦百出"的状况，交通部于1932年制定《航政视察员章程》10条，[②] 随时指派交通部职员担任航政视察员前往各口岸对其进行监视。此航政管理监察制度所指派人员均系临时性质，并非常设机构。其监管效果如何，并不得知。

二、上海航政局及其分支机构人事管理

（一）《航政局及航政办事处职员任用章程》颁行

时至1933年9月，各航政局的职员人事管理，因航政人才缺少等原因，均未能依照《航政局组织法》任用，除经各科科长、技术员须呈交通部加委之外，其余职员的任免、调派、薪级的评定、奖惩以及告假等事宜，均未明文规范。其间，交通部曾草拟《航政机关职员任免调派薪级奖惩及告假规则》，计21条。[③] 从1934年9月交通部公布《航政局及航政办事处职员任用章程》及《上海航政局职员请假规则》等规范航政职员管理的相关章则颁行看，上述《航政机关职员任免调派薪级奖惩及告假规则》应未实施。

各航政局及航政办事处人员的任免多由各该主管长官自由调任，交通部为加强对各航政局及其所属航政办事处的人事管理，于1934年9月24日以部令形式公布《航政局及航政办事处职员任用章程》[④]。除简任职、荐任职人员由交部依《公务员任用法》办理外，其他各职员均依该章程的规定办理。[⑤]

---

① 训令：交通部指令：第4726号（1935年3月19日）：令上海航政局：《交通公报》1935年，第650号，第25页。
② 制定航政视察员章程：（丙）关于航政事项：交通部二十一年十月份工作报告：张研、孙燕京主编：《民国史料丛刊》646，经济·工业，交通部民国二十一年度工作报告，大象出版社，2009年，第285页。
③ 报告：一月来之航政：（一）拟定航政机关职员任免调派薪级奖惩及告假规则：《交通职工月报》1933年，第9期，第83-84页。
④ 《公布令为公布航政局及航政办事处职员任用章程由》，《交通公报》1934年，第599期，第57页。
⑤ 《一月来之航政》，《交通杂志》1934年，第2卷，第12期，第117页。

该章程共八条，第一条主要限定该章程的适用范围，"航政局及航政办事处职员之任免除法令别有规定外均依本章程办理"，此处"法令别有规定"主要是指"除简任职、荐任职人员，由交通部依法办理外，其他各职员均依该章程之规定办理"。① 第二条"航政办事处及航政局所属办事处主任均由交通部任免之"，即不论是交通部直属的航政办事处，或是各航政局所属航政办事处主任的任免事项，均由交通部掌理。第三条、第四条及第五条主要针对航政局、航政办事处和航政局所属办事处职雇员的任免事项进行限定。交通部直属的航政局及航政办事处的职员由各自局长或主任呈请交通部核定后方可任免；而航政局所属的办事处职员则由办事处主任呈请航政局长核定后加以任免；直属的航政局及航政办事处雇员由局长或主任派充，航政局所属办事处雇员由各该主任派充，但雇员的使用任用均需呈报交通部备案。第六条主要对于呈请职雇员任用时，应呈递给部里的附具内容（该员详细履历、最近二寸半身照片2张及拟定的薪资水平）。第七条则是对从事航政事务的重要职员（技术员和事务员）的任职资格进行原则性的规定：曾在国内外海军学校、商船学校或其他航务专门学校毕业者；曾在国内外专科以上学校习造船或轮机工程之学校毕业者；曾在航政机关办理技术事务3年以上成绩优良者；曾在航政机关办理行政事务3年以上成绩优良者；对于航政有深切研究，著有专书者。最后两款不适用于技术人员。②

交通部出台是项章程，旨在收紧航政职雇员的任免权，规范和加强航政人事管理。仅就该章程的条文而言，它更有利于交通部对各直属的地方航政局、航政办事处及航政局所属的航政办事处重要的技术员（负责船舶检丈登记等事务）和事务员（负责与航政相关的行政事务）的监控和动态管理。以上海航政局为例，该局在该章程公布之前，其所委职员，多未呈请交通部核定，所派充雇员亦为呈请交通部备案。交通部在该章程颁布后要求该局将在职职员雇员履历，相片，支取薪级，分别核定备案。同时对于变动职员须依据该章程办理。③ 换言之，该章程颁布之前，航政局内除技术员及两科科长需要呈报交通部备案查核外，其他职员的人事任免权、薪级确定等方面，交通部均难以进行有效监管。交通部的出发点及希翼达到的目标是对上海航政局职员、雇员由该部核定任用及备案；上海航政局所属的各办事处职员、雇员，依照《交通部航政局及航政办事处职员任用章程》第四条暨第五条第二项规定，应由该局核定任用及备案。各航政办事处主任及技术员因其重要性使然，在实际操作中也需要向交通部备案核准。至于各办事处

---

① 《一月来之航政》，《交通杂志》1934年，第2卷，第12期，第117–118页。
② 法规：交通部航政局及航政办事处职员任用章程，《交通公报》1934年，第599期，第73–74页。
③ 航政：命令：交通部训令，第4976号（1934年10月4日）：令各航政局、厦门航政办事处，《交通公报》1934年，第602号，第23页。

一般性的职员及雇员,交通部仍希(上海航政局)"核定复呈部备查"。[①]

对地方航政机关而言,该章程的出台则是对其人事任免权的褫夺。是故,地方航政机关对该章程的施行不甚积极。该章程公布3个多月后,"各局处呈请核定备案者,仍属寥寥,殊为延缓",不得已,交通部再行抄发该项章程,要求各航政机关"从速具报,嗣后更动职员,务须遵章呈报"。[②]各航政办事处职员履历表应按季造送上海航政局,经由上海航政局鉴核后转呈交通部审核备案,但各航政办事处职员履历表上呈"迭经饬令在案,兹又届期",[③]时至1935年6月1日,交通部从上海航政局所呈报夏季在职人员履历表中查出该局技术员杨守余、科员陈鉴、胡汉武均未经交通部核准任用。书记员陶煜,已于1934年12月19日自动辞职,仍列入履历表中。而前经交通部核准任用的技术员华凤翔、张令法,科员高龙章、孙大可,表内漏列。这些人员是否业已去职,该局均未呈交通部备案。[④]上海航政局第一科负责该局及各办事处职员人事调查表事项,上述呈部的履历表,一种可能是其工作的疏忽或粗心所致。更可能的解释是地方航政机关对交通部对其职雇员任免核定备案的消极应对或虚与委蛇。

(二)航政技术员备案查核

技术员备案查核是交通部对航政局处人事监管的重点。因各航政局处技术员办理检丈事务,非有相当专业学识经验难以胜任工作。1935年1月24日交通部曾向上海航政局下发训令称:该局技术员刘福培等7人,虽经该部核定任用,但各员在校时所习何科、何系及历任职务年限,多未详细具报。同时该局所属各航政办事处技术员资历,由该局核定任用,是否与航政局及航政办事处职员任用章程第七条的规定相符,交通部无从查悉。故,交通部要求该局将局内及所属办事处技术员毕业学校、毕业何科何系,曾任职年限,详细列表呈复。(见表3-1,表3-2)同时要求该局将所属办事处职员、雇员经该局核定任用后,并应于每年12月6日汇案呈交通部,以备查考。从上述行文看,上海航政局对所属航政办事处的职员、雇员任用具有核定权。上海航政局经交通部核定有7位技术员,此次呈复时华凤翔、张令法等2位业已辞职。

---

① 上海航政局抗战前人事名册(1935年5月29日—1937年1月8日),上海航政局档案:全宗号618,目录号001,卷号019。
② 《交通公报》1935年,第626期,第4页、13页。
③ 上海航政局宁波办事处人事(1934年2月27日—1937年5月3日),上海航政局档案:全宗号618,目录号001,卷号029。
④ 上海航政局抗战前人事名册(1935年5月29日—1937年1月8日),上海航政局档案:全宗号618,目录号001,卷号019。

表3-1 1935年上海航政局技术员履历表[1]

姓名	别号	年岁	籍贯	职别	到差日期	薪额	出身	履历
刘福培		47	广东宝安县	技术员	1931年8月	320元	香港皇仁书院毕业，香港庇利船厂，汉口扬子机器公司练习生6年	1911年赴英国伦敦就保验船公司James pollookt Soh 绘图员职2年，继复任苏格赖斯哥城约翰卜即Johnbrown机器造船厂充工程绘图员3年，并任在皇家工程夜学校Royal Jecanical College 专习机械科、测拿科。1915年被选入英国造船师会为会员。是年因欧战回国后，由海军部派充江南造船所为造舰工程师。1920年海军部授予一等造舰官，海军上尉。1923年离开该所，赴南洋机器厂任商务经理兼造船主任。1925年广东瀚平公司造船工程主任。1927年就德商薛德堡尔洋行造船公司工程顾问，联保洋行商务经理兼南华轮船公司工程师。1931年8月任上海航政局验船师。
王新元		32	湖南长沙	技术员	1934年3月	230元	南洋大学电机科电力系毕业	曾于1928年8月至1930年6月任招商局航海专科教员。自1929年1月至1931年12月任交通部电信学校校董事务长兼及教员。自1931年2月至1934年2月任大夏大学土木工程系教员。1934年3月任上海航政局技术员
慎焕琳		35	浙江吴兴	技术员	1934年5月	160元	东吴大学理学院理化系学士，招商局航海专门学校毕业，南京市党部高中训育主任，公民教员，检定合格	1923年曾充华甲校舰练习生实习远洋驾驶兼及轮机，1924年代理改舰二副，1926年充任东吴大学附属第三中学数理化教员教务主任及训育主任，1931年派充上海航政局温州办事处技术员，1932年充任交通部上海航政学校数理化教员，1933年充任国民革命军遗族学校公民教员，现充交通部上海航政局技术员

[1] 上海航政局各办事处人事（1933年4月22日—1945年10月12日）：上海航政局档案：全宗号618，目录号001，卷号031。

(续表)

姓名	别号	年岁	籍贯	职别	到差日期	薪额	出身	履历
张柱尊	君一	38	江苏江阴	技术员兼考核股股长	1933年4月24日	180元	吴淞水产学校第一届渔捞科毕业，官费派日留学研究远洋渔业2年	历任江苏省立水产学校渔捞科主任2年，浙江渔业公司顾问兼福海渔轮船长1年，集美高级水产航海学校教员6年，浙江省立水产学校校长兼省立水产品制造厂长3.5年，江苏省立渔业试验场技术主任1.5年。领有交通部颁发第1686号乙种船长证书，实业部颁发第1号甲种渔轮长证书
秦吉云		40	江苏无锡	技术员兼登记股股长	1931年7月1日	180元	吴淞海军军官学校驾驶科毕业	历充应端、通济练习舰练习，期满补授海军少尉，晋授中尉，楚有、联鲸炮舰二副，代理大副。1927年12月奉派国民政府交通部会纂修，航政司科员，代理司科长，法规委员会委员，交通史编撰委员会会纂修，1930年7月同奉派为上海航政局技术员兼登记股长，7月间代理宁波办事处主任等职

表3-2 1935年1月上海航政局各航政办事处技术员资格①

办事处	技术员姓名	资历
宁波办事处	刘曼斯	吴淞商船专门学校轮机科毕业，与任用章程第七条第一项规定相符
温州办事处	刘运中	吴淞商船专门学校轮机科毕业，与任用章程第七条第一项规定相符
芜湖办事处	周士芳	浙江省立甲种工业学校机械科毕业，在航政局办事2年
镇江办事处	谢柏年	湖南公立工业学校毕业，湖南锦工厂技师，济南兵工厂技术员
海州办事处	陈銮	曾任哈尔滨航政局科员，同江航政办事处处员，天津航政局专员

① 上海航政局抗战前人事名册（1935年5月29日—1937年1月8日）：上海航政局档案，全宗号618，目录号001，卷号019。

从上述两表可以看出，上海航政局及其所属办事处的航政技术员多数具有国内外航海、渔业水产、商船等涉海类专业教育背景，少数毕业于工业专门学校或具有海军服役经历。技术员绝大多数具有造船、验船、渔捞、航海教育等从业经验。

（三）航政局处职雇员考绩

对于航政局及其所属办事处职员的实时动态，尤其是职员的"更调、晋薪、改任"或"新补"，交通部要求其通过"职员履历表"不定期向部航政司递呈，以便于对其人事管理进行实时监督。为"明瞭实际用人行政状况及考核航政范围内人员成绩起见"，曾于1933年向各航政局训令抄发《公务员考绩法》，后又向各航政局下发"职员姓名履历表"，各局及其所属办事处将"现在服务之职员从前成绩逐一依式填表"（时间截至是年11月1日），并于11月中旬以前由各局将统计表格递送航政司考核。此次填注表格后，航政司要求各局及所属办事处"以后每三个月填送一次（职员姓名履历表）"。于是，交通部航政司对各局及其所属办事处职员的考核形成常态。

至1935年之前，各航政局处职雇员之服务成绩，向由各该机关主管长官自行考核，随时奖惩。是年2月19日，交通部以第923号训令发布该部所属航政局职员考绩表一种，明定各航政局处职员，均于每年6月、12月分两次实行考绩。[①] 各航政局及该部直辖航政办事处职员，由各机关主管长官负责初核，依式填表，并填具相关考语后，并呈请交通部复核，然后由各航政局分别奖惩，汇报交通部备案。至此，航政局及其所属航政办事处职员方有统一的考绩安排。

从实际的操作看，各办事处职员的考绩表一般由各处主任在"直接长官"处签名盖章，奖罚由部核定。而各航政局职员的考绩表则由各该航政局长在"复核长官"处填具"奖罚"状况，这实际上是各航政局职员的复核奖罚具体由航政局长代替交通部航政司进行。

（四）上海航政局及其分支机构的人事结构分析

上海航政局自1931年7月1日成立至1937年8月，前后历任四任航政局长（见表3-3）。对于上海航政局的人事机构我们选取较为典型的1934年2月至3月有关该局职员的履历表进行，其间适逢朱耀廷与彭湖前后两任局长交接期间，2月份该局上报交通部的的职员履历表是前者任该局局长期间相对稳定后格局，而是年3月份则是彭湖甫上任时的人事格局。这对于了解该局人事变动具有较好的代表性。

[①] 上海航政局人事职员名录（1930年12月7日—1937年9月28日）：全宗号618，目录号001，卷号003。

第三章 上海航政局组织职权与人事分析

表 3-3 交通部部长、航政司司长、上海航政局局长职官简表（1927—1938 年）

	行政长官及简历	出处
交通部部长	王伯群（1927 年 5 月 4 日代理部长，10 月 12 日被任命部长，1931 年 12 月 30 日被免职）	陈长河：《国民党政府交通部组织概述》，《民国档案》1992 年，第 3 期，140-145 页；刘寿林等编：《民国职官年表》，中华书局 1995 年，583-586 页
	陈铭枢（1931 年 12 月 30 日—1932 年 10 月 28 日）	
	黄绍竑（1932 年 7 月 1 日—1932 年 10 月 28 日，代理部长）	
	朱家骅（1932 年 10 月 28 日—1935 年 12 月 12 日）	
	顾孟余（1935 年 12 月 12 日—1937 年 3 月 4 日，其间由政务次长俞飞鹏代理部务）	
	俞飞鹏（1937 年 3 月 4 日—1938 年 1 月 1 日）	
航政司司长	沈潘（1927 年 10 月 20 日—1928 年 12 月 5 日）	
	殷汝庚（1928 年 12 月 5 日—1930 年 1 月 13 日）	
	蔡培（1930 年 1 月 13 日—1932 年 5 月 13 日）	
	许龄筠（1932 年 5 月 13 日—1932 年 12 月 15 日）	
	高廷梓（1932 年 12 月 15 日—1936 年 3 月 17 日，其中 1935 年陆翰芹代理部长）	
	陆翰芹（1936 年 3 月 17 日—1938 年 1 月）	
上海航政局局长	奚定谟（1931 年 7 月 1 日—1932 年 6 月 11 日）：曾任海军部科长，海军楚谦舰舰长，上海港务局局长，上海市政府参事，上海航政局局长、天津航政局局长、秦皇岛海关监督等职	《上海市政府公报》1931 年，第 77 期，1 页。《北平政务委员会公报》1932 年，第 6 期，37-38 页。《职员调动》，《申报》，1931 年 6 月 17 日，13 版。《财政部设盐务研究会》，《申报》，1935 年 1 月 16 日，3 版
	何瀚澜（1932 年 6 月 11 日—1933 年 1 月 21 日）：字学海，广东人，系广东黄埔海军学校及南京海军军官学校毕业。历任海军总司令部参谋长，"飞口"军舰舰长，江南船厂监工科科长，青岛警察厅厅长，招商局船长等差	《委派职员》，《申报》，1932 年 6 月 12 日，16 版
	朱耀廷（1933 年 1 月 21 日—1934 年 2 月 19 日）：字有卿，现年 39 岁，浙江海盐人，北洋大学毕业，后赴美入康奈尔大学，获土木工程硕士学位。历任美国纽约省道局工程师，纽约中央铁道公司建筑工程师，1923 年回国，曾任河海大学教授，杭州市政府工务局局长，西湖博览会工程处处长，中央建设委员会简任技正，浙江建设厅技正兼第一科科长等	上海航政局相关人事档案

(续表)

	行政长官及简历	出处
上海航政局局长	彭湖（1934年2月19日—1936年4月10日）：曾任交通部法规委员会秘书，代理交通部秘书	《令上海航政局长朱耀廷、彭湖：为朱耀廷辞职应予照准遗缺派彭湖接充由》:《交通公报》1934年，第536期，6页。《沪航政局长由彭湖继任》:《中央日报》1934年2月22日，02版。《令彭湖：委该委员为法规委员会委员由》:《交通公报》1929年，第9期，7、1页。《沪航政局长彭湖辞职业已照准》:《申报》，1936年4月7日，第4版。《令秘书毛恭祥、彭湖：为毛恭祥另有任用遗缺派彭湖代理由》:《交通公报》1936年，第755期，6页
	吴嵎（1936年4月10日—1938年8月）：字昊明，54岁，浙江人，系同盟会旧党员，毕业于日本海军炮术水雷两学校将校班。历任浙江水师炮台总稽查，广州大总统府上校副官，海军同安舰副长，虎门要塞威远总台长，国民革命军总司令部海军处副处长兼中山舰长，兵站总监部总务处长，军事委员会海道运输主任等职	《新任上海航政局长吴嵎昨日视事》:《申报》：1936年4月11日，10版

从1934年2月上海航政局职员录可知（参见附表1），此时该局职雇员共计44人，计局长1人，秘书1人。第一科21人，其中科长1人，科员文书股股长4人（股长1人、科员3人），科员统计股股长5人（股长1人、办事员4人），书记6人，会计主任办公室5人（主任会计1人、助理会计3人、出纳员1人）。第二科21人，其中科长兼技术主任1人，验船股6人（技术员兼验船股股长1人，技术员2人，助理技术员1人，办事员2人），登记股5人（技术员兼登记股股长1人，科员1人，办事员3人）。考核股股长7人（技术员兼考核股股长1.科员1人，办事员5人）。稽查岗位2人（总稽查1人、稽查1人）。

从籍贯看，23人为浙江人，占职员总数的52.27%。23人之中海盐人11人（朱耀廷本人系海盐人），海盐籍占职员总数的25%。

从行政管理核心人员看，朱耀廷（浙江海盐人，曾任美国纽约省道局及纽约中央铁道公司工程师，杭州市工务局局长，浙江省建设厅技正兼第一科科长，西湖博览会工程处处长），秘书邹之栋（浙江平湖人，曾任浙江省教育厅科长，杭州市工务局秘书）、第一科科长陈宜慈（浙江海盐人，曾任杭州市工务局秘书兼第一科科长）、第二科科长余石帆（江苏无锡人，曾任浙江省公路局技术副主任兼工务科科长，安徽省建设厅第二科科长）、总稽查金彭年（曾任杭州市工务局第三科科长，浙江省建设厅第一科航政股主任）、会计主任章宗培（浙江吴兴人，曾任浙江省公路局会计科科员兼簿记股主任）、统计股股长张文培（浙江海盐人，曾任杭州市工务局会计主任）、登记股股长秦吉云（江苏无锡人，曾任交通部技士）、验船股股长刘福培（广东宝安人，曾任海军部江南造船所造船工程师）、考核股股长张柱尊（江苏江阴人，曾任浙江水产学校校长及江苏省立渔业试验场技术主任）。上述局内核心管理人员基本涵盖了航政局有关总务、船舶登记、检验、船员考核、会计、统计、稽查等所有的重要业务板块。从其登记的履历表看，朱耀廷任内上海航政局的成员呈现三高：即核心管理层浙江籍占多数；核心管理层与朱氏在浙江工务局、建设厅有工作交集的占多数（尽管朱氏与其他核心管理人员在浙江任职时间履历表上未有统计，从其整体人事布局看，两者之间多应有工作交集）；核心管理层有过浙江工作经历的占多数。除却需要交通部查核登记备案的技术员外，整个核心管理层除秦吉云系1931年上海航政局成立初期即在局工作外，其余均与朱氏有较为密切关系。本届航政局人事更多的是以朱氏在浙江建设厅及杭州市工务局及西湖博览会筹备处任职期间的班底组建。

从核心管理层的受教育背景及从业经验看，留学国外的5人（朱耀廷：美国康奈尔大学土木工程硕士、邹之栋日本早稻田大学毕业、陈宜慈日本早稻田大学毕业、刘福培英国格赖斯哥城国家实业学校毕业、张柱尊留日远洋渔业研究生），国内院校毕业者5人（张文培邮船部上海高等实业学堂毕业、章宗培吴兴县立甲种商业学校毕业、余石帆国立北洋大学毕业、秦吉云吴淞海军军官学校毕业、金彭年北京大学毕业）。朱氏及其从浙江罗致的管理层受教育程度整体相对较高，但其教育背景除张柱尊外应多与工务建设有关。刘福培和秦吉云其教育背景及从业经验与航政密切相关，但二人均为1931年航政局成立初期即入职人员。朱氏及其浙江班底于航政管理相对优势是其在浙江省建设厅任内管理全省地方航政的从业经验。该届航政局职员组成呈现出"业缘"（主要是从业经历）和"地缘"（浙江籍尤其是海盐籍）相对集中的现象。

1934年3月彭湖接任上海航政局局长，上海航政局职员录概况（参"见"附表2）：局长1人，秘书1人。第一科长1人，第二科科长1人。技术员3人，稽查2人（代总稽查1人、稽查1人），技术员兼验船股股长1人，技术员兼登记股股长1人，技术员兼考核股长1人，暂代文书股股长1人，统计股长1人。科员6人（文书1人、统计3人、船舶登记1.船员考核1人），助理会计员3人（助理会计3人），出纳员1人，助理技术员1人（船舶丈量1人），办事员15人（监印1人、助理收发1人、管卷2人、助理文书1人、庶务1人、办理验船文件1人、船舶登记1人、第二科收发1人、办理船员考核文件1人、缮写证书5人），书记6人。

此时的职员录系彭湖甫任航政局长之时。总计45人，从籍贯上看，湖南籍7人，江苏籍12人、浙江籍16人，广东5人，福建、湖北、河南、贵州、山东各1人。浙江籍占29%，仍占相对多数，这部分职员中有一部分系在朱耀廷任内来局内工作的。

从其到差日期看，与彭湖其同期（1934年3月）或后续来局工作的20人，占总人数的44%，可见人员调整幅度之大。

从其核心管理层人员籍贯及从业经验考察，彭湖（湖南浏阳，曾任安徽省党部委员，交通部秘书，中央训练部党训科主任，国营招商局总务科副主任等职），秘书陈宝言（江苏武进人，曾任驻法公使秘书，国营招商局产业股股长），第一科科长丑伦杰（湖南长沙人，国立东南大学毕业，军师政训处秘书主任，考试院科员及南京五州中学校长），第二科科长何道澕（福建闽侯人，曾任交通部交通部法规委员会件航政组主任，交通部航政司第二科科长，法规委员会航政组主任兼东方大港筹备委员会委员）、验船股股长刘福培（1930年到差）、登记股股长秦吉云（1931年到差）、考核股股长张柱遵（朱耀廷任内到差），暂代文书股长李子谊（浙江吴兴人，日本东京高等工业学校毕业，曾任外交部特派浙江交涉员署及浙江财政厅科员），统计股长楼兆鼎（浙江诸暨人，复旦大学毕业，曾任铁道部郑州扶轮中学训育主任，上海文化大学教授，交通职工子女学校校长），主任会计暂缺，助理会计员3人、出纳1人（浙江2人，江苏1人，湖南籍1人，均系1934年3月入职）。技术员6人，其中刘福培、秦吉云系持续在局工作人员，张柱遵系前任期间来局工作人员，调整三人，分别是何道澕、黄宗伦（广东番禺人，国营招商局船务科工程师兼机器厂厂长）、王新元（湖南人，南洋大学毕业，曾任招商局航海专科学校教务员，交通部电信学校事务长）。可以看出，彭湖履职后，上海航政局的人事更换呈现出新的特点，这种特点更多呈现的是以彭湖教育、从业经历为纽带。主要是其在交通部及国营招商局的工作"业缘"人脉，这有固然利于上海航政局与交通部及招商局之间关系的沟通，同时也有利于交通部航政司加强对其进行更加有效的监管。

航政局及其所属各办事处人事档案中显示，其职员构成有一共同特征，即出身于航政管理核心业务专业管理人才（船舶登记、检查、丈量、船员检定等）的短缺。航政局长及各航政办事处主任或船舶登记所专员鲜有航政专业出身者，部分是有航政管理从业经验，多数其他行政管理岗位直接调任。航政系统未见有统一的从业资格考试。一般情况下一个办事处仅有一位技术员负责区域内所有船舶的检丈、登记等事务，其余则均是事务性人员。这对航政政策的制定和施行影响颇大。另外，各航政办事处人员特别是事务员及雇员，其有各类税务部门（如统捐局、货捐局、渔业税局、卷烟税局、运漕厘局等）工作经历的人员占有相当比例。这种人事布局在1933年3月之前表现尤为突出。

彭湖任内的这份局内人事履历表，系刚对前任人事布局进行调整的呈现，部分职位出现人员不到位，职务暂代等现象，说明其尚未罗致到合适的人选。从朱耀廷及彭湖交接过渡期间两份航政局人事履历分析看，整个航政局人事的布局，行政长官上任后，多结合自己的教育背景、从业经历，物色"合适"的人选，局内关键核心管理层人员秘书、两科科长、会计、出纳等均会实现"大换血"。航政专门技术岗位保持了一定的稳定性，但也进行了几乎一半左右的更替。局内，航政局长（长官）辞职或调任之后，其核心管理人员往往随之亦宣告辞职，这种随"长官共进退"的现象，不惟交通航政系统所特有，同期的其他行政系统存在亦较为普遍。这种人事布局的特点，其初期对于航政长官施行新政，提高决策的执行效率非常有效。从另一角度看，这种布局本身即是航政长官为处理局内事务，通过动用自身的各种资源来实现航政管理各类人事资源的再配置。但这种效力的发挥有两个前提，一是航政长官做出的决策是科学的；再是他的任期需要有一定长度。

这种人事管理体制也有其自身的弊端。航政长官的任免来自交通部，选定何人任职，有太多的因素影响，尤其是交通部内部派系矛盾、交通部与其他部会间的矛盾均会在人事任免上产生影响。航政长官的决策是否能达到科学难以控制，而其任期在相关的法律中并没有明确规定。这就很容易造成航政管理政策的不连贯性，"人走政息"现象非常明显。该类现象在上海航政局所属的各航政办事处更为突出，我们以温州和芜湖航政办事处主任任期即可窥其一斑。

温州办事处成立于1931年12月。1932年3月于浙江平阳鳌江、乐清七里等处设立2处船舶登记所。同年6月奉交通部命令裁并上述登记所，该处遂改为温州船舶登记所，综理该所事务者称为专员。1933年2月奉交通部命令恢复温州航政办事处。至此，办事处主任由上海航政局委派改为交通部指派。即1933年2月之前航政局所辖各办事处或船舶登记所主任或专员均系由上海航政局委派。可以看出该处2年之内6易其领导（见表3-4），"其在事较深者，无过数月，浅者或仅旬日而已"。[①] 再看芜湖办事处主任任职情况，1933年2月21日交通部委任金彭年为芜湖办事处主任[②]，1933年5月15日，交通部照准金彭年辞职并委任郁森为该办事处主任[③]，1933年11月7日，郁森因病呈请辞职后，交通部照准，并派林晓接任。[④] 1934年2月21日，林晓辞职，交通部指派叶洪煦

---

① 序：《温州港航务统计专刊》（1932年1月–1934年6月），交通部上海航政局温州办事处编印1934年。
② 训令：交通部训令第960号（1933年2月22日）：令上海航政局，《交通公报》1933年，第435期，7-8，第1-2页。
③ 指令：交通部指令：第5603号（1933年5月15日）：令上海航政局，《交通公报》1933年，第456期，第15页。
④ 指令：交通部指令：第1523号（1933年11月7日）：令上海航政局，《交通公报》1933年，第506期，第14页。

接任。① 1935 年 2 月 18 日，交通部将叶洪煦免职，遗缺派干淼接任。1936 年 4 月 13 日，交通部将干淼免职，遗缺指派该部编审委员会委员吴永权接任。② 1936 年 10 月 31 日，交通部照准吴永权辞呈，指派汪成教为该处主任。③ 该办事处主任的任期均未超过 2 年者，短者 2 月余，长者 1 年多。3.5 年间先后有 7 位主任任职，平均任期 5 个月。他们当中有 4 位主动辞职，2 位被免职。这种频繁的长官更替，其航政政策执行的有效性和连贯性自然大打折扣。这集中反映出航政系统在急剧扩张时期及后续人事管理的乱象。

表 3-4 上海航政局温州办事处历任长官到差日期及在职时间简表 ④

职务	姓名	到差日期	在职时间
上海航政局温州办事处主任、上海航政局温州船舶登记所专员	闵文蔚	1931 年 12 月 1 日	7 个月零 8 日
上海航政局温州船舶登记所专员	胥惜吾	1932 年 7 月 9 日	4 个月零 2 日
上海航政局温州船舶登记所专员	黄文田	1932 年 11 月 11 日	2 个月零 10 日
上海航政局温州船舶登记所代理专员	严文中	1933 年 1 月 21 日	17 日
上海航政局温州船舶登记所专员、上海航政局温州办事处主任	余九皋	1933 年 2 月 7 日	7 个月零 11 日
上海航政局温州办事处主任	伍仲费	1933 年 9 月 18 日	

航政分支机构除主任（专员）外，其他职雇员任免大概情形是航政体制恢复办事处建置后，处内职雇员有辞职、病故等出现缺额时，一般由该处自行遴选，然后将补充人员的履历、照片等呈报上海航政局鉴核备案。航政局负责对于新拟用人员的从业资格进行审核（多从其毕业学校、学习专业、从业经历等方面进行审核）、从业信用进行担保（要求办事处将新录人员提供殷实铺保呈送局内备核）。⑤ 依据《交通部航政局及航政办事处职员任用章程》，各航政办事处的人员任免主要权限在办事处主任，而上海航政局具有人事任免的审核权（实际的运作情形是各办事处主任就该处技术员、事务员、雇

---

① 指令：交通部指令：第 2774 号（1934 年 2 月 21 日）：令上海航政局芜湖办事处主任林晓，《交通公报》1934 年，第 537 期，第 13 页。
② 训令：交通部训令：第 1614 号（1936 年 4 月 13 日）：令原任、新委上海航政局芜湖办事处主任干淼、吴永权，《交通公报》1936 年，第 761 期，第 3 页。
③ 《交通公报》1936 年，第 816 期，第 21—22 页。
④ 《温州港航务统计专刊》（1932 年 1 月—1934 年 6 月），交通部上海航政局温州办事处编印 1934 年，第 1 页。
⑤ 上海航政局各办事处人事（1933 年 4 月 22 日—1945 年 10 月 12 日），上海航政局档案：全宗号 618，目录号 001，卷号 031。

员根据《交通部航政局及航政办事处职员任用章程》进行遴选，然后呈报上海航政局审核。）1937年宁波兼海门办事处技术员童亚范辞职，该处因物色不到合适人选，曾呈请上海航政局进行指派。航政局认为该处仍应按照上述任用章程办理。后该处委用屠宗声为该处技术员（屠氏曾于1933年担任该处技术员）。

对于向各航政办事处催送各该处主任履历、照片及职员到差日期及接收审核任免相关文件系由上海航政局第一科负责。部分办事处职员配备有时也会私自超过额定数。温州航政办事处主任伍仲费曾向上海航政局呈文称：该处事务员项鸿畴，因缺乏服务精神，请予免职，并指出其遗缺原系超过办事处额定，拟不再委用。①

航政分支机构人事管理的乱象，在其前后任业务移交、地方航政发展等方面均有影响。它容易使航政长官产生五日京兆心态，这对于航政事业发展自然非常不利。航政办事处（包括前期的船舶登记所等）成为各类航政控案的重灾区与此期航政人事管理的状况亦不无关系。

从各航政办事处的档案看，其办事处主任移交、接收手续大致流程为：原任主任将处内钤记、文卷、公款、公物等项列册移交新任接收；新任主任赴上海航政局缴纳保证金，前往任所，将处内钤记、文卷、公款、公物等项点收清楚后，呈上海航政局查核，并由上海航政局转交通部备案。在移交、接收之前，应将移交日期先行呈报局部备查。1935年10月宁波办事处主任兼海门办事处新旧主任（周鉴殷、蒋幼怀）移交接收时，蒋氏申请上海航政局派员监督移交接收过程。②实际的移交、接收情况，我们以芜湖办事处的实态可以从时任芜湖航政办事处主任叶洪煦向交通部航政司的一份呈文中窥视。该呈文称"（芜湖航政办事处）处内历任移交案卷，不仅错杂无序，而且散失不全，附件尤多缺落，所备之船舶登记簿事属重要，历前主任均未遵照登用，故欲调查登记船只确数，颇感困难"。③航政长官卸任，如前所述，照章有一套严密的移交、接收程序。各类文卷的移交，船舶登记簿是最重要的册籍，它是统计船舶登记数量、办理船舶登记事务的原始凭证，同时也是各办事处向船公司或船户征缴相关费用的原始记录。基于芜湖办事处的基层航政管理乱象，交通部认为"芜湖如此，其他各办事处亦难保无此种凌乱情形"，1934年5月25日，严令直属航政办事处（作者注：即厦门航政办事处）检查后直接报部核办，各航政局则派员检查所属各航政办事处进行检查和纠偏。

---

① 上海航政局宁波温州海门办事处人事（1934年11月27日—1937年6月15日），上海航政局档案：全宗号618，目录号001，卷号034。
② 上海航政局各办事处人事（1933年4月22日—1945年10月12日），上海航政局档案：全宗号618，目录号001，卷号031。
③ 航政：命令：训令：交通部训令，第2561号（1934年5月25日）：令各航政局、厦门航政办事处：《交通公报》1934年，第564期，第3-4页。

相关人事监管制度的缺失或执行不力，造成部分航政分支机构办事懈怠、挪用公款、贪污受贿等案情不绝。1935年6月29日，交通部曾指令上海航政局查明芜湖办事处人员办事疏懈情形，经上海航政局查明该办事处人员办事疏懈，影响公务，殊属不合，应由该局严予申斥。倘有办事不力人员，并应即予撤换，不得放任。至雍家镇、当涂两处非船籍港，所有前派常驻人员，应饬迅撤回，以符定章。① 1937年4月10日，上海航政局曾向交通部呈送一件芜湖办事处呈报该局有关该办事处技术员虞中程移用公款，请予停职并派员充任技术人员的文件，上海航政局指派该局助理技术员赵叔翼代理该办事处技术员。② 交通部天津航政局局长徐达行，因案被控，经交通部派员调查属实，被撤职查办。烟台航政办事处主任朱天奎，亦因案被撤职查办。③ 镇江航政办事处主任孙铁舟卸任后被该处所辖登记所主任谭伯祺向交通部控诉其违法征税、亏空公款等罪。④

三、宁波航政办事处周鉴殷人事案

周鉴殷，号剑影，浙江诸暨人，曾任浙江省民政厅行政考察专员、实业部科长等职。1934年7月任交通部上海航政局宁波兼海门航政办事处主任。其任内发生了一桩有关其本人的人事案件。⑤

1934年11月因处内旅费纠纷，周氏将该办事处事务员瞿念慈、叶慎微免职，将张心瀚、唐联芳停职。为此，唐联芳曾向上海航政局呈文恳请宁波办事处继续任用。12月底，唐联芳一方面请镇海地方党部、海员分会、航业公会（即中国国民党浙江省镇海县执行委员会直属一分部、中华海员联合总会镇海县分部、镇海县柴船业同业公会等）向上海航政局发函，希望宁波办事处继续留任他；另一方面，唐氏本人直接向上海航政局呈文，恳请宁波办事处继续任用自己。最后，上海航政局批复宁波办事处"继续任用唐联芳为宁波办事处职员"。⑥

---

① 命令：指令：交通部指令：第10752号（1935年6月29日）：令上海航政局，《交通公报》1935年，第680期，第60-61页。
② 命令：指令：交通部指令：第3798号（1937年4月28日）：令上海航政局，《交通公报》1937年，第868期，第21页。
③ 《天津航政局长撤职》，《申报》，1935年10月30日，第7版。
④ 《孙铁舟被控诈财》，《申报》，1934年4月15日，第12版。
⑤ 上海航政局各办事处职员调查（1930年8月3日—1945年7月25日），上海航政局档案：全宗号618，目录号001，卷号032。
⑥ 上海航政局宁波办事处人事（1934年2月27日—1937年5月3日），上海航政局档案：全宗号618，目录号001，卷号029。

因人事调整等原因，同年 11 月 19 日，宁波办事处技术员刘曼斯曾向上海航政局局长彭湖秘密发电称，该处"周主任并未逃走，处内照常工作"。20 日，上海航政局电宁波办事处技术员刘曼斯，称其："妄登电报"，并予以申斥。电文斥责刘曼斯所言该处主任逃走消息毫无根据，其"不安分工作，妄登电报，实属荒谬"。[①]

迨至 1935 年 7 月 2 日，中国国民党浙江省镇海县执行委员会常务委员潘炳文呈请交通部谓：中国国民党浙江省镇海县第 13 次全县代表大会议决，宁波航政办事处主任周鉴殷"政绩卓著"，并请交通部对周氏予以褒奖。随后，宁波旅沪同乡会委员长虞和德、永安兴记甬局等 34 家轮局公司，亦呈函交通部，称周鉴殷"功在航界"，恳请"明令褒奖，以明赏罚，而利航务事"。该函件对于该主任任内举办航政业绩，主要列述以下数端：1. 废除历年积弊、革除一切陋规。（具体哪些积弊、何种陋规未见详陈）；2. 实行官署平民商业化；航商有事接洽或请求，无论假日或星期日，甚至早上晚间，无不立时办到。轮航称便。帆船船户直接与办事处联系，避免报关行家的剥削。3. 造成廉洁风气；该主任到任后，扫除积弊陋规，严禁验船师及检丈人员，谢绝航商馈赠。4. 整顿轮航线；甬台之间所有大小各轮航线向无明确规定（仅规定内河或沿海），纠纷迭起，跌价竞航，时有发生。航政官厅向不理会。周氏上任后，排难解纷，将各轮航线从新规划调整。使未纠纷者不纠纷，已纠纷者逐渐停止纠纷。5. 规划境内航业合作成功；甬台瓯航线为浙江唯一轮航干路，行驶该区域轮船"各自为谋"，周氏任差后，落实航业合作政策，并代为规划一切。6. 筹督开辟新航路。周氏督促绅商疏浚从路桥至海门段河道。7. 维持码头秩序。

针对镇海县党部等呈请嘉奖宁波办事处主任周鉴殷一案，7 月 25 日，交通部令上海航政局"审议宁波办事处主任周鉴殷任职一年成绩"，以资核夺。该局认为，周鉴殷任职情况，在其前次被控中详细查明并呈送过交通部。周氏任内工作"特异之点，该局并未接到任何报告"，故"未敢遽下断语，拟请（交通部）派员调查，俾明真相"。

对于上海航政局的上述复呈，交通部十分不满，认为该局对于所属办事处主任，负有考核之责，"究竟该主任周鉴殷服务几何，该局岂无闻见？来呈谓未敢遽下断语，显系有意推诿。" 8 月 17 日，交通部令该局速核情况后呈报，同时驳回所请交通部派员调查提议。8 月 29 日，上海航政局送呈交通部经该局审议过的宁波办事处主任周鉴殷任职 1 年成绩列表。内将该主任任职一年成绩，逐项叙明。

关于抄发原呈所举事项。镇海县执委会常委潘炳文呈称：该主任废除历年积弊，革除一切陋规，为航商解除痛苦并整顿各轮航线，调解航务纠纷，倡导航业合作，维持船

---

① 上海航政局各办事处人事（1933 年 4 月 22 日—1945 年 10 月 12 日），上海航政局档案：全宗号 618，目录号 001，卷号 031。

工生计等项。案查前奉交通部1935年3月2日第3788号指令所核定该主任被控各案，内略开："所控浮收国籍证书手续费、放行公函费、锁磅费等，均系沿袭征收。……惟各项额外收费，系废止于被控彻查之后，殊难洗抹以前之浮收，其是否出于故意继续不法行为，尚属问题。况现征之旅费数额，□□法令所许可，字号费一项，亦难免舞弊之嫌，办事手续，亦属未合，应由该局将该主任申斥"。上海航政局遂转令申斥该主任。

又查1935年4月13日，据宁波船户丁阿棠赴上海面询：其所属金宝兴丁记帆船国籍证书是否颁发到局？并附呈该航政办事处3月27日甬字第2851号致江海关放行公函1件。查该帆船国籍证书于2月14日奉令颁发到局，于2月19日令发该处转给船户。该局于4月15日训令宁波办事处，查明将发放海关放行公函实情具复。该处于4月22日呈复到上海航政局称："丁阿棠船户来领放行公函时，未向本处请领国籍证书，而办理公函职员周志诚，以该船户未问国籍证书，以为该船国籍证书未到，故仍发甬字第2851号公函"等语。即使该办事处所陈属实，船户领取海关放行公函时，未向该处请领国籍证书，但按照时间推算，此时该船的国籍证书业已到达该处多时。此显系该处工作失误。由此，上海航政局认为，上述呈文所举周氏"为航商解除痛苦"一语，"似有不尽实在之处"。

至于整顿各轮航线、调解航务纠纷，倡导航业合作，维持船工生计等事项，上海航政局认为除维持船工生计无案可稽外，整顿各轮航线，倡导航业合作两端均有案可查。

关于调解航务纠纷，案卷查出有关该处航务纠纷有案者有甬嵊线、鄞奉线、黄温线、甬姚线。该局将该四条航线纠纷，经该处办理情形分别进行详细列述：

甬嵊线：该线系自宁波至嵊山航线。向属东海、岱山两轮行驶。1935年3月间，有以往航行宁波至宁海的朝阳轮加入行驶，由东海、岱山两轮分别呈请交通部及上海航政局请求取缔，经上海航政局令饬宁波航政办事处查复呈交通部。后奉交通部指令召集双方调解。上海航政局令饬该处办理后。该处复称：经两次召集，因朝阳轮不派代表出席，致此案无法调解。并将该情况呈复上海航政局。该局旋奉交通部令："以东海、岱山两轮，因朝阳轮纠纷，尚未解决，而又有湖广轮加入行驶，请为制止"等情，令饬该局"并案查明，拟具办法呈报。"经该局转饬宁波办事处查明拟具办法，据该处所呈湖广轮此时确已加入该航线行驶，旋因营业清淡，自动停航。而东海、岱山两轮与朝阳轮双方仍不让步。该处拟自朝阳轮租期届满，令其停航甬嵊航线。交通部令饬该局复查，该局于1935年8月5日对该处办理该航线纠纷情形进行呈报。

该局经查发现湖广轮并未领航线证书，该处任其自由航行，事先未加制止，事后虽自动停航，"似亦未合"。后该局又据东海、岱山两轮电控湖广轮在无航线证书的情况下定于是年3月开航甬嵊，请上海航政局令宁波办事处制止。该局电宁波办事处查复，该处并未据复。可见该线纠纷，至该局奉部令复查时，虽经宁波航政办事处奉令调解，尚未能了结，而湖广轮的加入行驶，使纠纷更加复杂。

鄞奉线：该线系宁波至奉化航线。向属甬川、奉川、鄞奉、鸿庆四轮逐日两轮往来行驶，两轮停驶，按月交换开航。自鄞奉长途汽车行驶后，营业受到较大影响。同时，汽车公司又自置轮船办理联运，与原属甬川等4轮进行竞争。由是甬川等商轮公司呈请上海航政局请求停发鄞奉航线证书或执照，以免纠纷。经该局令饬宁波办事处查明具复，历经月余，该处并未呈复。又据甬川等商轮公司呈称：鄞奉汽车公司已招宝安汽船行驶该线，后又添驶益利汽船，请求航政当局停发益利汽轮执照。该局旋严令宁波办事处催查具复。随后该局奉交通部训令：宝安轮船早经发给过执照，其核准航线起于江东，迄于宝幢、横溪、莫枝堰等处，此次该轮如依照原有航线行驶，未便加以制止。至益利轮应暂缓核准，待鄞奉航线限制添轮一案解决，再行办理。1935年3月间，奉交通部接奉鄞轮驳局呈请核发益利小轮执照，经查核与1933年1月间该部第10号指令浙江建设厅准予暂行停发鄞奉航线轮船执照一案相抵触。经该部迭次训令浙江建设厅查明该线应否继续限制添轮，该厅并未呈复。据此，交通部令该局转饬宁波办事处迅即查明具复。该局就鄞奉航线应否继续限制添轮，令饬宁波办事处详细查各轮局营业盈亏情形，呈复核办。后续交通部接到浙江省建设厅呈复称：益利汽船添驶鄞奉航线，据鄞奉两县查明，确能使该县交通便捷，并节省旅客时间。并认为"似未便囿于前案，概予限制"。交通部据此认为益利汽船航行该线后，确能便利交通，"自应予以继续行驶"，并由交通部发给执照。此为该处先后奉令办理该线纠纷经过情形。

黄温线：该线系自黄岩路桥至温岭航线，向为黄太公司所属黄太汽船及温岭公司所属横湖汽船逐日往来行驶。1935年3月间，有公大1.2号汽船2艘，每日以1号汽船跟随黄太，以2号汽船跟随横湖航线。该1.2号汽船并无执照，擅自同行，由黄太、温岭两公司呈请航政局制止，该局令饬宁波办事处查明具复。是年6月间，该局奉交通部据黄太、温岭两公司呈请取缔公大1.2号汽船无照行驶案情，令饬该局分别查明详情。

此案上海航政局令饬宁波办事处查复逾2月之久，未见呈复。该局奉部令再行催促后，该处始于7月间查复称公大1.2号汽船均未领取执照，经该处施行检丈，已发给证书。此案派员在海门办事处召集双方会议调解，因黄太公司代表持异议，未能解决。上海航政局指令该处，公大1.2两号汽船未领部照已逾年余，其凭何航行，饬其详细查明。

该处复称："公大1.2号轮不经过海关所在地，毋须结关，故将自由航行，均未请领部照，一再迁延，直至本处予以停航处分，始纷纷来处办理，请领部照手续，又以未谙章则手续错误滋多，往返费时，致迟迄今"。

上海航政局在呈复交通部时认为，该线纠纷先由黄太等公司呈请到该局，该局令饬宁波办事处查复，久未回复。后经催促之后，回复称调解未能成功。而公大1.2两号部照，久未请领，其间又经该处第二次施行船舶定期检查，仍准其航行，其明显违反《小轮丈量检查及注册给照章程》第三条的相关规定。显见，对于是次航线纠纷，该处事先未加以取缔，事后又不迅为请领部照，反而因此引起纠纷。

甬姚线。该线系自宁波至余姚航线。向属镇新及宁姚两轮行驶，每日一来一去，新同兴轮转籍宁波后加入行驶，与镇新拼班航行。1934年9月间，由镇新轮船呈请交通部以新同兴轮私自增加汽磅，增加速度，请求饬令新同兴轮停航。交通部遂令饬上海航政局转饬宁波办事处查明。据该处呈复：新同兴轮保险汽门并无私自改造痕迹。上海航政局长饬由该处商请宁波航业公会调解。因此时宁波尚无航业公会设立，遂请宁波商会调解，待调解后，再为呈报。后该处又呈称：该案经宁波商会1934年10月12日、16日两次开会调解，该会给出的意见是新同兴轮应与镇新、宁姚及新宁余（新宁余轮航线涉及宁波至丈亭、宁波至余姚线之三分之二里程以上，故该轮与该航线亦有密切关系）三轮分期并班行驶。首次会议，因宁姚、新宁余两轮代表未到，调解未成。后定16日召集各轮代表再行调解，而宁姚、新宁余先后向该商会去函声称：镇新与新同兴轮纠纷一案，查与其航线无关，无参加调解必要。16日举行第2次调解时，除宁姚、新宁余代表出席外，仅到镇新轮代表，新同兴亦无代表出席，二次调解又未成功。

此案迭经商会召集双方调解，各商轮，或认为与航线无关不派代表赴会，或派代表参会，但代表当场声称不能就此事负责。商会认为无法调解。其间，镇新轮呈请交通部称：新同兴违法拼班竞航，擅自跌价，以致乘客超额。上海航政局饬令宁波办事处查明核办。该处复称：新同兴轮确于是年10月8日与镇新轮为竞航起见，减低票价1角。镇新因受影响，亦于10月9日起，同样减低票价，新宁余亦被迫减价。乘客有无超载，因各该轮客票及存根，均于当日报账后，即行毁灭，无法调查，嗣后当随时派员调查。该局将上述案情及核办情形呈报交通部后，交部认为：新同兴轮既经查明保险汽门并无私自改造痕迹，"应免置议"。"仍仰转令函托宁波商会召集各方，妥为调解，勿任纠纷"。可见此时交通部对于此案亦无有效的解决方案。

在连续跌价的情势下，部分航商难以为继，镇新轮呈请交通部，请求救济，并表示愿意遵照宁波商会调解办法，令各轮照办。1935年2月间，宁波办事处呈称：宁波商会于1934年12月24日召集行驶甬姚线各轮代表调解，计到宁姚、新宁余、新同兴、镇新等代表。双方各执言论，未能决定具体方案。待新同兴轮与镇新轮自行讨论后，再行调解。该案经商会调解后历时月余，并未见新同兴与镇新轮声请再行调解，以致案悬未结。

1935年3月13日，宁波办事处召集镇新、新同兴、及其他行驶甬姚江上的宁姚、新宁余各轮代表在宁波商会举行调解。该办事处主任周鉴殷提拟三项办法：1. 由新宁余、宁姚、镇新三轮合购新同兴轮，以备各轮岁修时替班使用；2. 新同兴停班由新宁余、宁姚、镇新三轮月贴新同兴各千金；3. 四轮分班交换同驶，如本月由镇新、新同兴两轮开甬姚班，则新宁余、宁姚二轮开甬郭班，逐日交换开驶。上项办法，经劝导再三，因双方意见分歧，调解又无结果。镇新轮售与新同兴轮，售价上双方相差500元，该处认为或可成功。待调解终结后再行呈复。上海航政局将上案调解过程转呈交通部，后续又经催令呈复调解结果，未见该办事处回复。

以上四案，均系先由各航商利益关系人迳呈交通部或上海航政局，然后转饬宁波办事处查复，或令饬调解。除鄞奉线纠纷由交通部核定有明确结果外，其余三案，至上海航政局此次呈复交通部时均无处置结果。且该处办理航线纠纷案件，均在起纠纷之后奉令承办，"并未预弥于已起纠纷之先"。其宁海县党部原呈所陈该主任"使未纠纷者不起纠纷，已纠纷者逐渐停止纠纷"，并不符实。

永安兴记甬局等34轮局公司呈称该主任功在航界主要集中于如下五点：1. 实行官署平民化、商业化；2. 造成廉洁风气；3. 整顿轮航线；4. 规划境内航业合作成功；5. 筹督开辟新航路，其他维持码头秩序、帮同整顿客申等项。

上海航政局认为1.2.两端，如属实在，乃公务人员应持有的态度与操守，尤为主管公务人员应尽职责。3.4.5.三端，1935年3月5日，据宁波航商新海门、宝义、宁海、黄岩、新永川等轮船公司联呈上海航政局，遵章分组航业合作，避免竞争，请求停发宁台温两路航线新照，以维现状。3月12日，上海航政局训令该处查复。4月1日，据该处呈复：宁台、宁黄、宁海各航线营业状况填表送核。该局以所呈状况不甚详晰，令其重行查复。5月21日，据宁波商轮公会呈报称：新海门等公司组织联合甬台瓯航务公局，于4月1日成立，除呈请交通部体察航业凋敝情形，停发甬台瓯线航行证，以资救济外，并附呈该公局契约照片，各公司最近三年营业收支状况表至上海航政局。该局于5月23日，令该处查案详细具复。6月8日，上海航政局奉交通部第3005号训令：据宁波商轮公会呈报交通部，成立甬台瓯线航务公局，请予备案，限制他轮行驶，应由上海航政局确切查明，拟具办法呈复。6月11日，上海航政局训令该处核复。6月15日，据该处呈复调查甬台瓯各商轮营业状况经过实情。7月12日，据该处查复甬台瓯航线各商轮营业状况，船质、船龄、马力速率。7月17日上海航政局据该处呈报内容抄附原件转呈交通部核示。7月29日，交通部航务字第12026号指令开：交通部对于整理全国航业正草拟方案，甬台瓯线航务总局，请求限制他轮行驶，应待整理方案公布实行后，依照办理。

据此，航政局分别批示转令新海门公司、宁波商轮公会知照。依照上述事实，该主任确实进行过调查，至是否由该主任事先规划，上海航政局认为"未据呈报，无从审议"。

关于整顿航轮线，在前述内容中已有提及。至于开辟新航线，未见该处呈报案卷，查阅该处逐月工作报告表，亦未列入。

其他关于维持码头秩序、帮同整顿客申两端，1935年3月间，上海航政局召集航政讨论会议时，该主任有取缔车夫、挑夫、小贩等，集登码头船以免危险，及整顿轮船客申价目，以免发生任意跌价竞航情事两案，前案原列，经决议通过，再由该主任详细讨论，呈上海航政局草拟具体办法，议决由各办事处斟酌当地情形，拟具具体办法呈局核准施行，记录在卷。此项虽经该主任提议有案，但上海航政局并未收到该处拟具具体办法，该处有否实行，亦无从审议。

宁波旅沪同乡会委员会虞和德函称：宁波三北等公司24家所举该主任整顿各轮航线，调解航务纠纷，倡导航业合作，维持船工生计等项，内容与潘炳文所称基本相同。

对于该主任平时服务情形，上海航政局从其本人及其所管辖的办事处分别进行查核。周氏任职该办事处1年有余，经上海航政局局长考察暨案卷所列，"虽无特殊劳绩，但关于饬令之奉行及职责之应为者，尚能遵行"。拟于考绩时专案呈部鉴核。

该处办事情形有案可稽者为1935年2月20日第929号交通部训令所开：据航商呈控上海航政局宁波办事处增收轮船检查旅费、征收船舶字号费，发给临时收据等一案。经查明，手续不合，办事疏忽，除申斥外，通令申诫。其他的多为航政技术工作上疏忽错误之处，经上海航政局先后纠正在案。该呈文拟具时原文中对于办事处的问题，草拟时有："主任欲应连带责任，惟该处技术员刘曼斯尤应负直接之责任"。后被局长审核时划去。

至1935年10月11日，交通部将上海航政局宁波兼海门办事处主任周鉴殷撤职，遗缺指派蒋幼怀接任。周氏被革职后，宁波航商迭电呼吁，并派代表赴京，请求收回免职成命。宁波航商代表（宁波商轮公会、宁波汽船业同业公会暨全体商轮公司）赴沪呼吁，请上海宁波同乡会电交通部收回成命。[①]但终未成功。

宁波航政办事处主任周鉴殷案，从案发后上海航政局及交通部的反应看，该案起因于办事处内部人事纠纷引起的可能性更大。周氏上任后因旅费将瞿念慈、叶慎微、张心瀚、唐联芳等四职员革职。此四人之中，瞿念慈系1934年7月到该处任差（该人系周氏物色可能性较大）。叶慎微系1933年7月到任，张心瀚系1933年3月到任，唐联芳于1932年6月到任。周氏前任施承志于1933年7月到任，从入职时间看，叶慎微是前任施氏物色人选可能性较大。张心瀚早于施氏数月任职，其与前任主任关系应该不大。从这里可以看出，此案若是周氏在人事方面清理前任影响的可能性不大。1934年11月该案发生后，唐联芳鼓动镇海地方党部、海员分会、航业公会向上海航政局致函，希望宁波办事处继续留任他；唐氏本人直接向上海航政局呈文，恳请宁波办事处继续任用自

---

① 《甬航局主任被诬撤职、航商代表来沪呼吁、请甬同乡会电部收回成命》，《申报》，1935年10月22日，10版。

已。说明其案发后还是希望继续留任该处,可能周氏辞退其意坚决,故采取上述方式声援。从唐氏履历看,其在镇海地方任职广泛,根基较深。他本人是镇海本地人,曾任浙江外海水警厅船舶总稽查,镇海要塞司令部咨议,宁镇船货捐局咨议,鄞县统捐局咨议,镇海县筵席捐主任,县党部临时筹备处起总干事,1917 年曾任该县商民协会常务主任,工整会委员,中华海员工会支部常务,江浙渔业局特务员,一区县党部执行委员会,抗日救国会稽查长等职。上述任职经历为其开展留任相关运动事项应能提供不少便利。运动的结果是上海航政局最后批复宁波办事处"继续任用唐联芳为宁波办事处职员"。但从该处 1935 年 1 月 7 日,4 月 2 日、7 月 3 日呈报给上海航政局的职员履历表中显示并无唐联芳姓名。可以推测唐氏应已去职。

自 1934 年 11 月该案爆出至 1935 年 7 月镇海县地方党部、宁波旅沪同乡会等机构向上海航政局及交通部请求"褒奖"周氏各类"有功于地方航界"期间,通过案情可知即已有宁波航商检举周氏舞弊及浮收各类规费的控案发生。加之,周氏任职期间有关航业合作、航线纠纷处置不力等原因,辖区内关系航商向交通部、上海航政局申诉不息。以案情观之,此类申诉给上海航政局有关航政管理工作造成了相当的被动,这也是该局开始时对该处案件调查不甚积极的重要原因。从上海航政局局长对周鉴殷本人工作的评述看,该局应不是对周氏倒排的主要力量。而最终促使交通部将其革职的动因也是上海航政局根据部局处三级航政管理机构翔实的公文往来,披露出周氏并非地方团体所言异常"有功于航界"。而耐人寻味的是周氏鼓动宁波地方党部、航业团体运动,并呼吁其上级收回撤职成命的路数与遭其革职的唐联芳如出一辙。航政人事变动中相关人员进出之间,看似简单线性,实则面向复杂。该案贯穿周鉴殷在任一年有余的大部分时段,尽管囿于史料的限制,尚不能全部彰显该案的全部细节及人事关系,但它却凸显出此期航政人事管理制度在地方航政机关中运行的复杂丛像。

此期的航政人事管理除颁行的《交通部航政局办事处主任征缴保证金规则》《航政局及航政办事处职员任用章程》及《上海航政局职员请假规则》等零星的不成体系的法规外,主要参照《公务员任用法》。对于相对专业的航政人事制度并无单行法规或条例颁行。占航政管理人员中局长、科长、技术员、办事处主任之外非公务员编制的其他人员的人事管理处于监管的盲区。即使是已有的颁布的相关法规中其施行效果亦不容乐观。反观,同时期的铁路、电报及邮政系统,人事管理制度均较为健全,对于系统内员工的任用、奖惩、退休、养老、抚恤各有专章。

第四章 与地方航政管理机构和海关之间的冲突和调和

上海航政局成立后,与其职能的行使关系最为密切和纠葛的即是各省市地方政府航政管理机构以及由海关总税务司领导的理船厅。以该局为代表的交通部各直属航政局的成立,实际上是对国内航政管理职权的再次分配,换言之,亦是对航政管理以及由此而带来的财政资源的重新调整。从理论上言,中国的航政管理应由最高交通主管机关交通部划一管理,而实际上因受不平等条约束缚、政府航政管理意识的淡薄及航政专业技术人才的匮乏等原因,通商口岸的航政管理权被以外籍总税务司主导的海关兼理。航政局成立后,其行使的部分航政职权(如船舶检丈登记、船员考核管理等)正是从海关理船厅处规复而来。内河航政管理权则任由各地方政府自行行使。从理船厅规复航政职权,中央交通部和地方省市航政管理机构的目标是一致的,但由谁规复?规复后由何种机关接办则意见纷歧。由于各地方政府此期对航政职权的认知和实践局限,更多地将之视为财政进项的来源,整体上对航政建设(如航路拓展、航路标识的筹设等)的建树极其有限。故而三造间的冲突以及有限度的调和就成为此期航政实践的鲜明特征。

一、与地方航政管理机关间冲突、调和

上海航政局成立后，其依据《海商法》《航政局组织法》等法律的相关规定，以《海商法》规定船舶为管理对象，履行其职能。《海商法》调适对象（船舶）为"在海上航行及在与海相通，能供海船行驶之水上航行之船"。并列出不适合该法调适的船舶类型：1. 总吨数不及 20 吨，或容量不及 200 担之船舶；2. 专用于公务之船舶；3. 以橹棹为主要运转方法之船舶。[①] 要求上海市公用局移交接管其总吨 20 吨以上或容量 200 担以上船舶的检丈职权。公用局认为：不与海直接相通之河道内航行之船舶，概不适用《海商法》。并根据《上海特别市组织法》内有关河道、港务及船政管理事项与征收船舶牌照费的规定。并据此办理船舶登记、发给执照。交通部则强调公用局的航政管理职能与《交通部航政局组织法》中关于船舶登记及发给牌照事项相抵触。[②]

（一）上海航政局拟接管上海市船舶登记职权

上海航政局成立后，开始对辖区内船舶进行登记检丈。1931 年 12 月，上海市政府咨交通部，认为上海市轮渡为便利市民，与其他轮船以营利为目的者不同，请一律免予收费。上海航政局呈复交通部，认为船舶检查丈量等制度，对于公营事业所属船舶施行检丈并无免费明文规定。《船舶登记法》也无免予登记的规定。并列举上海邮政局及招商局所有船舶，统一声请检丈登记，均经照章缴纳费用。轮渡为公营事业，未便区别对待。交通部认为上海市轮渡属官营事业，但仍含有营利性质。以前该类轮渡均向交通部缴纳注册、给照、印花各费，并请领船舶执照。同时，强调 20 总吨以上船舶应适用《海商法》的规范，认为该市轮渡应仍照成案接受上海航政局检丈登记。[③]

上海市在接到交通部关于上海航政局接管该市船舶登记公函后，经该市公用、财政两局会同拟定三条意见函复。[④] 1. 该市登记船舶系执行《上海特别市组织法》所赋予之职权。该市组织法第 8 条规定，市政府职务第 22 项为"河道港务及船政管理事项"。

---

① 朱汇森主编：《中华民国交通史料（一）：航政史料》，"国史馆"印行，1989 年，第 61 页。
② 咨：交通部咨：第 1013 号（1931 年 11 月 19 日）：咨上海市政府，《交通部公报》1931 年，第 302 号，第 15-16 页。
③ 上海市政府训令（第 418 号）：令公用局，《上海市政府公报》1932 年，第 118 期，第 11-12 页。
④ 上海市政府咨第 1967 号：《为据本市公用财政两局会呈本市船舶登记未便移归上海航政局接管咨复查照由》，《上海市政府公报》1932 年，第 114 期，第 66-68 页。

所谓管理船政，当从船舶登记入手；管理河道港务亦必以船舶登记为先。又第11项为"公安事项"，所谓公安当系包括水陆两方而言。该市以黄浦江、吴淞江为主要水道，其次为日晖港、白莲泾等流域。每日轮帆云集，纠纷至多。如不进行登记船舶，则无从稽考，水上公安无法维持。2. 船捐属于地方财政收入。1928年全国财政会议，通过中央与地方收入标准案，船捐列为地方收入。《上海特别市组织法》第三章，市财政项下列有牌照费，船捐属于其中一种牌照费。上海一地征收船捐，在特别市政府未成立以前即已进行。时因登记手续不完备，偷漏甚多。为整理该市财政收入，应进行船舶登记，发给牌照。并认为对船舶征捐，是因为其行驶市区河道，享有保护权利与车辆行驶陆地纳捐者一样，如不登记，则无从征捐。3. 航政局职权。查《船舶法》《船舶登记法》规定各条，是航政局职权范围，在办理检验丈量及其所有权抵押权租赁之登记事项暨发给国籍证书，并依《船舶登记法》第5章第62条，按照船舶价值征收登记费。以上述三点申述认为，上海航政局与上海市办理船舶登记性质不同，各自依法令赋予的职权范围分别办理，并行不悖。

上海市拟具的三点意见自有其合理的一面，第三条有关航政局的职权阐述不明。依据《船舶法》《船舶登记法》行使职权，在何处登记检查？登记检查哪些船舶等问题仍得不到落实和解决。

1930年代初，上海市船捐每年约收40余万元，占全市总收入5%，若照《海商法》将总吨数在20吨以上或容量两百担以上之船舶移归上海航政局接管登记，则该市将因此减收船捐每年约30万元。对于中央接受航政管理事项，地方自然不遗余力地抵制和反对。

（二）《造船技师呈报开业规则》受理主体划分

上海市公用局曾向市政府呈请确定造船机械技术人员呈报开业机关。该局呈称曾遵令拟《技师技副呈报开业规则》，业经呈奉核准，并咨明实业部。该规则第2条规定：以电气、机械、轮机三科划归公用局主管。而交通部上海航政局所奉《办理造船技师呈报开业规则》第二条载：本规则所称之造船技师系指依法登记之造船技术人员而言。而造船技术人员属于机械方面者，即为轮机技师。两者性质含混，将来该项技师技副应向航政局还是公用局呈报开业？如不划清权限，将来呈报人员容易陷入无所适从。据此，公用局建议两项解决办法：1. 请实业部会同交通部指定办理造船机械部分技师、技副的呈报开业机关是航政局或者公用局。2. 凡执业造船机械部分技师、技副者一律先向公用局领取机械技师或技副开业证明书，再向航政局呈报开业。市府将该呈文咨实业部会同交通部核夺。交通部认为，轮机为轮船重要部分，与造船技术有密切关系，轮机技师、技副本已包括于造船技师之内，自应按照《技师登记法》第13条规定，于执行业务时，向所在地主管航政局呈报。似可不必再向该市公用局呈请开业证明书。实业部对于交通部的意见"完全赞同"。造船技师呈报开业受理机关最终划定。[①] 此事，呈现的是航政管理权在中央和地方之间划分的个案，其职权模糊涉及交通部上海航政局和上海市公用局两个机构。职权的厘定来自各自上一级主管机构的会商和裁示。

（三）吴淞船舶登记所的设置

中央与地方有关航政管理权限划分的矛盾，具体到航政实践中则表现为两造矛盾的升级和冲突。1932年1月7日，上海航政局在吴淞设立船舶登记所，开始办公，并通知各报关行，凡20吨以上船舶，不必再至公用局登记。如缴还本市货船牌照抵银3元。如此以来，就有船户将船牌撤去呈交。一些原本拟在市公用局登记的船户，"相率观望"。公用局的船舶登记、检丈无形中等同停顿。财政、公用两局会呈市政府。市政府咨请交通部，请制止上海航政局的船舶登记检丈活动。同时，函告上海航政局，认为该局前经交通部转请接收上海市登记载重20吨以上船舶，在尚未解决情况下，"自应暂维现状"，对该局单方面改变现状的做法表示抗议。[②]

中央与地方航政职权的划分矛盾，直接反映到航政管理的实践上，即是造成航商选择登记、检丈主管机关的困惑和无所适从。应上海市航业公会的提案，上海市商会王晓籁等呈行政院，对于船舶登记究由何项机关办理，请行政院明令规定。并请行政院分令交通部与上海市政府遵照，以免船捐及相关登记、丈量等费用重征。[③]

上海市政府关于航政管理权划分亦向行政院呈请两点。第一，依据《海商法》所有往返内河船舶，请由地方机关主管，不受航政局登记。1930年12月15日公布的《交通部航政局组织法》第3条："左列船舶航政事宜由航政局处理之，航行海洋者；航行二省以上者，但总吨数不及200吨，容量不及2000担之船舶不在此限"。上海市商会认为，照此规定，则内河船只吨数容量不多。其登记本悉属地方政府，与航政局无关。嗣后，航政局为扩大职掌范围，将其组织法根据《海商法》修正，无形中将其职权扩大10倍（即20吨或200担以上之船舶统归其处理）。又将《海商法》第一条（本法称船舶者，谓在海上航行及在与海相通能供海船行驶之水上航行之船舶）所规定原则加以推翻。故此，该会建议中央将《海商法》及《航政局组织法》中规定吨数及容量一律照1930年

---

① 公牍：咨：咨交通部：工字第5410号（1932年10月26日）：《关于上海市公用局呈请确定造船机械技术人员呈报开业机关一案完全赞同咨复查照理由》，《实业公报》1932年，第95、96期合刊，第8页。
② 上海市政府公函第20号：《为据财政公用两局会呈为会报上海航政局吴淞船舶登记所擅收本市货船号牌请迅函制止函请查照由》，《上海市政府公报》1932年，第115期，第65–66页。
③ 呈：交通部呈：第143号（1932年10月18日）：呈行政院，《交通公报》1932年，第397期，28–31，第2页。

12月15日公布之《航政局组织法》修正，撤销上海航政局内河船舶登记事宜。第二，行驶两省或多省市间的内河船舶如何登记问题。该商会请将上海市行驶浙江内河船舶，经该市登记纳捐，驶入浙江省境不再加领牌照纳捐。此涉及跨境营运的船舶，其船舶牌照请领及船捐缴纳问题。采取分省收捐还是在一省领照纳捐后，两省或多省间就船捐进行分成，当时在各省市间无统一办法。长期行驶江浙沪水道船舶，其船舶的登记、纳捐在三省市层面，并无统一协调，仍各自为政。各省市为自身财税利益计，船户仍需缴纳不同地方的捐税。

对于上海市商会的呈请行政院的上述事项。交通部与上海市政府分别饬令上海航政局、上海市公用局会同具复查办。航政局依据《海商法》《船舶法》《船舶登记法》的相关规定办理船舶登记，核发国籍证书，作为船舶的国籍产权凭证。而公用局登记船舶旨在管理上海市区内船政、维持水上公安并为征收船捐依据。双方曾于1932年1月25日会衔布告于众。在具体的登记征收环节上，特别是涉及历史问题上两者有达成可操作性的办理方案。[①]

1932年，据上海航政局吴淞登记所专员报告：曾有沈合兴帆船1艘，由其代理人蒋文新去该处声请检查登记。旋由该船主沈阿桂到该处声称：前往上海市公用局检验登记，领有牌灯，此次由上海航政局重行登记可否将市公用局押牌费抵除3元，以示体恤。并称由公用局收据业经遗失，特将牌灯呈缴，以资证明。上海市公用局发给船户号牌系上海市财政局征收船捐的重要凭证。上海航政局认为由其缴收，并不适宜，仍让该船户沈阿桂将原牌灯携回报请上海市公用局核夺。

经与上海公用局吴淞船务处查核，船户所称各节并不相符。航政局恐有误会之处，复查此案，航政局对以船舶容量在200担以上者照章检丈，登记后，颁给船舶国籍证书。对于200担以上之帆船，前经上海公用局登记有牌灯，收取国押牌费3元，上海航政局拟于检丈登记等费内，凭该市政府所发船牌，按数减收3元。该举由上海航政局呈奉交通部得以核准。为此，该航政局函陈上海市政府并会同上海市财政、公用两局会衔布告。此举对于减轻航商负担自不待言，同时，这也说明双方在激烈冲突之后，通过航政管理职能初步调适，上海航政局逐步意识到，在地化办理航政事务，需要所在地官府相关职能部门的协助。这在寻求解决问题的方案上向前迈进了一步。

（四）与地方省市航政职权矛盾的缓解与持续

为纾解中央与地方办理航政职权的矛盾，交通部于1932年5月2日呈请行政院核

[①] 上海市政府训令第198号：令财政、公用局：《为准上海航政局函复办理帆船登记所情形并请随时协助仰遵照核议具复察夺由》，《上海市政府公报》1932年，第116期，第11—12页。

准，凡《海商法》规定之船舶所有各项航政事宜，由交通部所属各航政局办理，其余则统由地方航政机关管辖。并咨行各省市，地方航政机关不得称航政局，以作识别。[①]

对于上海市政府的指摘，交通部向行政院申述的理由是：《船舶法》《船舶登记法》均依据《海商法》进行制订。航政局为执行《海商法》唯一机关，《修正航政局组织法》系根据《海商法》制订，因1930年12月25日原定《航政局组织法》关于处理船舶仅为总吨数200吨及容量2000担以上，此与海商诸法实施发生窒碍，故由行政院转请立法院修正。修订后的《航政局组织法》第5条第2项明定航政局管理适用《海商法》规定之船舶。并强调《海商法》所调适的不止为船舶行政，所有运送、保险、海员、海难种种均有重要关系。若管理船舶仍复改为"200吨及2000担以上"，将令"200吨或2000担以下较大船舶之海事问题，而无法可依。

对于这一职能划分，地方政府显然是不予认可。因此，1932年5月，经行政院核准的中央与地方有关航政管理权划分方案，在实际实践中并未能很好的执行。同年10至11月间，上海市木业同业公会呈请上海航政局，上海市公用局董家渡船舶登记处仍然对容量200担以上帆船施行登记，并收取船捐。交通部接到上海航政局呈文后，不得不再次请行政院饬令上海市政府饬令公用局，属于《海商法》范围内的船只勿再强行登记。并将船舶登记处改易，免与航政局所设船舶登记所混淆。[②]上海市政府认为，所有内河船舶的登记检丈均应由地方政府举办，1929年12月30日颁布的《海商法》，而《航政局组织法》系1930年12月颁行，《海商法》颁行在前，《航政局组织法》颁行在后，后续交通部为适应《海商法》而修订《航政局组织法》，难免不引起地方政府所言，航政局为扩大其职权而推动相应的法律修订。如果《海商法》颁行在《航政局组织法》之后，这一疑问自然消除。既然航政局为《海商法》唯一执行机关，为何在制订《航政局组织法》时不与《海商法》所规定的船舶类型相一致？因此，尽管通过修订法案，但其实并未得到各地方政府的认可。这也是中央与地方航政职权划分及实施的矛盾所在。这一矛盾实质反映出此期中央与地方对税源的控制与争夺。

航政局成立后，其航政管理职权是依据其组织法与《海商法》，从地方政府航政主管机关处切割划分的相关职权。如上所述，中央与地方航政职权的划分矛盾，不惟交通部各直属航政局对地方航政机关业务的"越位"办理；地方航政主管机关亦有"越位"办理航政局管理情形。1933年1月，上海航政局温州办事处曾向该局呈称：亚细亚火油

[①] 上海市政府训令（第1163号）：令公用局：《为准交通部公函为划清行航政局与地方机关处理船舶各事权暨航政机关不得称航政局奉令通行遵照函请查照令仰知照由》，《上海市政府公报》1932年，第122期，第8页。
[②] 呈：交通部呈（第156号）：1932年11月7日：呈行政院：《为呈请根据成案再行明令上海市政府迅饬公用局嗣后凡海商法范围内之船舶勿再强令登记并将船舶登记处名义酌量改易一面混淆由》，《交通公报》1932年，第405号，第22页。

公司所属的海光轮驶往海门时，被浙江省建设厅第四区管理船舶事务所海门分所扣留，并要求该船缴纳船舶牌照费。嗣经该轮觅得海门鸿祥泰商号进行担保，始得放行。而依据《海商法》相关规定，航海轮船应由交通部航政局主管，并且该轮总吨数经上海航政局检查在500吨以上。此案经航政局呈报交通部，交部咨行浙江省政府，由该省建设厅查核后，明确了该轮属于上海航政局办理，并发还商家保单。①

同样的案件亦发生在江苏省辖境。1931年，上海航业公会向上海航政局函称：该会会员甬舟公司之甬舟轮船被江苏省崇明县政府扣留。航业公会曾电请该县政府释放。崇明县政府电复，系奉江苏省建设厅1689号训令办理。该会后又电请建设厅电饬释放。建设厅复电称：崇明县长电告该轮吨数、航线等不符及船身不大，不准继续行驶崇明航线。故令公安局扣留并吊取船照及已转呈交通部核示。

甬舟公司认为，上海港内船舶丈量、检查、管理行驶各项均属上海航政局执掌，该轮吨数几何以及能否行驶上海、崇明航线，自应由航政局察核统理，请上海航业公会转航政局，呈明交通部，饬令崇明县政府先将甬舟轮船释放来沪，听候航政局丈量查验，再作评判。

航政局也认为该轮既因吨数、航线不符，发生被扣问题，而检查丈量，为该局执掌范围，自应由崇明县即将被扣之船送归航政局，依法办理。并转咨江苏省政府令崇明县将该轮放行回沪查办。

此案据江苏省建设厅呈称据崇明县长电称：甬舟商轮载重吨数及实际航线与交通部所发轮船执照不符，已令扣留且该商轮船身不大，航行其间危险万状，崇沪航线内似不应再准该轮继续行驶等情，转呈到交通部。交通部指令江苏省建设厅以甬舟轮船航线均在沿海一带，与交通部通咨各省取缔内河汽轮情形不同，至于该船轮机件是否坚固，航行是否安全，饬令详细查明。交通部咨行江苏省政府，请其转饬该县政府将该轮送交上海航政局检验丈量、照章办理。②

崇明县政府扣留该轮，个中原因，不甚明了。仅见报道系因崇明地方商民争执，言其不适宜沪崇航线航行。交通部态度明确，认为地方商民的争执不构成该轮是否航行此线的根据。适航与否，需要经过科学的船舶检验。是故，训令上海航政局对其进行检

---

① 命令：交通部训令：第3232号（1933年6月21日）：令上海航政局，《交通公报》1933年，第467号，第8–10页。
② 咨：交通部咨：第582号（1931年7月23日）：咨江苏省政府：《为甬舟公司甬舟轮船被崇明县政府扣留一案咨请转饬该县政府将该轮送交上海航政局检验丈量照章办理由》，《交通公报》1931年，第268期，57–58，第3–4页。

验，并出具相应报告。①苏省府咨复交通部称，江苏省建设厅呈复奉查甬舟轮船禁航案，令饬崇明县县长，将该轮所经检查、丈量、登记及船舶国籍证书查核明确后，即予放行。②此案由是告结。

对于地方各省市的船捐及船舶牌照费，国民政府曾通令撤销。而实际上地方政府为维护财税收入，对此令多进行抵制。上海市政府陈述取消困难种种情形，浙江省建设厅船舶所则仍"抗令强征"。各地航业团体不断请愿，要求取消。③

1936年12月，上海市公用局拟具的《上海市水上交通管理规则》，由市政府函行交通部后，从交通部对其该规则个别条款的修注意见看，中央与地方对于航政管理职权的分界，仍然是两造之间矛盾集中点。④从中亦可以看出，此期中央与地方航政管理职权的交叉与重叠。该规则第四章第十二条"由声请人签名盖章"之下，添加"如经交通部航政司所发国籍证书之船舶，得以依据发照征捐者，免予检丈"。1935年1月8日，交通部、财政部及上海市政府呈请行政院，会商上海市船捐征收办法内有："上海市对于航政局已发有证书足资为征捐之标准者，亦不应再行检丈，以免重复"。言外之意，先前，上海市公用局对持有交通部上海航政局已发有相关证书（已经航政局检丈）的船舶，实际是再行检丈的。对于此次该市水上交通管理规则，公用局对以交通部所提意见的添加内容，交通部结合有关财政部、交通部及上海市会商该市船捐的讨论，请该市将上述添加内容修改为："如经交通部航政局发给国籍证书之船舶，足资为征捐之标准者，免予检丈。"这里需要关注的是该规则修改之后，航政局发给船舶国籍证书，上海市财政局可以此为凭进行征收船捐。而先前的情况是：市财政局的船舶船捐征收是以公用局登记检丈后所发船舶号牌为凭。此类情况是：该市船捐的征收对象既有航政局登记检丈的，也有经公用局登记检丈的。经航政局检丈，领有船舶国籍证书的船舶，在上海市征收船捐时，认为有需要时，公用局会再行检丈，确认船舶船捐征收的等级。此举实际就是重复检丈。交通部至1936年年底方借修注该市水上交通管理规则，厘定双方在航政管理与船捐征收时的交叉与重叠部分，说明此类交叉与重叠业已存在一段时间。

---

① 指令：交通部指令：第4493号（1931年9月26日）：令上海航政局：《呈一件为呈复办理检丈甬舟轮船情形并请示可否准予继续航行崇明、宁波等处由》，《交通公报》1931年，第286期，第11—12页。
② 训令：交通部训令：第4243号（1931年12月15日）：令上海航政局：《为准江苏省政府复称甬舟轮船禁航一案业经令饬崇明县县长将该轮查核明确即予放行在案咨复查照等因仰即转饬知照由》，《交通公报》1931年，第309期，4—5，第1页。
③ 一月来之航政（12月份）：《航政制度之改进》，《交通职工月报》1935年，第2卷，第11期，58（八）页。另见《核议停征各省市船捐牌照费》，《中国经济年鉴：民国二十五年第三编》，商务印书馆，1936年，第42页。
④ 公牍·咨：交通部咨：第61号（1937年1月26日）：咨上海市政府：《为准咨据公用局呈拟关于上海市水上交通管理规则修正案请核复等由》，《交通公报》1937年，第841号，第38—39页。

交通部直属各航政局，不仅面对与各地方航政管理机关的矛盾，与中央其他部会直属涉航管理机关间亦存在职权厘定不清的问题。江苏常熟县渔会向实业部呈送该县航业同业公会所发函谓：航政局接管海关兼办检丈之后，对于民船以前持有海关所发关簿即免予丈量的做法进行革新。该类民船按照航政局新规，需要重新丈量，发给吨位证书，然后赴海关领取航运凭单。渔船为同类型船舶，航政局要求限期一律办理。就渔船属不属民船，需不需要重新检丈编牌，呈请实业部核示。同时，浙江鄞县渔会亦向实业部呈文，就该省渔船牌照重征迭收，请求核示。各地海洋渔业管理局组织条例第五条第六项规定，该局有编订渔船牌号的相关规定。渔船既经海洋渔业管理局编号管理，再经交通部航政局丈量赴关领单，复经浙江省建设厅各区船舶事务所及各上水警等机关进行编订船牌，税费重，手续繁。渔民无所适从，航政管理纷歧。此类案件呈报后，行政院令财政、交通、内政、实业等四部会商决议划清渔船管理职责，统一渔船编排办法。是年2月18日，在实业部开会讨论议决：经实业部各海洋渔业管理局编牌及交通部所辖各航政局检查丈量登记，领有证书的渔船，地方政府不得再行发照编排重征。由实业部主稿会呈行政院，令沿海各省政府遵办。上海市政府接到行政院训令后，转饬财政、公用两局进行遵照办理。① 这一案件呈现的信息量非常丰富，一是渔船检丈、登记、编牌主体涉及实业部各渔业管理局、交通部各航政局、地方建设厅船舶管理机关、各省水上警察等机构；主办主体多头进行，渔船重复丈量，船捐重征，渔船、渔会无所适从。即使是经过中央四部的会商解决，其会商方案仍存职权划分不清现象。权限的划分，实际是承认渔船的登记检丈等管理权限施行的现实，由实业部和交通部同时进行管辖。但是二者对渔船管理权限如何分界，决议案并没有清晰给出答案。宏观上对渔船管理的主体由四家减为两家而已。渔业管理局和航政局权限不清，难免不出现两者为争取更多渔船归到各自管辖范围内的"争抢检丈"事情发生。且不谈地方航政主管机关是否会如实执行这一决议。

除了与地方航政管理机关的矛盾和冲突外，两造间为了各自的航政管理所需，呈现出的协助和合作图景亦是常态。1931年，上海航业公会会员公茂轮船局曾被无锡县航业公会航船事务所呈控冒充华商。因老公茂轮船局系英商所设，此公茂轮船局若是英资，则涉嫌冒充华商。江苏省建设厅负责该案办理事项。公茂轮船局经上海市航业公会向上海航政局申请将该案移转办理。上海航政局将此案呈请交通部，经交通部咨行江苏省政府并饬令该省建设厅将该厅办理此案情形函复。上海航政局令饬上海航业公会查核该轮局股东名簿及英商老公茂有无在华注册事项，老公茂后来更名公茂有无报备，并请两家

---

① 上海市政府训令（第5346号）：令财政、公用局：《为奉行政院令财政等四部商决划清渔船管理职责统一渔船编牌办法仰遵照办理由》，《上海市政府公报》1933年，第132期，第49–50页。

同业证明。经三北、宁绍两家同业证明，该轮局却无外股，其陈述各节均属实。上海航政局呈请交通部后，交通部训令江苏省建设厅进行销案。①

该类有限度的合作图景在一定程度上纾解双方矛盾，但根本性的冲突仍不可避免。这在交通部职权划定时业已埋下伏笔。因航政与港务关系至为密切，1929年中央政治会议议决所确定的"航政根本方针"指出，港政应归中央主管机关主持施行。港务之埠头、仓库、港内航行标志、船坞等归地方管理，但仍应受中央主管机关（交通部）指挥监督。1929年10月，交通部曾转饬上海市港务局，令该局所有重要港务，除受上海市政府管辖外，应同时呈报该部，以便该部履行监督。如前所述，1930年12月，上海市港务局停办后，其职能分散于上海工务局、公用局及土地局等三局之内。交通部再行函请上海市政府转饬各该三局，有关港务港政应请随时呈请交通部查核，或由交通部直接令饬办理。②交通部此举从法理及中央实际航政管理需要言，没有任何问题。但在实际的操作中如何监督？监督哪些内容？是否有对上海市政府相关港务职能进行过多干涉之嫌？因未见相关史料，不便臆断。是故，新成立的交通部及其直属航政局，其初期对自己的执掌范围的划分和业务内容划分界定，及与地方及海关的划分是此期航政建设管理的一个突出问题。交通部此举主要在于履行其航政大纲中的监管职能，具体体现在要求地方政府涉及航政的机关就各地举办重大航政管理事项，呈报交通部。另外，交通部就其颁行的各项航政法规也会下发各地要求其执行或参照执行。③这实际上是交通部名义上行使其全国航政职权的具体体现。其对各类航业安全、航业运营等水上交通业务的监管通令，交通部除发往各地航政局、航业公会外，一般也会咨请上海市政府转饬公用局遵照。④为实现中央与地方航政职权划分，交通部曾呈准行政院明令各省市政府，凡关于地方现有船舶管理机关设置及一切航政规章与现行中央航政法令抵触者，均应一律明定范围，重新修改。⑤地方政府涉及航政的业务机关一般在施行地方有关航政的单行法规，遇有与中央交通主管部门的颁行法规相抵触或业务划分模糊时，一般会呈请交通部

---

① 训令：交通部训令：第3184号（1931年9月18日）：令江苏建设厅：《为据上海航政局转呈公茂轮船局被控冒充华商一案业经取具三北、宁绍两公司证明确无外股令仰查照销案由》，《交通公报》1931年，第284期，5-6，第1页。
② 上海市政府训令（第8085号）：令工务局、公用局、土地局，《上海市政府公报》1931年，第89期，第12页。
③ 上海市政府训令（第8237号）：令公用局：《为准交通部咨送船舶丈量检查各章程请饬属知照一案检发章程令仰知照由》，《上海市政府公报》1934年，第141期，第16-17页。
④ 上海市政府训令（第488号）：令公用局：《为准交通部咨轮船公司当地方多事之际抬高票价妨害交通咨请饬属严行取缔令饬遵照由》，《上海市政府公报》1932年，第119期，第4页。
⑤ 统一地方航政：（丙）关于航政事项：交通部二十一年八月份工作报告：张研、孙燕京主编：《民国史料丛刊》646，经济·工业，交通部民国二十一年度工作报告，大象出版社，2009年，第217页。

和相关业务部会裁示。上海市政府曾将其制订的《上海市水上交通管理规则》咨送交通部查核，交通部认为该规则与上海航政局职能多有抵触。函复上海市要求其与航政局职能重叠之处，予以调整。①

二、与海关之间的冲突和调和

（一）中国政府对海关兼管航政职权的规复努力历程

海关本是课税缉私的管理部门，由于复杂的历史因素作用，近代中国海关执掌了包括航路标识（如浮椿、号船、灯塔、灯船、望楼），航道测量，船舶登记、检查、丈量，船舶预防碰撞及海事审判，引水人员管理审核等航政管理事务职权。上述诸项航政管理事务中央主管交通部门迭次与海关进行交涉，试图收回自办。其职权收回在1931年之前历经了如下阶段：②

晚清邮传部时期拟接管概况：清宣统二年（1910年），时宪政编查馆奏定行政大纲载明理船事宜，应划归邮传部，以期统一。经邮传部咨行税务大臣查照办理。嗣后，税务大臣回复称：咸丰八年（1858年）《通商条约》第32款，有"各口分设浮椿、号船、塔表、望楼，由领事馆与地方官会同酌视建造"。并认为如交由邮传部办理此项事务，难免各国公使不加以干涉。同时强调理船事务与海关密切相关，可附属海关办理。由海关的外班总巡兼管。船钞收入不多，收回后恐不敷支应。邮传部认为《通商条约》第32款并无规定该项事宜专由领事馆办理。咨复税务大臣之后，没有下文。

民国交通部拟接管情形：民国成立后，新成立的交通部赓续前清邮传部的前议，于1914年，参照收回邮政管理权的成例，咨请税务处，并请其移交理船厅管辖权。税务处回复称：《马凯条约》第5款有："整顿广东珠江阻碍行船及宜昌一带水道各工程，皆归海关办理"的规定。此与邮政情形不同，应从长计议。后续，交通部在"筹设航政管理机关案"内，载明各海关所管理船厅事务，依照相关法律，应归该部执掌。1916年，交通部提出妥协方案，船钞收入仍归海关办理，但航政管理事务划归该部直辖，仍由税务司承办。与条约规定亦无违背。但是税务处函复认为总税务司归财政部管辖，不便与其他机关直接行文进行搪塞。后交通部进行函驳。最后，有关理船厅职权移交的事宜亦

---

① 训令：交通部训令：第255号（1932年1月28日）：令上海航政局，《交通公报》1932年，第321期，6—7，1—2页。另见《上海航政局：水上交通管理规则》（1932年），上海航政局档案：卷号16。
② 张杏林：《交通部接管海关代办航政之经过》，《交通杂志》1932年，第1卷，第1期，第79—80页。

不了了之。

南京交通部接管部分航政管理权的情形：南京国民政府成立后，前税务处的事宜由财政部关务署接管。1929年7月，二届二中全会议决确定行政事项的统属案，拟具航政、海政划分大纲。呈行政院交财政部、交通部进行审查。其间，经由交、财两部的反复商核。财政部函复称："关于航政范围，除管理航路标志及指泊船只之事，仍归海关管理外；其余如监督航业，查验船舶，濬治航路，修筑及管理港埠，考验及审判船员等事，既贵部认为有管理之必要，倘为海关所管辖者，本部自当协助饬遵"。这为交通部接管海关兼管航政事务提供了突破口。1930年12月，《交通部航政局组织法》经国民政府公布施行。该法规定：凡船舶登记、检验、丈量及载线标志等事项，均由该局掌理。而航政管理的各项法规，如《海商法》《船舶法》《船舶登记法》《船舶检查丈量章程》《船舶国籍证书管理章程》等次第颁布。这些法规的颁布为交通部接收海关兼管航政管理业务，各口岸航政局的设置及其运作提供了法理基础和制度保障。

行政院在上海、汉口、天津、广州、哈尔滨5处设立航政局，除广州暂行缓设外，其余各局均次第成立。自1931年7月1日起，凡海关对于中外船舶检验、丈量等事项，即移归各航政局继续办理。所有原在海关任事各员，财政部令总税务司开单，送由各航政局酌予留用。同时，财政部关务署也对目前未设航政局的地方，航政管理如何办理？及海关原任航政管理人员问题与交通部进行商讨。[①] 在人员方面，关务署认为："其海关原任此项事务人员多兼他项职务，其为海关所不需用者，应责令海关照章辞退。由贵部迳与该员订定合同，酌量任用。"财政部咨交通部后，交通部函复称：沪汉津哈已成立，广州暂缓设立，粤省久已设有航政局管理船舶事务。本部不久亦当派员设局，以归一律所有船舶之检验、丈量等事项，海关卸除职责。[②] 至海关原用此项人员，交通部称已饬令各航政局"迳与接洽"。[③] 是年7月1日前，上海航政局局长奚定谟与海关总税务司梅乐和经"数度磋商"，达成接管海关兼管的船舶检验、丈量及登记等航政职权方案。7月1日，上海航政局选定8名职员负责接管海关代办权事务。船舶检验及丈量事务由该局技术室主任朱天奎及技术员黄绍三、曹守廉、周厚坤、孟慕庄、秦吉云、丁延龄、徐世溥等7人负责。船舶登记事务由该局第二科登记股人员负责。海关将相关卷宗文件移交上海航政局，对于辖区内船舶船牌及执照，由该局呈请交通部核发。交接中，海关将

[①] 财政部关务署：第5605号（1931年7月1日）：令总税务司梅乐和；吴松弟整理：《美国哈佛大学图书馆藏未刊中国旧海关史料》（1860—1949）关务系列（248），广西师范大学出版社，2014年，第559页。
[②] 此时的广东由陈济棠主政，后续该省航政权接收由其建设厅航政处与海关进行接收。直至1936年交通部方设置广州航政局。
[③] 此为航政局接收海关是项职权初期状况，从后续上海航政局及其各航政办事处的人事档案看，真正从海关原任人员到航政局系统工作的人员并不多见。

丈量船舶的仪器一并交于航政局。海关关员此期亦对航政局进行相关业务襄助。航政局人员对于船舶检丈登记等事项属于新接手业务，加之前期海关在船舶检验时，往往需要数日进行。故在向航政局交接时尚有部分船舶未能检验完毕。因此，海关方面指派勒恩斯、麦根泰等人，协助航政局进行相关交接过渡。①

（二）航政局接管海关兼管部分航政职能后运作实态

上述船舶丈量、检验等事项接管之后，海关和新成立的航政局之间需要一段业务磨合期。海关此项职责卸除后，以往船只到达关口后按照向章必须呈验船舶的各类执照。此后如何办理？海关曾呈请财政部核示。财政部咨请交通部后，交部函复中立场鲜明，海关兼管该类职权既经财政部令饬卸除，此后中外船只入港，应向该管航政局呈验该船丈量、检验知照。同时称："凡行驶江海内河各船舶前经海关照章发给或经海关承认之外国验船师或公司所发之丈量检验及搭客各项凭照，现尚在有效期内者，均准照旧通行。""俟前项执照有效期届满后，应由航政局丈量、检验发给执照。"这一情况业已"经本部通令各航政局一律遵照办理。"②

交通部这里将该类情形分两种类型，两个步骤进行处置。前经海关承认的各类执照只要在有效期内，地方各航政局概行承认，继续发挥效用。有效期过后，各类执照的审核、换发均由航政局丈量、检验后发给。这样既为双方职权移交后过渡时期的可行路径，同时也杜绝了海关对卸除航政管理权后的反弹可能。该类事件较多地发生在航政局成立运作初期，从一个侧面也反映出航政管理职能转移过程中海关和航政局双方之间的调适过程。

此期，各航政局收复从各口海关收归船舶检丈职权也有例外。大连海关向有验船师1人与日本关东当局在当地所设的海事协会对中外船只进行船舶检验给照。在航政局陆续规复海关兼办船舶检丈背景下，日本方面对于撤销该协会的验船给照权持反对态度。考虑到当时在此地设置航政局的条件不具备，交通部拟具了三项暂行办法。③第一，日本海事协会仍可在大连检验日本船只，发给执照。唯应由海关验船员代表交通部航政局签字盖章证明，方能有效。拟由天津航政局发给海关验船员印戳备用。此条实际上承认日本海事协会对日本船只的检验给照职权，由海关验船员代表交通部签字盖章确认，只是例行程序，名义上中国航政当局对外轮有权进行检丈或外人检丈外轮名义上经过中国

---

① 《航政局今日正式接手海关代办权》，《申报》，1931年7月22日，13版。
② 财政部关务署：第5736号（1931年7月21日）：令总税务司梅乐和；吴松弟整理：《美国哈佛大学图书馆藏未刊中国旧海关史料》（1860—1949）关务系列（248），广西师范大学出版社，2014年，第560页。
③ 酌定大连海关验船员办事手续：（丙）关于航政事项：交通部二十年九月份工作报告：张研、孙燕京主编：《民国史料丛刊》645，经济·工业，交通部民国二十年度工作报告，大象出版社，2009年，第311页。

航政当局的认可。第二，中国船只不得再向日本海事协会验船请领执照。此条对于中国船舶航政管辖权进行调整，缩小了日本海事协会检验船舶的业务范围。第三，大连海关验船员检验中国及外国（除日本外）船只后，由航政局发给检查证书。此项空白证书可预向天津航政局领取备用。该条实际上交通部在大连设立航政局条件不具备的情况的权宜之计，大连海关的验船职能虽因客观条件未能从海关处实际收回，但名义上海关归属于财政部统辖。此三项办法是交通部规复海关兼办航政管理权过渡时期的特殊制度安排。此项办法经咨财政部转咨大连关税务司，该司称如验船执照仅由海关验船员签字盖章，日本关东厅仍可藉口，称该验船员系天津航政局代理人而非行使海关职务人员，不准在租借地执行职务。为避免纠纷，拟将所有验船执照经海关验船员签字盖章后，仍由税务司签字。交通部亦同意了大连海关税务司的建议。[①]

晚清船舶的注册事宜，原来一直由海关进行管理，并由海关发给船牌，船舶凭船牌进行行驶。1914年，交通部颁布《轮船注册给照章程》，并开始核准轮船注册给照事宜。但海关所发船牌继续核发，并在该章程内规定：凡轮船及夹板船等非经交通部注册给照不得向海关领取船牌；领有交通部执照之船舶，须由海关验明后，发给船牌始得行驶。至1930年代航政局成立初期，凡轮船行驶前须向交通部缴纳执照费，复须在海关请领船牌时缴纳船牌费。这样同一轮船须领两种执照，方得行驶。而其实两证所核载内容基本相同。

基于这种状况，总税务司曾呈请财政部关务署，并建议：凡轮船等只须领有交通部所发执照即可准其行驶。原章程第11条规定，订明如新置船舶，急需行驶不及呈部请领执照时，得呈由海关暂行发给船牌，以便行驶，并限期请领执照，将所领船牌注销。[②]

1931年5月2日，交通部将《修正轮船注册给照章程》公布。该章程出台前后及施行过程中与海关的交涉，颇能反映出当时航政主管机关与海关之间的接管与被接管的复杂态势。

该章程以1914年北京政府时期颁布的《轮船注册给照章程》为蓝本进行修正。共有20条组成，内容包括该章程规范主体（归官厅或公司或个人所有的营业轮船，营业的渔轮及夹板船）、呈请注册给照需要提交的内容（船舶使用者、船舶本身的各类参数、航线图、航行起讫及经过处所、船舶购置或租赁价值、船舶建造的时间地点、船员姓名资格等13项）、执照请领方式、以公司形式组织经营的船舶需要提交备案材料、换发执照的各类情况规定、缴销执照的各类情形规定、注册给照需要缴纳费用。其中与海关直

---

① 酌定大连海关验船员办事手续：（丙）关于航政事项：交通部二十年十月份工作报告：张研、孙燕京主编：《民国史料丛刊》645，经济·工业，交通部民国二十年度工作报告，大象出版社，2009年，第353页。
② 财政部关务署：第967号（1930年4月4日）：总税务司呈：吴松弟整理：《美国哈佛大学图书馆藏未刊中国旧海关史料》（1860—1949）关务系列（248），广西师范大学出版社，2014年，第641-642页。

接相关的有第 3 条"凡轮船及渔轮夹板船等行驶航线，由交通部分别江海内港各项，于执照内指定之。各航商将部照赴海关呈验后，按照指定之航线行驶，并遵照各海关理船厅先行章程办理。"该条主要指轮船等船舶的航线在执照内会有具体规定。航商携执照赴海关呈验。第 10 条"轮船及渔轮夹板船于领有交通部执照后，应驶赴海关验明，始得行驶。如验有不符者，应即禁止其航行。各海关验明后，于照上注明某海关验讫及其年月日，每三个月由海关监督汇总报部。"该条是需要海关配合查验执照事宜，而规定每三个月有海关监督向交通部汇总报备，预意良好，实施起来从逻辑上讲亦有困难。海关监督对于是项工作没有义务，更无动力可言。第 11 条"新置船舶急须行驶，不及呈部请领执照时，得呈请海关监督先发暂行船牌，以便行驶，但须于 3 个月内按照本章程呈部领照。如逾期未经呈部或所报事项，经交通部驳斥不准者，应由海关将所发暂行船牌调销或禁止其行驶。海关发给暂行船牌，应随时呈报交通部备案。"该条内容是船舶遇到紧急情况下的一类补救措施，其实是来源于交部征询海关总税务司对于该章程草案时，后者所提建议的采择。并就此条建议进行更具化的规定。但其有关海关对于暂行船牌的发放随时呈报交通部备案的规定，由当时情形视之，则很难实现。第 17 条"本章程施行后海关对于本国船舶毋庸发给船牌或内港专照及江照。"停发船牌一节，总税务司自行已经在审核该章程草案时言明。对于停发港照及江照，海关持何态度呢？

该章程公布 2 个月后，交通部接上海市航业公会呈报称："海关对于船牌、内港专照及江照等项，仍未遵照取消。"各轮船公司前赴海关询问，海关言谓："未接奉部令，群疑莫释。"这无疑有损于政府威信。交通部历数 1930 年 4 月 15 日所接财政部第 1356 号咨文，内载总税务司呈称海关发给船牌性质与交通部现在所发执照无稍区别，建议交通部修正《轮船注册给照章程》时，轮船今后只须领有交通部所发执照即可准其行驶。交通部参酌是项意见后，将注册给照章程修正为"本章程施行后海关对于本国船舶毋庸发给船牌或内港专照及江照。"并于 1931 年 4 月 11 日，照录修正后的章程，咨请财政部查核。后财政部关务署第 19230 号咨复称："此项修正章程，大致均极妥洽，俟公布后，将该项章程定本咨送本部，以便饬由总税务司知照"。交通部随后于是年 5 月 2 日将该章程公布，5 月 4 日照录章程两份咨请财政部查照。接到上海市航业公会呈报后，交通部再次咨请交通部转饬总税务司查明缘由并登报布告，以彰行事。

对于此事，总税务司称：该章程分发到各关之后，据各关税务司先后呈称，该章程第 17 条载有"本章程施行后海关对于本国船舶毋庸发给船牌或内港专照及江照。"海关认为停发船牌对于关务无甚影响。停发内港专照及江照则于海关征税及管理上会造成诸多窒碍。并举例表达了该类担忧，按照当时海关关章规定，凡土货往来于内地各处或内地与通商口岸之间，均应免税运输。通商口岸间或通商口岸与准许轮船停泊上下客货处所间应征收转口税，运往外国口岸则应征出口税。货物征税办法以轮船航线而定，若将

第四章 与地方航政管理机构和海关之间的冲突和调和

内港专照取消,则轮船行驶漫无区别,而管理轮船保护税收较前更加困难。如轮船可在通商口岸假报运往内地,再由内地转运其他通商口岸,藉以避免转口税。海关既无凭稽查,税收亦遭损失。此外,总税务司举江照案例,认为海关在江海关、镇江关请轮船申领江照,目的是便于管理长江轮船。如果没有江照管理,轮船可直接驶入长江,准许轮船停泊上下客货处所擅自起卸货物,各该处既无海关管理,即会产生诸多流弊。结合以上两点,总税务司认为所有江照及内港照仍应照给航商。关务署根据总税务司反馈内容,认为,港照及江照如一律停发,对于管理货物及轮船会造成诸多窒碍,属于实在情形。现时的货物免征税费的办法以运输的途径不同而不同,海关对于货物应征、应免或应照何项税则,势须先明瞭轮船航线而加以切实管理。因此关务署亦认为海关所发江照及港照仍准继续发给。

总税务司对于交通部的咨文的反馈,其实主要集中从两个方面进行答询。首先停发船牌持同意态度,这也是该司主动提出的内容。对于内港专照及江照的停发认为或给海关征税及管理造成诸多窒碍,该种说辞的核心即是轮船航线与税收的稽征与否,稽征额度,拟采税种密切相关。而交通部修正的轮船注册给照章程中第5条第9款、第10款明确指出船舶呈请注册需要提供航线图说及航线起讫及经过处所。没有取得长江航线执照的轮船自然不能进入长江航线进行载运客货,而其所言之"准许轮船停泊下上客货处"只要是航线载明之处,上下客自然可行,至于此处没有海关稽征人员,不会因江照及港照与执照而不同。其所称各项流弊,后续自可采取其他措施解决。其不愿放弃是项证照发放,更多的是其考虑自身的利益使然。

航商新置船舶急须行驶,不及呈交通部请领执照时,向由海关监督先发暂行船牌,以便航行。《修正轮船注册给照章程》也认可这一做法,并把它列入第11条。迨至《海商法》《船舶法》《船舶登记法》公布施行后,所有20吨以上船舶依法均应呈由航政局转呈交通部请领船舶国籍证书,以代替轮船执照。

航政局实践层面,步步为营,如按《修正轮船注册给照章程》,新置船舶急须行驶,一时或不及等候,由海关暂行发给船牌,以做暂缓的办法,各地航政局并未沿用。设遇此种情形,船舶在航政局登记后,船舶国籍证书尚未颁到,以航政局前面所发船舶登记证明书暂行代用报关。[①]从而摒弃由海关暂发船牌的可能。

江海关税务司罗福德向关务署呈称,领有交通部执照的轮船,常不能将执照呈验,应如何办理?并拟定三项取缔办法。此项办法第3条指出,已经领有交通部执照的船只,其原来所领海关船牌,自是年7月1日起3个月以内有效,期满后须一律呈验交通

[①] 财政部关务署训令:第6185号(1931年9月17日):令总税务司梅乐和;吴松弟整理:《美国哈佛大学图书馆藏未刊中国旧海关史料(1860—1949)》(248),广西师范大学出版社,2014年,第650页。

部执照。否则不准行驶。

交通部接到咨文后,认为《海商法》规定20吨以上船舶,依《船舶法》及《船舶登记法》相关规定,应由主管航政官署登记后,发给船舶国籍证书,其已经登记尚未领到国籍证书的船舶,以登记证明书暂行代用报关。20吨以下,不适用《海商法》的小轮船,既无请领国籍证书的规定,应按向章请领交通部轮船执照报关。如不能呈验交通部执照或以前已经领有海关船牌,可照江海关税务司所拟第三项办法办理。[1]

对于上述船舶在登记后尚未领取国籍证书以前,得以航政官署所发船舶登记证书暂代国籍证书报关,交通部后续又专文向海关发函,[2]强调该措施仅为临时救济办法。因其施行本身没有具体说明时限性(即多长时间可以暂代国籍证书进行结关),防止有些船舶登记后,索性就用登记证明书进行结关,而不去申领国籍证书。并明确以后凡已船舶登记证明书代替船舶国籍证书报关者,自该登记证明书填发之日起2个月内有效。

此外,总税务司曾通过财政部关务署向交通部咨询领有旧常关所发民船执照和往来挂号簿的航海民船,在《海商法》等航政法令颁布后,该类证照是否暂时认为有效?交通部复函认为《海商法》及《船舶法》规定凡容量200担以上民船应依法登记,请领国籍证书。总税务司所呈航海贸易民船,如果容量在200担以上,自应改领国籍证书。因各地航政局甫经成立,船舶未经依法登记者尚多。所呈航海贸易民船在1931年12月底以前,执有旧常关所发民船执照及往来挂号簿,可准予照常进行结关。咨1932年1月起,即须一律改领船舶国籍证书。[3]

《海商法》《船舶法》《船舶登记法》颁布后,交通部曾明令各航政局并咨财政部令饬海关总税务司,凡设有航政局管辖的区域内,所有总吨数20吨以上的船舶应赴所管航政局依法登记,并经由航政局向交通部申领船舶国籍证书,不用再行向交通部申领轮船执照。以前所领交通部轮船执照,应于1931年内赴各航政局声请换领国籍证书。自1932年1月起,凡总吨20吨以上船舶,如未领有国籍证书,经过各海关口岸时,一律不予结关。[4]这一规定,其实是《海商法》等法令颁布后,伴随航政管理机构的设置,航政法规规范管理范围的扩大。此类法令颁布以前,主要靠《修正轮船注册给照章程》进行规范,其规范的客体主要是轮船,而大量的帆船,则没有相应的法令调整(航海帆

---

[1] 财政部关务署训令:第6250号(1931年9月22日):令总税务司梅乐和;吴松弟整理:《美国哈佛大学图书馆藏未刊中国旧海关史料(1860—1949)》(248),广西师范大学出版社,2014年,第652-653页。
[2] 财政部关务署训令:第6366号(1931年10月9日):令总税务司梅乐和;吴松弟整理:《美国哈佛大学图书馆藏未刊中国旧海关史料(1860—1949)》(248),广西师范大学出版社,2014年,第654页。
[3] 财政部关务署训令:第6365号(1931年10月9日):令总税务司梅乐和;吴松弟整理:《美国哈佛大学图书馆藏未刊中国旧海关史料(1860—1949)》(248),广西师范大学出版社,2014年,第653-654页。
[4] 财政部关务署训令:第6485号(1931年10月26日):令总税务司梅乐和;吴松弟整理:《美国哈佛大学图书馆藏未刊中国旧海关史料(1860—1949)》(248),广西师范大学出版社,2014年,第654-655页。

船有海关制定的《海关管理航海民船章程》),该类法规依据《海商法》只要是总吨超过 20 吨或 200 担以上的船舶均纳入其规范的范围。但这并不代表,先前交通部颁发的轮船执照不再颁发。而总吨小于 20 吨的轮船,如前述,《船舶登记法》没有规定,可以向交通部申领轮船执照。该类航政管理法规出台后,航海民船理论上只要总吨在 200 担以上均须请领船舶国籍证书。

不惟海关兼管航政权一项,与其类似的还有海关代办邮政权、海关代办的海港检疫事务权(卫生部)等。此类事权的规复,同样面临类似的困境。

(三)规复航权的努力:以交通部航政司拟收回接管长江航路标识案为中心

1930 年代前后,官方和民间收回海关业务管辖权的呼声甚高。海关兼管的卫生检疫权、船舶注册给照、检查、丈量权等陆续由南京国民政府卫生部、交通部收回。国民政府颁布《交通部组织法》《海商法》《船舶法》《航政局组织法》,并颁布《修正轮船注册给照章程》。以此为依据收回海关兼管的船舶检查、丈量、登记注册给照等管理权限。取得初步的成效后,交通部拟进一步规复海关兼管的航政职权,并以收回长江航路标识为突破口。

交通部依据其《交通部组织法》第 10 条第 1 项有"关于航政及航行标识并其他一切航政事项"的规定。认为航路标识是其职掌,而向由海关代办,"延未交回"、造成上项规定"徒成虚语"。为重法规、恪守职掌,拟从长江标识收回接管,而沿海标识则"纵从缓议"。交通部在呈请行政院的呈文中从六个方面阐述了海关不应继续代管航路标识。[①]其一,近 30 年来,海关管理航标的职权不断扩大,相关职员不断增加,而其所从事的航行标识管理成绩却乏善可陈。光绪三十一年(1905 年),海关开始设置长江巡江司 1 人,1918 年时该司增为 4 人,1920 年巡江司事权扩展至长沙、重庆。职员共有洋员 18 人。18 人当中还有非航运船舶背景出身者。这些洋员由海关发给高额薪俸。下级员役数百人。此时,巡江司置有轮船 11 艘,帆船 10 余艘。对巡江司非议者认为,海关设置长江标识,对于轮船航运必要性不高,"徒为扩张事权、管理航政,并藉以开支轮船吨钞。"海关对长江民船征收船钞,而海关并未在长江内港设置航路标识,民船只纳船钞,而未享有相应的航行权利;即使是业已设置的航路标识亦不能起到相应的指示作用。测绘海道原属于主管设置航路标识者的职责。现时长江全江测绘海道由海道测量局进行,巡江司未参与其间;测绘长江流量、水平分段等工作由交通部扬子江水道整理委员会聘用专门技术人员进行;巡江司亦未参与其间。五口通商条约内只有沿海设置塔

[①] 财政部关务署训令:第 251 号(1932 年 5 月 19 日):令总税务司梅乐和;吴松弟整理:《美国哈佛大学图书馆藏未刊中国旧海关史料》(1860—1949)关务系列(249):广西师范大学出版社,2014 年,第 559 页。

表、指示航路由领事官与通商大臣商洽等规定，但是长江系中国内江，中英、中日间签署的相关约法仅有允许航船，并无在沿江设立标识及由海关管理的条文。其二，由海关代管航路标识，起初系中国政府无此类关键机关，委托海关暂行代管，现今既然政府相关航政管理机关设立，并且颁布相关组织章程，其职掌范围明确包含是项事权。对于扬子江水道整理交通部设立扬子江整理委员会、对于航路标识设置管理，由交通部航政司专司其事。其三，器械发明推陈出新，航行标识器具应行改良，内江航行标识亦应从事设置；其四，航路标识为引水服务，标识设置与引水工作密切相关，长江引水人系中国人，不属于海关管辖，二者各自为政，互不统属；其五，海关的职责主要是课税，巡江司名为中国官吏，但其职责与其所属之海关主要职能并不配伍；其六，航路标识与国家国防建设密切相关，国家内江水道测绘由外籍人士实施，军事秘密难保不无泄密。在不平等条约庇护下，外人享有领事裁判权，战时或军事戒严时政府所颁条例没有令外人遵守的法权。

基于以上六点阐述，交通部建议行政院裁撤海关巡江司，收回接管其一切航路指示管理事权。提案呈交行政院后，行政院饬令交通部、财政部、海军部会商具复。财政部接到行政院的饬令后，令总税务司拟具相关意见。总税务司对交通部的上述提案进行"逐项驳复"。对于交通部第一项指责内容，总务司认为巡江司所设航路标识多寡，是以长江航道的情形即航务发展状况为标准。航线上航商较少时，自不必设置过多标识；航商日增，航道变迁后，中外船主及引水人员多至巡江司办事处探寻水道状况，请求增设标识。经巡江司勘查后，如认为确实有必要添置，再行添设。航标增加后，航标的设置、维护、管理事务扩大，所需人员及船只自然也会增加。并认为原呈巡江司有4人，所有洋员从没有18人。海关历年刊行的《海关职员录》可资考证。并详细列出巡江司历年办事处人员、添置船舶及设立航路标识表格（见表4-1，表4-2，表4-3）加以佐证。

表4-1 海关长江巡江司员役数目表[①]

		1900年	1910年	1920年	1930年	1931年
长江上游	洋员	0	0	2	2	3
	华籍内班办事员	0	0	0	3	3
	华籍灯塔信号人员	0	0	32	58	58
	共计	0	0	34	63	64

[①] 财政部关务署训令：第251号（1932年5月19日）：令总税务司梅乐和；吴松第整理：《美国哈佛大学图书馆藏未刊中国旧海关史料》（1860—1949）关务系列（249），广西师范大学出版社，2014年，第560页。

(续表)

长江中下游	洋员普通船员	领有证书专门技术人员	0	1	5	15（含请假3人）	16（含请假4人）
			0	1	3	0	0
	华籍内班人员江务办事员制图员、制图生听差水手等材料管理员	江务帮办	0	0	0	3	3
			0	0	2	6	6
			0	1	2	6	6
			0	1	4	12	13
			0	0	0	1	1
	华籍管理水道人员水道舢板水手木匠巡役	水道监查员	0	0	0	7	8
			0	0	28	26	20
			0	0	0	10	10
	修理厂人员木匠	杂务员役	0	0	0	11	12
			0	0	0	4	3
	小轮船员役		15	31	47	125	127
	灯塔人员	灯塔管理员	80	157	204	242	288
		管理灯塔水手	0	0	0	0	52
	水志表登记员		0	0	0	5	5
	共计		95	192	295	573	510
	总计		95	192	329	636	574

同时，总务司提供以上所有员役履历备查，其中洋员均系船员出身。非船员出身仅有九江关材料处管理员1人，该员于1928年被裁撤。

表4-2 海关巡江司所属船舶概况（单位：艘）[1]

		1900年	1910年	1920年	1930年	1931年
长江上游	舢板船			1		
长江中下游	下游小轮船	0	4	4	5	5
	中游小轮船	0	0	2	3	3
	下游帆船	2	1	0	0	0
	中游帆船	0	0	0	0	0
	汽油船	0	0	0	11	10
	驳船	0	0	0	3	2
	小计	2	5	6	22	20

表4-3 海关巡江司所设长江航路标识数目表[2]

		1900年	1920年	1930年
长江上游	信号台	4	20	37
	舢板	1	1	4
	标识船	0	0	12
	椿	1	1	4
	水志	2	10	77
	标识旗（岸上）	0	0	32
	标识旗（水内）	13	13	14

---

[1] 财政部关务署训令：第251号（1932年5月19日）：令总税务司梅乐和；吴松弟整理：《美国哈佛大学图书馆藏未刊中国旧海关史料》（1860—1949）关务系列（249），广西师范大学出版社，2014年，第561页。
[2] 财政部关务署训令：第251号（1932年5月19日）：令总税务司梅乐和；吴松弟整理：《美国哈佛大学图书馆藏未刊中国旧海关史料》（1860—1949）关务系列（249），广西师范大学出版社，2014年，第562页。

(续表)

		1900	1910年	1920年	1930年	1931年
长江中游	椿	0	13	20	308	312
	灯船	0	0	3	2	3
	标识船	0	0	0	10	10
	符（不含竹符）	0	26	29	31	36
	竹符		1930年前有少数，1930年之后，随时因需设立。			
	信号台	0	0	0	2	2
	测量江流舢板	0	7	9	12	12
		1900年	1910年	1920年	1930年	1930年
长江下游	椿	29	39	48	93	97
	灯船	11	26	44	45	43
	标识船	0	0	2	2	3
	符（不含竹符）	5	3	2	7	7
	竹符		1912年始随时因需设立			

　　总税务司依据上列各表，进一步指出，巡江司所置航行标识皆按航务所需进行。并列举长江轮船吃水限度变化进行佐证。1923年以前，长江航道吃水最低5英尺，最高9英尺。至1930年代初，航道吃水最低6.5英尺，最高22英尺。吃水18英尺轮船可以航至沙市。自1923年后，航行长江的轮船在汛期可由上海直达宜昌。下游轮船吃水亦逐渐升高。轮船在浅水期及平常时期，由180吨增至1500吨。其轮船吃水限度图表均载于海关历年海务报告书内。

　　随后，总税务司列举长江轮船吨数及历年税收比较表，力证长江航务逐年发展，实与海关巡江司所设长江标识密不可分，而航务的发展又直接促进了税收的增加。亦即巡江司的工作直接关乎国家财政收入。同时，强调海关支用款项均经核实。

　　对于交通部指摘："海关征收民船船钞，长江内港并无设置标识，即已设置者，亦不实用。航行长江军舰商船无不雇佣引水人员，显见标识不能正确"。总税务司以实例举证，1912年以前，长江民船常停泊，自行测量水道。海关设置航路标识后，各民船按照海关所设标示水道行驶至长江内港。除不在海关所辖之处无从设置标识外，凡属于海关所辖内港，均设有标识。自1925年海军部设立海岸巡防处后，海关管辖常关所征船钞均呈财政部解交海岸巡防处充当经费。1931年海关常关裁撤后，国内行驶民船不再征收船钞。并认为，航路标识与引水互不统属。航路标识不能把各类航道情形标识出来，各种复杂的航道情形需要引水人员进行引导船舶。航路标识无论多么完善，轮船入港均雇佣引水导航，纽约、伦敦、横滨等世界各地大港莫不如此。认为交通部所列轮船有航路标识仍旧雇佣引水立论不能成立。

交通部列举的长江水道测量数据是由水道测量局测绘的，长江流量水平分段由交通部扬子江水道整理委员会进行测量。总税务司核查1932年以前所有长江全部及其支流的水道测量事务全部由巡江司办理。1932年春，自吴淞口至江阴连成洲一段始由海道测量局测量。该段航道标识仍由海关巡江司设置。

在数列巡江司自清末至1930年代初的测绘长江里数之后，总税务司列举长江测量实例进行对比。1931年间，海关所属航道测量专技洋员22人（其中3人休假），连同制图员6人，其间测量长江水道141次，直线达538英里。是年海道测量局所用测绘人员多于海关数倍，全年制图供民众使用者仅有13幅，供政府使用者仅16幅，其中9幅系来自浚浦局与海关测量。其水道深浅测量有3次来自浚浦局，1次来自海关所测数据。海关巡江司"测绘精详""制品迅速""航运界立能使用"，使得海关记录水量水志及轮船吃水限度制成图表逐年刊行，而"有俾于航商"。同时，总税务司嘲讽交通部扬子江水道整理委员会"只能搜集材料为将来治河之计划"，并强调其测量成绩均刊行在历年海务报告书内。

对于交通部所列航政事权在历次不平等条约内均无出处的指摘，总税务司给出的所谓说法是，海关兼管航政并非出自条约规章，而是中国政府委任海关办理是项事务，言外之意即，中国政府赋予海关兼办航政的职权。而海关属于中国政府的一个职能部门，"以中国之官吏执行中国之政务，于中国主权并无损失"。航行标识与商务联系密切，与海关税收有重要关系，若由"不能胜任"机关办理，航业商务立见危害。海关巡江司人员受有专门教育，具有实操经验，以往办理又有实绩，同时总税务司拟拣选有专门技术华人加以训练，该项事务以后逐步由华员办理。

对于长江引水事务与海关互不隶属，总税务司认为交通部对此项事务并不明瞭。长江引水分三段进行，第一段自吴淞至汉口；第二段系从汉口至宜昌；第三段从宜昌到重庆。第一段有三处引水公会（一处为西人组织，一处为日人组织，一处为华人组织）。第二段无引水机关，航行船舶自由雇用引水，不拘泥于国籍。第三段约有华籍引水150名，由海关管辖。长江引水人员凡属于中国籍者多数归海关统辖。对于交通部指出的航政事宜不属于海关职能范围，总税务司首先承认国家设官分职，各有所司，但在特别情势下，为"便利公务，实事求是起见，将一部分事务择一素所信任而能胜任愉快之机关，专司其事，各国亦不乏成例。""若拘泥于普通法规而谋某项事务，应属于某一机关，遂令其贸然执行，以致丛脞贻讥……"

总税务司的言外之意是交通部不能胜任航路标识的设置、运营及管理。航行标识与

第四章 与地方航政管理机构和海关之间的冲突和调和

航道测绘与海关税收关系密切,自可成为海关职务的一部分。所有海关职员及巡江司所有人员均系中国政府官吏,效忠中国政府,交通部所言测绘长江内江水道操诸外人,军事秘密泄露的情形更无从谈起。最后,总税务司呈请财政部关务署"仍应责成该巡江司赓续办理"航行标识事宜。

行政院认为交通部依据其执掌范围,拟将长江航路标识规复该部管理,"持之有故",海军及参谋本部,从军事国防考虑,亦赞同交通部的主张。财政部根据海关总税务司列举历年办理航路标识成绩,"尚非故事铺张"。"现值国家多事筹款紧急之时,惟海关为完整统一之机关,若遽将此水上标识事项一部分之管理,予以变更或致因此发生分裂,而影响于税收。""海关代管航政部分,既经中央政治会议议决暂行仍旧","似可仍予维持原案,照旧办理"。经 1932 年 10 月 26 日中央政治会议第 329 次会议讨论,议决长江航行标识之管辖,仍依该会 1929 年 8 月第 190 次会议议决的航政根本方针第 2 条规定,"暂仍其旧",[①]即长江航路标识仍归海关巡江司管辖。

至此,在财政部的反对之下,交通部收复长江航路标识的努力归于失败。此期交通部收回海关兼管的业务时基本路径是:政府先是设置相关职能部门,颁布其组织法规,厘定其执掌范围,进而经由其所属的中央部会与财政部关务署交涉,接收海关兼管的相应职权。卫生部接收海关兼管的海港检疫事务,[②]交通部接收海关兼管的航政部分管理权均依此进行。

交通部收回海关兼管的航政事务,从其操作实态看,基本按照先难后易,由内而外,分步实施。在收回航路标识中,拟先收回长江航路标识,继而扩展至沿海航路标识。问题是此期在朝野中收回航权呼声高涨,交通部收回航政管理权立场坚定,态度强烈。与航政密切相关的引水权等问题,又得到参谋本部、海军部的支持,可收回长江航路标识的努力为何最终以失败收场?

检校交通部拟接收长江航路标识的呈文,无论从法理和中国航运事实需要,此期海关兼管航政均无立论基础。且不论条约的平等与否,就条约载文看,从没有任何一部条约直接载明海关管理航政。交通部的理论逻辑是中国晚清国家无此专职机构进行管理,海关兼办航政系经中国政府代为管理性质,现今中国政府设置相应职官,制订了相关的管理制度。而海关兼办航政过程中,庇护外轮,扩展权利,自为中国航商所不满。是故,权利收回自在情理之中。而海关总税务司面对被接收自然持反对意见,自清末至民国北京政府的历次交涉中均可看出其推诿态度。为何海关极力反对交通部接管其海务部

[①] 财政部关务署密令:第 8431 号(1932 年 11 月 22 日):令总税务司梅乐和;吴松弟整理:《美国哈佛大学图书馆藏未刊中国旧海关史料》(1860—1949)关务系列(249),广西师范大学出版社,2014 年,第 120—121 页。

[②] 陈诗启:《中国近代海关史》(民国部分),人民出版社 1999 年,第 253—255 页。

门的航政管理权呢？

近代海关，经由英籍总税务司长达六七十年的运作，及晚清、民国北京政府的扶植，成为列强盘根错节、根深蒂固的侵华堡垒。1926年7月，在"打倒列强，除军阀"口号的鼓舞下，广州革命政府国民革命军誓师北伐，10月，攻克武汉。翌年1月，武汉国民政府收复汉口、九江英租界，是年4月，南京国民政府成立，7月宁汉合流。1928年，北伐军攻克北京，12月东北易帜，南京国民政府实现全国形式上的统一。作为反帝革命运动重要组成部分的关税自主权和收回海关运动，在此期呼声甚高。国民政府试图收回关税自主权和整顿海关行政，增加财税收入，稳固刚成立的新政权。而英国因在一次世界大战中实力被削弱，开始从远东奉行战略收缩，以缓解中国民众的反英情绪。英国政府也转而向国民政府采取"和解"姿态。

至1928年底，除日本外其他列强均承认中国具有关税自主权，南京国民政府遂宣布关税自主，并于1929年2月1日正式生效。在规复关税自主权的同时，国民政府对海关进行革新。1927年6月，国民政府设立财政部关税处，10月关税处改为关务署，对海关关务行政进行统一管理，提升海关监督的地位，强化对各口海关的监督，对税务司人员进行指挥监督，旨在架空总税务司，推翻海关外籍总税务司制度。

国民政府通过艰难的谈判，规复了部分航政管理权。但此期对海关的改革不彻底，时任海关总税务司的梅乐和，提出"维持海关现行制度，以巩固财政之基础，以及内外债之信用为第一要义"。因中国历届政府对外借款以及对外赔款均以海关收入为担保，触动海关制度意味着触动所有列强在华利益。在这种情况下，南京国民政府采取妥协态度，最后保存了"海关现行制度"，即维持了海关外籍税务司制度。这种改革的不彻底性表现是多方面的，集中到航政管理则是与航政密切相关的引水、沿江及沿海航行标识的管辖权、外籍船舶的登记检丈、外国船员的考核等方面。这是此次航政管理权收回失败的政治社会背景。

除却上述原因外，海关总税务司在申述继续举办长江航路标识时，提到一个重要原因即是中国相关职能部门没有能力履行好相关收回的职权。其所举内河航道测绘颇具代表性，无论从测绘制图的效率、效果看，海道测量局均无法与海关巡江司相提并论。其实，航政管理收归后的各项职能如船舶检查、丈量等在后续的施行过程中，亦面临这种情况。

海关所兼办的航政事务，因其经费充足，聘用外国相关专门技术人员，经营管理较好，多数办有成效。这些航政事务的办理，其立足点是便利列强对中国进行经济侵略；但同时对中国的商船、舰艇航行也同样起到便利作用。单从航政管理的技术层面而言，整体上，由海关兼管的航政，其管理运行效率是较中国人接管后为高。这一点曾任民国政府交通部政务次长代理部务的俞飞鹏也不得不承认：船舶检丈"从前系归海关理船厅办的，在他们办理的时候，检查非常认真，认为不能再走的船，非停航不可。近年移归航政局办理以后，往往困于环境，间或通融，因而不免肇事。"①

交通部接管海关兼办航政后，其与海关关系的实态如何？上海航政局在接管海关兼办航政时，该局局长奚定谟曾向交通部呈请暂行借用海关洋员二人，办理相关船舶检验丈量事项。②对于海关以前所办航政事项，航政局建立初期主要在批判中进行学习革新。针对各口海关历年颁布各项理船、港务章制，办法不一，华船与外船待遇互异的情况，交通部航政司要求各航政局对于辖区内各口海关、江关所颁行的章程规则，"凡与航政有关系部分，自应随时研究条举利弊，如须修正并应拟具意见呈部，以凭采择办理。"③对于在实际航政管理中海关的技术标杆作用亦不尽然。航政局船舶检丈人员在检丈船舶吨位时，也曾发现海关以往检丈的船舶所量吨位有误，需要重行丈量。④

规复之后所获取的有限的航政管理权，其各项航政制度的制订及其施行仍处处受到列强的掣肘。对外籍船舶的登记、检查及丈量，对外籍船员的管理等方面屡屡受挫即为佐证。

（四）航政官署对航路标识的有限监督权

交通部及其直属航政局，从其组织法历次修正条文看，对于航路标识（主要指灯塔、灯船、浮椿、标杆及雾号等）的监管，具体实施"监督管理"抑或是"监督"一直在变化。直至1934年5月15日，国民政府公布《航路标识条例》方明确交通部负责对全国航路标识的建造、修理及其监督管理，由交通部主管。该条例规定为船舶航行安全起见，政府设置各种航路标识。承建主体由两部分组成，地方政府经交通部核准后，得设置必要的航路标识。另外，法定团体呈请地方政府核转交通部核准后，亦得设置。⑤但实际上，各沿海、沿江通商口岸航路标识主要仍由海关负责监管，而负责设立航路标识的主体除海关、地方政府、法定团体外，还有个人私有性质。航运界依据维护航行安全的需要，提请设置灯塔或将已有灯塔接管或持续办理的主体依然是海关。交通部及其直辖的航政局处等航政官署对于航路标识的监管更多的是行使一种象征性的、极其有限度的监督权。

---

① 航政·专载：俞飞鹏：《招商局及航政上的几个问题》，《交通公报》1936年，第759号，第29-33页。
② 指令：交通部指令：第3175号（1931年7月7日）：令上海航政局局长奚定谟，《交通公报》1931年，第264期，第10页。
③ 训令：交通部训令：第1152号（1932年5月11日）：令上海、天津、汉口航政局，《交通公报》1932年，第351期，5-6，第1页。
④ 指令：交通部指令：第2471号（1932年5月20日）：令汉口航政局，《交通公报》1932年，第353期，第20-21页。
⑤ 朱汇森主编：《中华民国交通史料（一）：航政史料》，"国史馆"印行1989年，第202-203页。

1936 年，交通部接海晏轮船船长汤和笙等 23 人呈文，以浙江沿海 5 处灯塔，请交通部收归国有，并附证明书一份，照片五张。上海航政局亦先后呈请交通部，依据穿山等轮船公司及中国合众航业公司等航运企业请求航政主管机关收管及添设灯塔，并指摘海关忽视是项小灯塔的设置问题。交通部咨财政部，有关收管私有灯塔、另行添设灯塔，以谋求航行安全的函件。财政部关务署令行总税务司查核办理。同时，财政部咨请海军部转饬海道测量局予以测量。①

自舟山至温州沿海海岸，由地方慈善家募款自建灯塔计有舟山西堠门等 9 处，请求政府令饬海关进行收管或予以补助经费，以利于该类航路标识的持续运转；对于船舶、帆船、渔船导航急需设置灯塔者，计有崎头嘴之棋子山等 10 处，应尽早添设。

总税务司向关务署陈述其办理此类航标的情形：当时中国沿海已有灯塔，多为引导航海巨舶之用。1934 年间，总税务司鉴于沿海各小船舶，往来频繁，航路标识缺乏，曾令饬海务巡工司制订设置计划。巡工司总工程师与津海关、东海关、胶海关、浙海关、瓯海关、福海关、闽海关、厦门关、潮海关、拱北海关及琼海关灯税务司，饬由各该关港务长，向往来该地沿海民船船长征询设置该项小灯塔最适宜地点。同时，由海务巡工司征询航业团体意见。根据调查结果，沿海应设置小灯塔约 130 处。其崖门分卡迤西及海南岛附近应设小灯塔，因须再行勘查，尚不包含上述 130 处之内。该类小灯塔经海务巡工司及其总工程师审查后认为，内有 42 处需用较急，拟及早设置。此 42 处之中有 25 处，如经设置小灯塔，则沿海往来航行船只均可获最大便利，应尽速设置。并初步测算出设置该类小灯塔一座需国币 11000 元。因耗费较多，海关认为"一时殊南举办，惟有陆续进行，每年约计兴建该类小灯塔 10 座，或在经费预算可能范围内，尽量设置。"

对于海晏轮船船长汤和笙等请收浙江沿海 5 处灯塔为国立一案，总税务司指派海务巡工司及总工程师核办。总巡工司卡乃尔 1936 年 12 月 8 日，回复称：该 5 处灯塔，业已勘查完毕。其中鸡娘礁灯塔附近水面，据英国海军水道图所载：曾于 1892 年经英国海军测量。1936 年 8 月，海关运输船流星号前往勘查时曾误触礁石。该礁石英国海军图未见记载。由是，该处洋面需要详加勘查。其洋面还有无其他海图所未载礁石，此项勘查工作由海关办理。勘查完毕后，即可决定该处有无重新进行测量必要。磨盘山灯塔，其附近情形，海图未见载记，应将该处海面南北 13 海里、东西 21 海里之内洋面进行测量。该处海面处于中国海军部水道图第 495 号、496 号及 1120 号各处海面之间。但海军部水道图并未见记载该处洋面情形。为将海军部各水道图相互连为一体，海关恳请海军部海道测量局着手办理测量事宜。如海道测量局无暇顾及，则由海关进行测量。

对于关务署训令总税务司：所列各灯塔除已列于该 5 处灯塔以外，其余尚未勘查

---

① 《上海航政局有关船务业务的法规章则之类》（1935 年 4 月—1936 年 1 月），上海航政局档案：卷号 9。

者，应从速办理。总税务司认为设置航路标识应恪守两个原则：第一，凡拟设立的航路标识，必须明了该标识指示区域内航路情形，清楚之后，方可着手进行。是次私人设立灯塔，其创立及维持者，大抵均熟悉各该灯塔附近水面情形，并有其熟悉航线。船只向循其熟悉航线行驶。但其他船只未必熟悉该处航线行驶。故，总税务司认为，海关如果接管或设置此类标识，应先行查明该处航路情形，以免以后其他船只航行其他航线，使用此航路标识时，不致发生险情。第二，凡拟设置航路标识，应以行驶该区域的一般船只均可获取指示便利为原则。并认为，上述私自设置各灯塔位置，多未经科学方法选择，未能顾及一般船舶最大便利，大多数为单纯便利当地需要而设。如于仅通小城市的短狭河流沿岸设置灯塔，自然仅有少数船只可获指示便利。海关设置灯塔对于内地河流或仅通内地小城市水道，应如何办理，似应先行规定范围，以资遵守。海关上述两项设置航路标识的原则，前款从技术及安全角度考虑；后款则是请求划定其设置航路标识的效用最大化原则及其自身工作范围；言外之意，海关负责设置的航路标识应有明确的职责范围。

面对穿山轮船公司等的指摘，海关认为其对于近海内地航路标识早有关注。只不过设立该项标识，应通盘筹划，勘查需时，致未能迅速设置。经其海务巡工司呈报，经过勘查的浙江沿海5处灯塔，向有2座附近水面测量资料。其他3处资料需要勘查取得。所有接受各该灯塔及增设问题，应等上述灯塔勘测完竣后，再拟具办理意见。基于上述办理情况，海关总税务司拟具三项办理此类问题的原则：

第一，凡拟设计私设灯塔，在该处海面未经详加测量，海关不能确悉该处有无未列海图暗礁或其他足以阻碍航行危险，并不能查明该处设立灯塔是否适应时，海关不应在该处增设新灯塔或对于已有之私设灯塔，负任何责任。

第二，现在沿海应行设置小灯塔，既经查明为数甚伙，其设置费用又甚巨，而海务经费有限，应尽沿海小船往来航行需要最切之灯塔（设置）。如沿近海主要航路各灯塔等，先行设置。在该项灯塔未经充分设置以前，其次要者，如在水道支流或仅与较少当地船只有利灯塔，应暂缓设置。即海关设置灯塔应为一般船只谋最大便利。

第三，凡由地方机关管理港口，其纯粹港口指导灯或专为指示港口进口处灯塔，海关不应接收或代设。

其间，上海航政局向交通部呈文，据中国合众航业公司函称：大浦口外奶奶山、陈家港口外开山、盐城新洋港口、阜宁射阳河港口均为轮航进出要紧口岸，实有设置灯塔、雾号、标竿、浮筒必要。交通部咨行财政部，关务署令饬总税务司转饬海务巡工司及总工程师核办。海务巡工司卡乃尔于1937年1月16日呈复：认为大浦口外奶奶山、陈家港口外开山（即灌山岛、又名关山岛），似可各设无人看守灯塔一座。在设置灯塔等航路标识之前，应对其周围水道进行测量。至于设置灯塔费用，须待测量完竣后，再行评估。开山与奶奶山均在海关筹设小灯塔 130 处计划以内（见表 4–4），惟不在较为重要小灯塔 42 处之列。至于新洋港口及射阳河港口两处，现无设置航行标识必要。

关于接收私设灯塔及增设新灯塔问题，海关认为：凡拟设及私设灯塔，在该处未经测量以前，不应设置灯塔，或对已有私设灯塔负任何责任；奶奶山及开山不在较为重要小灯塔 42 处之列，如非查有急需设置必要，似应从缓办理。该两处究竟情况如何？须待测量后，再行查核。同时，税务司呈请财务署转请海军部海道测量局，先将奶奶山及开山两处进行测量。

表 4–4 拟设中国沿海小灯塔 130 处清单 [①]

海关关区名称	拟设地点
津海关区	1. 金山嘴（北戴河附近）；2. 塘沽堤
东海关关区	3. 芙蓉口（龙口之西）；4. 莱州浅滩；5. 三山岛；6. 龙口；7. 桑岛；**8. 长山岛西角（企望澳附近）；9. 田横寨**；10. 长山岛；11. 砣矶岛（其红色灯光之弧形适照过曹州府礁；12. 南隍城岛（又名南城岛）；13. 到家旺或斜角；**14. 低角（庙岛湾附近）**；15. 小山子；16. 崆峒岛沙尾；17. 养马岛；**18. 出岛或埃地岛（威海卫附近）**；19. 牙石岛（威海卫附近）；20. 瓦屋石（成山头与镇鄹岛间）；**21. 褚岛嘴（成山头与镇鄹岛间）；22. 苏苏岛（又名苏山岛）；23.** 黄岛；24. 低角（乳山口附近）；**25. 阎门岛**；26. 测量员岛；27. 水灵山岛（胶州以南）；**28. 齐堂岛（琅玡台附近）；29. 成章（又名石臼嘴）**；30. 奶奶山；31. 鹰游山；32. 关山岛
江海关区	33. 鸡骨礁；34. 牛皮礁；35. 南汇嘴；36. 马迹山；37. 捣臼角（？钱山附近）；38. 大孟山（乍浦附近）；39. 乍浦
浙海关区	40. 西喉门菜花山；**41. 太平山烈表嘴**；42. 甘屿；**43. 碗盏山（横水洋面）；44. 半洋礁（横水洋面）**；45. 十六门（横水洋面）；46. 南口霸（横水洋面）；**47. 大猫山（横水洋面）**；48. 东靖—沈家门；49. 佛顶山；50. 泥螺山；**51. 鹅礁**；52. 黄岐港—大榭山；53. 北渡；54. 道场礁；**55. 棋子山；56. 佛肚子；57. 鸡娘礁—牛皮山；58. 四礁**；59. 荆襄山；60. 爵溪东向民船水道；**61. 南鹤、中鹤、北鹤或擅头山**；62. 积谷山（韭山列岛附近）；**63. 东门；64. 钥瓦门**；65. 三门山；66. 磨盘山之西北；**67. 磨盘山—大竹山；68. 东箕门**；69. 海门港；70. 牛头颈（海门港附近）
瓯海关区	71. 东廊山；**72. 上屿；73. 积谷山（松门之南）；74. 石塘山或牛山**；75. 松门嘴；**76. 铜针山**；77. 披山；78. 大鹿山或前山；79. 坎门；**80. 珠湖山**；81. 三盘山—花矸山；82. 铜头山港（又名黑牛湾）；83. 北箕山；84. 百亩田礁；85. 金乡；**86. 回头角—南关**
福海关区	87. 大崙山；88. 鱼拦门礁；89. 鱼棠门；**90. 洋屿—北茭角**
闽海关区	91. 长岐澳—北竿塘或长岐山；92. 闽江口入口浮、中浮、内浮；93. 苦屿或古士山；94. 大嵩、小嵩；95. 大屿；96. 钟门；97. 兴化；**98. 崇武或大岞角**

[①] 《上海航政局有关船务业务的法规章则之类》（1935 年 4 月—1936 年 1 月），上海航政局档案：卷号 9。

第四章 与地方航政管理机构和海关之间的冲突和调和

(续表)

海关关区名称	拟设地点
厦门关区	**99. 泉州或小坠或祥芝角**；100. 牛鼻；**101. 深沪**；102. 磁头；103. 安海或小嶝；104. 金门沙尾；105. 同安；106. 石码；107. 浮宫—白水营；108. 横屿或红屿；**109. 古雷头、云霄水口**；110. 大柑屿、小柑屿；111. 流牛礁
潮海关区	112. 潮海关泊船处；113. 姆屿渔栅；114. 鸥吻岛；**115. 尖石**；116. 海门角；**117. 甲子角**；**118. 三金、汕尾**；**119. 大星簪（又名大青针）**
九龙关区	**120. 外伶仃**
粤海关区	**121. 榕树头（大屿水道附近）**；122. 網州；123. 鹅糟（前山河内）；124. 灯笼洲（前山河内）；125. 导水堤（前山河西口）；126. 山马阁；127. 打浪港（又名较盂洲）；128. 三海竹；129. 崖门分关；130. 海南岛

序号粗体显示系时海关总税务司认为应及早设置灯塔地点，计42处。崖门分卡及海南岛附近须另行勘查。
序号及名称均为粗体显示系时海关总税务司认为拟尽速设置小灯塔，计25处

109

第五章 航政实践的开展

上海航政局规复了部分海关兼办的航政职权之后，陆续在船舶检查、丈量、登记及船员的检定考验方面开展了丰富的航政实践活动。该类航政实践活动的渐次开展，为建立相对有序的航政管理体系，规复航权，维护水上交通安全、渐步迈入独立自主的航政管理奠定了基础。

一、参与船员检定考验

船员检定考验旨在甄别航运人才，维护航行安全，在考核之中施行航政管理。

（一）船员检定考验的相关章程颁行及其施行

1919年北京政府颁布《中国汽船舱面船员暨管机员之资格及配额暂行章程》，该章程规定船员以海军现任军官与曾任海军舰艇职务者为主。这是船员检定的最早起源。1922年，海军部拟定《海军军官充任商船职员服务证书暂行规则》，该规则规定凡海军军官免予考试，由航政机关发给证书。北京政府交通部据此规则，订颁《商船职员服务暂行细则》。1924年复颁布《商船职员服务证书暂行规则》。①

南京国民政府交通部以《商船职员服务证书暂行规则》为蓝本，制订《商船职员证书章程》（对于船员资格的认定较为宽松），以适应航业所需。交通部对于是项船员的管理，1933年以前，凡船员在船上服务者，曾规定依照《商船职员证书章程》，来部请领证书，予以限制。该项章程系1929年订颁，以船员历任职务，及其服务年限，为核发证书标准，审核资格，纯以证明文件为凭（仅调查船员的服务年限及所任职务属实后，即核发证书）。此时航界存在部分船员并未领有该项证书，仍在船上服务；在船服务同时领有证书者也存在实际任职职务较所领证书资格高一到二级者。②声请船员之中亦多有"虚报资历"者。这与交通部通过船员检定甄别航业人才旨意不符，对于保障航行安全，亦存在重大漏洞。

于是另订《船员检定暂行章程》规定所有船员，均一律实施检定。船员分驾驶员、轮机员两项，驾驶员分船长、大副、二副、三副四个级别，以其学校出身、服务资历与行驶航线，分为甲乙丙三种。轮机员分为轮机长、大管轮、二管轮、三管轮四个级别，以其学校出身、服务资历与行驶航线分为甲乙两种。核定分为原级、编级和升级三种。原级检定，考核其现任职务是否能胜任；编级检定，考验其学识技能是否能胜任船员资历；升级检定，考验其曾任船员职务学识经验，予以进升之阶。于严格取缔之中，仍寓以奖励选拔人才之意。一经检定合格，即由交通部给予证书，并依据章程，订定船员考试各科细目，印发各应考船员，以作为考验准备。

1932年8月，交通部制定《船员检定委员会暂行章程》《船员检定暂行章程》《船员证书暂行章程》3种船员检定制度，并奉行政院核准备案。该类制度为全国轮船船员进行检定组织提供法律依据。③1933年5月，船员检定委员会正式成立，6月1日章程开始施行。同时废止《商船职员证书章程》。依据《船员检定委员会暂行章程》相关规定，检定委员会设委员5人（交通部及吴淞商船专科学校各派1人，函请海军部指派1人为兼任委员，遴选航海轮机专门人员2人为专任委员④），船员申领证书，由该会照章先行

---

① 说略：朱家骅：《船员录》，1934年，第1-2页。
② 《一月来之航政》，《交通杂志》1932年，第1卷，第1期，第98页。
③ 《交通部船员检定委员会章程（1932年8月16日公布）》，《航业月刊》1932年，第2卷，第5期，第6-7页。
④ 行政：交通：航政：航政制度之改进：《船员检定委员会之设立》，《中国国民党指导下之政治成绩统计》1933年，第5期，第114-115页。

进行检定，分别进行审查或考验后发给。①交通部曾任命郭远振、李允诚、龚诚为船员检定委员会第二次船员考验委员。②李允诚、林舜藩、朱天秉、龚诚为船员检定委员会第四次船员考验委员。③自1933年6月至1934年6月，船员检定委员会前后计办理船员考验4次。各地船员在各航政局及办事处领取报考登记证书，自行填明投考日期及投考的航政局。考验地点和时间（定期）均由交通部裁定。

因检定委员会兼职航政专家时间不能保障、定期考验船员参加考试不便等原因，1934年6月30日，交通部裁撤船员检定委员会，所有该会事务，归并航政司办理。前述公布该会的相关章程，同时废除。④

检定种类分原级检定和升级检定。原级检定，旨在考核船员现任职务是否胜任；升级检定，结合其理论与实务予以晋升。检定船员办法分审查与考验两种。以考验为原则，凡船员曾领商船职员证书，声请升级检定者，虽未领商船职员证书声请原级检定，但充任请给证书所载职务满3年以上者，均得免试，其余则一律应受考验。1933年度请领证书的船员，在该年6月1日以前，仍照《商船职员证书章程》办理。6月1日之后，则实行检定，除审查合格业经免试发给证书的船员不计外，其应受考验者，共60余人。1933年10月24日在南京举行第一届船员考验，临近考验时部分船员以航行未归，或因其他事务请求延至第2届考验时补考，实到者共23人。考试结果，及格者7名，及格改发低一种高一级证书者1名，不及格改发低一种同级证书者8名，不及格准予第二届补考者6名，1年后再补考者1名。1933年1月至10月间，经交通部核发之船员证书，甲种共50张，乙种共294张，丙种共24张，以上3种，共发放368张。⑤后续，1934年1月24日在上海举行第二期船员考验，1934年4月20日在南京举行第三期船员考验，1934年6月27日在上海举行第四届船员考验。

1934年7月交通部将考验办法暂作变更，船员不须分赴各地举行定期考验，所有应考船员携带相关材料，随时到交通部报到候考。⑥后因各地船员众多，部分船员担任职

---

① 报告：一月来之航政：《（五）成立船员检定委员会》，《交通职工月报》1933年，第4期，77页。
② 部令：交通部令：第451号（1933年12月30日）：《令郭远振等为派该员等为本部船员检定委员会第二次船员考验委员由》，《交通公报》1934年，第522期，第1页。
③ 命令：部令：交通部令：第146号（1934年6月18日）：令李允成等，《交通公报》1934年，第570期，第5页。
④ 命令：部令：交通部令：第158号（1934年6月30日）：公布令：《为船员检定委员会着即裁撤所有以前公布之该会章程并应废止由》，《交通公报》1934年，第574期，第5页。
⑤ 《一年来之航政》，《时事大观》1933-1934年，第209-215页。
⑥ 命令：训令：交通部训令：第3606号（1934年7月9日）：令各航政局、本部直辖厦门航政办事处、各航业同业公会等，《交通公报》1934年，第580期，第6页。

务，赴交部考试，影响船舶航行。①于是，交通部又恢复至各地航政局进行考验。1935年4月10日，交通部制订《船员检定章程》。同时废止1934年所颁《船员检定暂行章程》《船员检定暂行章程施行细则》《船员证书暂行章程》。②后因该章程与考试院1931年3月公布《河海航行员考试条例》有所抵触，暂在考试院未举行河海航行员考试前适用，故将该项章程又加上"暂行"二字。③《河海航行员考试条例》虽经公布，但未施行，航海轮机员请领证书实际以交通部《船员检定章程》为准。④

船员检定期限，原定于1935年6月底截止，将在职未领证书及领有低一级证书而担任高一级职务船员，尚未声请检定者，一律取缔，不准服务。嗣以该项船员有航行远洋航线者，未能依限申请检定与报到应考，及补具手续等种种实际困难，决定所有尚未投考及考未及格船员，于该年9月16日至10月10日与10月15日至11月10日，分两次在各航政局处报名领取投考登记证书，并定10月16日起至11月10日与11月20日至12月15日，每日上午九时至十二时，下午两时至四时，在上海、天津、汉口各航政局同时举行船员检定考验，分别由交通部派定主考员前往主持考验。展期期间的各级应考人员，交通部准于考验成绩公布后，再照章进行取缔。⑤川江一带，船员因该处离南京较远，由交通部指派技士刘开坤前往重庆于办理检定。刘氏会同汉口航政局重庆办事处于1936年1月8日至2月8日，举行船员检定考验1次。⑥至1936年6月，交通部航政官署对船员检定逐渐步入轨道（见表5-1）。

此时在职未领证书船员，多数已声请检定，其有已领证书升级船员及初自学校毕业或船上练习出身欲出任驾驶员、轮机员者，仍继续予以检定。至于未满50总吨以下轮船服务船员检定，交通部于1934年4月间公布《未满50总吨轮船船员检定暂行章程》对其进行相关检定查验。该类船员曾于1935年4月11日先后举行定期考验各一次。后因行驶内河50总吨以上、200总吨以下轮船，均航行于内河小港，航行时间多在白昼，航程短，船员多由水手生火升充，只凭经验服务于船上，期"薪给微薄，仅足糊口，其学识程度，实在等于未满50总吨轮员之舵工司机，不能与服务江海大轮者相提并论"。结合实际情况，交通部将《未满50总吨轮船员检定暂行章程》修订为《未满200

---

① 消息汇誌：《船员检定变更办法》，《新世界》1934年，第53期，第60页。
② 公牍：训令：交通部训令：第1863号（1935年4月10日）：令中国轮机员联合总会，《轮机期刊》1935年，第9期，第244页。
③ 法令：（丙）公牍：交通部训令：第2231号（1935年4月27日）：令本部直辖各机关（不另行文）：《船员检定章程改为暂行并更正衍文令》，《法令周刊》1935年，第256期，第3-4页。
④ 公牍：咨：交通部咨：第1099号（1935年9月23日）：咨财政部：《为准咨据总税务司呈以船员请领证书以何者为根据请核复等由》，《交通公报》1935年，第703期，第4页。
⑤ 公牍：电：交通部电：第4647号：电各航政局处，《交通公报》1935年，第701期，第5页。
⑥ 航讯：《交通部派员检定川江船员》，《航业月刊》1936年，第3卷，第11期，第6页。

总吨轮船船员检定暂行章程》，因章程部分条文与《船员考绩规则》第八条条文存在连带关系，分别进行修正。同时将轮船船员数额表内近海或沿海航线50吨以上200吨未满船员额配一栏废止。1935年12月12日公布并通饬各航政局遵照办理。[①] 该项船员亦分为驾驶员轮机员两项，以正舵工、副舵工为驾驶员，正司机、副司机为轮机员。

表5-1　1929-1936年交通部航政管理系统检定考验船员统计表[②]

种类 年份	甲种 驾驶员	甲种 轮机员	乙种 驾驶员	乙种 轮机员	丙种 驾驶员	丙种 轮机员	舵工	司机	总计
1929年	124	90	214	311					739
1930年	124	100	269	370					867
1931年	37	14	301	287					639
1932年	31	4	105	120					260
1933年	42	12	138	130	17				339
1934年	76	18	194	350	50				688
1935年	69	16	233	380	67		23	34	867
1936年[③]	49	7	122	175	35		32	58	478

交通部此期颁行的各项船员检定章程，在施行过程中根据航政管理的实践不断进行调整，由《商船职员证书章程》《船员检定暂行章程》《修正船员检定暂行章程》《船员检定章程》等船员管理登记制度的制定或修订可以清晰地显现其对于船员管理的动态制度调整过程。伴随船员检定的开展，交通部除对检定章程本身进行修正外，对其未能涵盖的相关规范内容亦专门拟就相关条文进行补充。《船员检定章程》对于船员代理职务的资历并未有相关条文规范。1937年3月，交通部就此拟定三项办法进行调整：未领证书者，其代理资历无效；领有证书，代理证书上所载职务，其代理资历，应作有效；领有低级证书代理高级职务，其代理资历，应作原任低级职务之资历。[④] 在调整过程中，鉴于国内船员群体的航海知识匮乏、侧重经验实务疏于航海知识储备、航海国籍人才整

---

① 报告：一月来之航政（1935年12月份）：航政制度之改进：《船员检定章程之修正》，《交通职工月报》1936年，第3卷，第11期，第74页。
② 秦孝仪主编：《中华民国史料丛编：十年来之中国经济建设（1927—1937）》，中国国民党中央委员会党史委员会1985年，31页"历年发给船员证书数目列表"整理。
③ 1936年数据统计至6月底止。
④ 命令：训令：交通部训令：第812号（1937年3月17日）：令各航政局，《交通公报》1937年，第856期，第3页。

体供应不足的现状，在制定及施行相关管理章程时亦做相应的调整和变通。这种调整和变通的幅度、广度及灵活度正是以航政局为主要代表的国家航政管理机关与航政管理对象（各类船员及船员团体组织）之间双方博弈的焦点。

针对1934年1月30日《交通公报》公布《修正船员检定暂行章程》，《修正船员检定暂行章程施行细则》第八条规定：请令甲种或乙种船长证书者，须经考验合格，方得发给。其有以前未经考验领有船长证书者，其证书在有效期间，届满换领证书时，仍须考验合格后方可换给。对于该项规定中国商船驾驶员总会认为有大副升任船员检定时，应进行考验。船长持有有效期内的船长证书，届满请求换领，或领有乙种船长证书，服务2年以上，申领甲种船长证书，虽然原来未经考验，仍应免予检定，换给证书。该会无非认为船长海上航行首重经验，对于检验考试没有时间复习，一旦考试失败导致失业，在收复航权，船长人才紧缺情况下得不偿失。并进而建议交通部对于换领证书船员，应概免考试。①

交通部则坚定船员升级考验，其他各国"行之已久"，且交通部检定船员不若国外，仅需经过一次考验，即可升级。船长对于船舶航行安全责任重大，有必要进行检验。《修正船员检定暂行章程施行细则》第8条规定，凡甲乙种船长均须考验，方得发给证书。对于服务5年以上而无过失船员，交通部对该类船员拟定两项免考办法：船员已领有交通部发给的船长或轮机长证书，并曾充任证书上所载职务满5年以上者；船员未领有交通部所发船长或轮机长证书，但曾充任该项职务满10年以上者。②并于1934年6月26日通令各航政局遵照办理。③此处两项船长免考的条件，交通部系基于船长实际从业经验对检定所做的有条件地变通。

对于《未满50总吨轮船船员检定暂行章程》，南京市航业同业公会等曾呈请交通部废止或暂缓施行，"以恤商艰而维船员生计"。交通部则申述根据小轮船员颇多不识文字的现状，在该章程有关船员检定各科知识（驾驶员检定科目：国文、引港、操舵术、气象、船员服务、避碰章程；轮机员检定科目：国文、锅炉、汽机或油机、副机、机舱管理）"除国文外，得以口试举行之。"章程第十四条规定于公布日起六个月内声请检定，并未有不遵限期声请检定即予以取缔服务的规定。④对于船员及其团体组织有关废止法律或暂缓施行或变通施行的呼吁，交通部航政管理机关面临两难选择，如果听从船员及

---

① 海闻：《驾驶会请交部修订船员检定章程》，《海事（天津）》1934年，第7卷，第11期，第89-90页。
② 公牍：批：交通部批：第2212号（1934年6月26日）：具呈人吴淞商船专科学校同学会：呈一件，《为请解释修正船员检定章程施行细则第八条条文疑义由》，《交通公报》1934年，第577期，第44-45页。
③ 《船员检定暂行章程施行之补充》，《交通职工月报》1934年，第2卷，第8期，第14页。
④ 公牍：批：交通部批：第1629号（1935年6月24日）：具呈人南京市航业同业公会等，《交通公报》1935年，第677期，第36-37页。

其团体组织的相关请求，则意味着放宽相关监管，后果势必回到船员群体管理松懈，全国船员群体从业水平无从提高；如加强管理，亦带来船员的反弹。以航政局及其办事处为代表的各航政管理机关在交通部的统一擘划下选择了后者。航政机关通过颁行相关法律加强船员管理旨意不变，各类废止法律或暂缓施行或停止检定的请求"应毋庸议"。[1] 其弹性空间更多是施行中的方式变通及法律根据实践不断进行修正和完善。中国轮机员联合总会曾呈请交通部变更船员检定章程，并恳请交通部将轮机员换领证书由该会专领或提供相关证明材料。[2] 这实际上是侵浸航政机关的部分船员管理职权，交通部断然不允。针对船员检定过程中，因天气或设备不足（游泳池等），交部则准予以免考。[3] 检定过程中也存在部分船员在检定时贿赂考验员情事发生。[4]

考验地点，天津航业同业公会曾呈请交通部准予就地举行船员检定。交通部不准，并要求应考船员，均应随时至交通部报到候考。[5] 至交通部考验从一定程度上避免了地方因素的对船员考验的干扰，有利于更客观、公平地开展相关工作。

交通部在举行船员检定的同时，严厉禁止无证或越级持证（持有低一级船员证书而从事高一级或二级的工作）从业船员。船员检定一再展期，一方面固然是部分船员进行远洋航行，一时难以返回接受检定，更重要的原因是当时船员群体的反对或变相反对。1934年在第四期船员考验即将进行时，有第一期考验者"犹未前来应试，每每藉此延宕"。[6] 据上海航政局向交通部的一份呈文谓：1934年，上海港所有沿海近海及江湖航线总吨数在1000吨以上3000吨未满的船只，原任船长、轮机长只具备低一级船员证书。按照《船员证书暂行章程》第5条有关船员领有证书，不得充当高一级职务的相关规定，这类船员均不得在航业企业服务。而事实是该章程颁布已经1年零8个月，各轮船公司并未遵照该暂行章程督促该类船员进行检定。上海航政局亦为对该类船员进行

---

[1] 公牍：批：交通部批：第3962号（1934年10月5日）：具呈人中国航海驾驶员联合会：呈一件，《为恳请修改船员检定新章，并明定口试范围，发给避碰章程译本由》，《交通公报》1934年，第620期，第24—25页。另见公牍：批：交通部批：第997号（1935年5月23日）：具呈人中国轮机员联合总会：呈一件，《为请求取消越级服务船员取缔展限，及船员检定停止举行》，《交通公报》1935年，第668期，第23—24页。

[2] 会务近讯（5月1日至8月31日）：总务报告：呈交通部文：《为恳请变更船员检定章程并规定嗣后轮机员换领证书由本会专领或证明事》，《轮机期刊》1936年，第13期，第39—41页。

[3] 公牍：训令：交通部训令：航海字第4913号（1935年10月15日）：令中国轮机员联合总会，《轮机期刊》1935年，第10期，第326页。

[4] 公牍：训令：交通部训令：航海字第4176号（1935年8月21日）：令中国轮机员联合总会，《轮机期刊》1935年，第10期，第326页。

[5] 公牍：批：交通部批：第3515号（1934年10月18日）：具呈人天津市航业同业公会：呈一件，《为请准予就地举行船员检定》，《交通公报》1934年，第606期，第30页。

[6] 训令：交通部训令：第2300号（1934年5月11日）：令各航政局、厦门航政办事处、各航业同业公会、各船员团体，《交通公报》1934年，第560号，第16—17页。

取缔。[①]这里反映出船员检定相关制度的施行并不甚理想。对于船员检定的一再展期举行及轮船公司不积极、地方航政局取缔不力，一个原因可能是按照相关船员检定制度进行施行，在船服务的各类船员，会有相对部分失去或降低相关的服务资格，航运企业一时未能雇到合适船员，"不免有停航之虞"，交通部亦不得不认为此系实情。同时，交通部给出一组数据，自1928年7月至1934年5月，全国船员当中领有交通部甲乙两种船长证书者，约254人。领有甲乙两种轮机长证书者约240人。全国轮船在1000吨以上，3000吨未满者130余艘，3000吨以上者，仅20余艘。船舶与领证人员数字对比看，交通部认定船长及轮机长"业已供过于求"，航运企业撤换不合检定标准的船长或轮机长容易操作。交通部此项数据更多的是从数字本身静态的分析，实际情况并非完全如此。领有证书者，数年间不从事船员职业者有之，前期经过资历认证，未经检验而领有证书者有之。其实领有证书群体复杂，现在船上服务的部分船长或轮机长，虽未达到现行船员检定标准，存在无证服务或持证越级服务的情况，于航行安全言，危险固然存在。但航业企业在解雇上述人员，新雇领有船长轮机长证书的船员，存在时间和资金成本。更何况持证船员不一定合乎企业的需要。同时，据上海航政局的上述呈文内容显示：上海港所有沿海近海及江湖航线总吨数在1000吨以上3000吨未满的船只，原任船长、轮机长只具备低一级船员证书属于较大大范围内的航业现实共性。一时全部取缔实不可行。这也是上海航政局之前未进行取缔的原因所在。

（二）外籍船员的检定

船员检定过程中面临的一个棘手问题是对外籍船员的检定问题。外籍船员前期通过从业资历认证取得商船职员证书或直接持外籍船员证书在华轮服务者，在交通部厉行船员检定时期，日渐增多。同时，船东亦倾向于雇佣享有治外法权的外籍船员，以规避中国航海法规。在中国船员劳动力市场上，国籍船员难以与之竞争。除中国航政主管机关外，推动外籍船员考验及取缔的另外一股重要力量是中国船员的同业团体（如中国商船驾驶员总会、中国航海驾驶员总会等）。对外籍船员是否检定，如何检定均事关航政主权。时中国各商轮雇佣外籍船员，船长、大副、二副以及轮机长等职务者计有一百数十人。据中国商船驾驶员总会的调查显示，以政记、肇兴、大通、海昌、毓大等航运公司为多。长江与南北洋华籍轮船上亦有不少外籍船员。《船员检定暂行章程》第16条规定："现充中国轮船，各级职员之外国人，无论已否领有商船职员证书，自本章程施行之日起，六个月以内，应依本章程第1条及船员证书暂行章程之规定，经检定合格，领有

[①] 指令：交通部指令：第7052号（1934年5月10日）：令上海航政局，《交通公报》1934年，第560号，第17—18页。

证书者，方得服务"。《船员检定暂行章程施行细则》第1条规定"凡现充中国轮船各级职员，而未领有商船职员证书者，应自船员检定暂行章程施行之日起，六个月内，声请检定"。① 亦即所有中国轮船服务的国籍船员及外籍船员，无论已领商船职员证书或未领商船职员证书者，均须在规定期限内赴交通部声请检定。尽管交通部一再重申中外船员应一律声请检验，外籍船员在1934年6月之前举行的一次检验时，无一人赴该部受检。上海航政局叠经告诫，外籍船员仍置若罔闻。是年交通部举行船员检定规定自该年6月1日起，至12月1日止，如逾期不赴交通部检定者，即不准再在华轮服务。实际情况是至12月1日，各商轮所雇洋员，仍照常在沪航行各处，交通部亦未能对通令撤换。商船驾驶员总会建议政府撤换该类不受检定外籍船员，改用检定合格国籍船员充任。② 交通部在指令航政局取缔该类未领证书外籍船员的同时，命令其将已领船员证书的失业船员进行登记统计，以备补充。③

为加强对该类外籍船员的取缔力度，交通部1935年6月曾令上海航政局，对于前领商船职员证书的外籍船员，其证书在5年有效期内者，如在该年6月底以前，仍不遵照《修正船员检定暂行章程》第15条规定声请检定，"逾限应一律严予取缔"。④ 这一规定对于外籍在华轮服务的船员影响较大，时挪威驻华公使曾照会外交部称：该国在华轮服务船员均经本国考验及格，请中国航政主管机关变通办理，仅限令其呈验挪威船员检定证书即可，毋庸再加考验。交通部接到外交部咨文后，再次申明立场：该部检定外籍船员与本国船员办法一致，均须照章考验。如满足曾经领有交通部商船职员证书，并充任船长或轮机长满5年以上者，或充当船长或轮机长满10年以上者，均可免予考验。挪威籍船员若符合上述情形，可享受同等待遇。对于只领有该国船员证书即请求免考发给证书者，未便通融。⑤ 交通部并明确外籍船员充任船长或轮机长，系指充任中国国籍船舶的船长或轮机长。⑥

对于日籍船员七八十人，由日本领事出面，直接要求面试发给证书一事，交通部出

---

① 海闻：《中外船员须一律声请检定》，《海事（天津）》1933年，第7卷，第6期，第97页。
② 公布：航政消息二则：《（二）外籍船员拒受检定将改用国人》，《新世界》1934年，第38期，第54–55页。
③ 法令：《交通部上海航政局通知书》，《轮机期刊》1934年，第8期，第17页。
④ 命令：指令：交通部指令：第10223号（1935年6月21日）：令上海航政局，《交通公报》1935年，第677号，第24页。
⑤ 公牍：咨：交通部咨：第879号（1934年6月26日）：咨外交部：《为准咨开准挪威公使照称该国在华服务船员请仅限令呈验挪威证书毋庸再加考验等由》，《交通公报》1935年，第677期，第28–29页。
⑥ 法令：（丙）公牍：交通部批：第1458号（1935年6月10日）：具呈人殳胜民：《核示船员检定章程疑义批》，《法令周刊》1935年，第263期，第2页。

面进行辟谣，并重申船员检定，交通部会中外一律办理。①

1928年7月至1934年12月31日，在交通部领有商船职员证书及轮船船员证书是所有国籍船员及外籍船员。②以甲种驾驶员（含甲种船长、甲种大副、甲种二副、甲种三副）为例，其甲种船长领有证书者计87人，其中外籍船员23人（俄国6人、挪威4人、日本7人、英国1人、拉脱维亚2人、美国1人、爱斯吞宁1人、爱沙尼亚1人）。外籍船员23人之中仅2人通过检定合格、1人通过考验及格领有轮船船员证书。其余20人之中有12人系1933年6月1日之后领取船员证书，5人系1933年6月1日之前领取。这里有一点可以明确，1933年6月1日之前领取的均为商船船员证书。6月1日之后领取的证书至少可以分为两种情况：第一种是通过检定或考验获得轮船船员证书。该类人数明晰。第二种是通过审查合格，符合两类免试发给船长证书的情况。通过资格审查免试获得证书。上述情况如属实，则23人当中有15人经过检定。参加检定比例尚较高。

甲种大副总计61人，其中外籍船员9人，9人之中有4人明确经过考验或检定而领有轮船船员证书。4人领证日期在1933年6月1日之后，1人系1932年6月24日领取。此4人领有船员证书，理论上应是轮船船员证书，但《船员录》凡例里有谓：凡领有轮船船员证书者，备考栏内均注明检定合格或考验合格。此4人既然没有注明，亦不是船长职务，其以何种方式领得则不甚明了。甲种二副87人，外籍1人（日本）系1930年5月23日领取（应是商船职员证书）。

交通部航政司所进行的船员检定主要针对商船（轮船）船员，不包括帆船船员。渔轮的驾驶员及轮机员检定由实业部进行检定，该部颁行有《实业部渔轮长渔捞长登记暂行规则》。对于渔轮长、渔捞长转任商船驾驶员者，因《实业部渔轮长渔捞长登记暂行规则》与交通部《船员检定章程》相关检定内容基本相符，交通部对于是项船员则免予检定。对于渔轮司机员，其工作轮机若为柴油机则检定时免考锅炉与蒸汽机两科；如属蒸汽机，须考全部科目。③此外，各地方建设厅等地方航政管理部门，对交通部航政局及其办事处管辖范围以外的船舶亦开展了零星船员检定。④

在船员检定与考核中由交通部航政司主要负责考核的组织及各项证书的核发，航政局在这一过程中参与更多的是船员投考环节对相关资格的初步审核、对有关船员适认证书的监管取缔即会同交通部进行具体的检定考核。

---

① 批：交通部批：第556号（1934年2月28日）：原具呈人中国商船驾驶员总会：《呈一件，为船员检定，宜中外一律，以维法令由》，《交通公报》1934年，第539期，第26-27页。
② 交通部航政司：《船员录》，出版信息不详，1935年，第1-31页。
③ 命令：指令：交通部指令：第10254号（1936年9月8日）：令天津航政局：1936年8月13日呈一件，《为渔轮驾驶员及轮机员检定拟酌予变通，请核示由》，《交通公报》1936年，第802期，第20-21页。
④ 交通部海事局：《中国海事史》（古、近代部分），人民交通出版社，2017年，第234页。

二、实施船舶登记、检验

航政局对各类船舶依法进行登记注册及检验,是确认和保护船舶所具有的各类权益及维护其航行安全的重要保障。

(一)施行船舶登记注册

船舶登记是一个主权国家的船舶登记机关按照国家的法律或规章,对本国的国家、法人、自然人所拥有的船舶和该国法律准予接受的船舶进行的注册登记。船舶登记是一项法律行为,任何船舶只有通过登记,才能在法律上确定它的存在和确认其应有的权利和义务,才有权悬挂该国的国旗航行,并受该国的法律保护和管辖,其他国家不得侵犯。船舶所有权、抵押权及租赁权的取得以及变更、注销,均应登记,登记完毕即时生效。[①]

就船舶登记而言,上述内容包含两方面的含义:一方面,船舶登记制度源于航业保护政策。国家为发展海外贸易,对于本国船舶必须进行保护和优待。保护和优待的前提是将本国与外国船舶进行区别开来,区别的方式即对船舶实施登记制度。经过登记的船舶享受本国法律的保护及管辖,最低的优待即在本国领土及领海内享有各种外国船舶不能享有的权利(如航行权、海关税收等)。尽管对国籍船舶的认定,世界上各国和地区不尽相同,但经由登记而取得船舶国籍证书(即国籍身份)的做法则是国际通例。另一方面,船舶登记制度是在历史演进中逐渐流变为一种与不动产登记相似的法律行为的。法律上船舶产权属于动产的一种。船舶浮于水上,价值较巨(特别是海船),尤其是从事国际贸易的船舶又常年在海上往来于各国及地区间,极易在法律与事实上产生国际间各类关系,这就决定了其与一般的动产有较多的不同之处,需要以处理不动产的方式进行处理它。其所有权、抵押权及租赁权的取得、变更、灭失等均需要履行登记的法律手续后方可进行。简言之,船舶经过登记之后,即明确了其属于何国所有,其属于何人所有。

1927年7月,交通部呈准国民政府颁布《船舶注册给照章程》,该章程规定凡本国船舶经交通部注册领有执照即可航行。自晚清至1930年《船舶登记法》施行前,国内船舶登记,均采取注册给照方式进行。该方式对于船舶国籍的取得方面尚为完备,但对于船舶私人物权的相关规定则阙如。伴随国内本国船舶的增多,因船舶所有权的转移等

[①] 肖建农:《船员职务与海运法规》:大连海事大学出版社,2001年,第76页。

产生的各类经济纠纷不断,现实航政管理迫切需求,催生出《船舶登记法》。与此同时,1929年12月30日颁布的《海商法》,其内容中涵盖多项与船舶国籍相关的条款。如第5条"船舶非经登记,领有国籍证书,不得航行"。第11条"船舶所有权之移转,非经登记,不得对抗第三人"。第37条"船舶抵押权之设定,非经登记,不得对抗第三人"等。①

基于此,交通部指派王洸等人修订《船舶注册给照章程》,并以《海商法》为原则,参考英日等国的船舶登记法律法规,另行起草《船舶法》(规定船舶国籍标准、检丈及国籍证书等事项)、《船舶登记法》(规定船舶所有权、租赁权、抵押权等登记事项),1930年12月4日,国民政府公布上述两法。②为规范施行船舶登记,后续又公布《船舶登记法施行细则》。③船舶经航政局及其办事处检查、丈量后,即可在该局处声请所有权登记。航政机关依法登记后转呈交通部发给船舶国籍证书。④

上海航政局成立后,先后接收海关兼管的船舶登记、检验、丈量等方面的航政管理职权。⑤并陆续开展相关船舶管理工作。但在实际办理船舶登记过程中,因中央与地方航政职权划分、航政局办理各类船舶登记适用法律(《海商法》《船舶法》《船舶登记法》及《交通部航政局组织法》)间修订协调等矛盾重重。因1930年12月25日颁布的《交通部航政局组织法》规定航政局管辖的船舶为总吨数200吨及容量2000担以上者,但后续交通部将航政局指定为执行《海商法》唯一机关,于1932年5月2日呈请行政院核准,凡《海商法》规定之船舶所有各项航政事宜,由交通部所属各航政局办理,余由地方航政机关管辖。并咨行各省市,地方航政机关不得称航政局,以作识别。⑥航政局组织法所规定航政局管辖船舶事实上与《海商法》相抵牾。交通部上呈行政院转请立法院对航政局组织法进行修正。该法修订期间,上海航政局局长奚定谟曾呈文交通部详述船舶登记过程中的矛盾。《海商法》第2条规定船舶凡总吨数不及20吨或容量不及200担者不适用该法,亦即对航政局办理船舶登记的船舶范围予以确定。但《交通部航政局组织法》第3条载:船舶航政事宜由航政局处理,但总吨数不及200吨、容量不及2000担之船舶不在此限。航行海洋者、航行两省以上者是航政局管辖船舶范围。以规定亦与《船舶登记法》相抵牾。《船舶登记法》施行后,船舶登记为其取得船舶国籍证书的必要

---

① 朱汇森主编:《中华民国交通史料(一):航政史料》:"国史馆"印行1989年,第62、63、69页。
② 特别要件:《院令船舶法及船舶登记法等七月一日施行》,《江苏省政府公报》1931年,第778期,第8页。
③ 法令:《船舶登记法施行细则》,《航业月刊》1931年,第1卷,第8期,第2-8页。
④ 王洸:《船舶登记法之意义与制定之经过》,《交通杂志》1935年,第3卷,第6期,第77-79页。
⑤ 交通:《船舶登记等事项海关将移交航政局(七月十二日时事新报)》,《观海》1931年,第2期,第35页。
⑥ 上海市政府训令(第1163号):令公用局:《为准交通部公函为划清行航政局与地方机关处理船舶各事权暨航政机关不得称航政局奉令通行遵照函请查照令仰知照由》,《上海市政府公报》1932年,第122期,第8页。

法定程序。但法理上航政局在其组织法未修订公布之前是无权对相关船舶施行登记的。在此情况下，上海航政局呈请可否暂照《海商法》及《船舶登记法》办理船舶登记。立法院认为国民政府业已命令在1931年7月1日施行，各省地方航政局已经裁并，海关代管船舶检丈等事项经财政部令饬卸职。交通部航政局对200总吨及2000担以下船舶无权管理属于实情，在航政局组织法修订期间，暂缓进行检丈及登记，依据《船舶法》第4条规定，仍许该类船舶航行。①修订后的《航政局组织法》第5条第2项明定航政局管理适用《海商法》规定之船舶。

船舶在办理完毕登记手续后至收到交通部颁发的国籍证书之间有时间间隔。期间，交通部规定以船舶登记证明书代替船舶国籍证书进行报关，但规定自登记证明书填发之日起2个月内有效。届满后报关仍以船舶国籍证书为凭。②

（二）施行船舶检验

船舶检验是船舶检验机构对船舶的设计、制造、材料、机电设备、安全设备、技术性能及营运条件等进行检验、审核、测试和鉴定的总称。它是各国为保证船舶技术状态、保障水上任命及财产安全所普遍采用的一种对船舶进行监管的措施。只有通过检验后才可以确认船舶是否适合预先制定的用途，是否具备在某一水域内进行航行及营运的条件和能力。船舶通过检验，方可取得技术证书。合格的船舶技术证书是船舶所有人获得航行必备的法定技术文件。具有合格的船舶技术证书是其从事水上运输的先决条件。同时，通过检验合格后，可以提高船舶在航运市场的竞争力，降低保险费率；以及为公证、索赔、海事处理等提供必要的技术依据。

按照检验性质的不同，船舶检验可分为船级检验（依据国际承认的民间船级社，依据其验船的规范和技术标准进行检验并签发船级证书）、法定检验（根据国际公约、国家法令及法律的相关规定对船舶进行检验并签发船舶法定证书）和公证检验（民间船级社应其客户需要，指派验船师对其申请检验的船舶进行的客观技术证明的一类检验）3种基本类型。③

依据1930年12月4日公布的《船舶法》相关规定，船舶的检查、丈量为船舶所在地的主管航政官署委派检查员进行。其对船舶的检验更多呈现的是由各口航政局依据《船舶法》《船舶检查章程》《船舶丈量章程》所开展的法定检验。依据《船舶法》第二

---

① 公牍：咨：行政院咨关于航政局办理船舶登记在航政局组织法未修正以前可否暂照海商法及船舶登记法范围办理咨请审议见复由（1931年7月20日），《立法院公报》1931年，第34期，第59-61页。
② 财政部训令：关字第3301号（1931年10月3日）：令各海关监督，《财政日刊》第1931年，第1205期，第1页。
③ 戴耀存主编：《船舶管理》，大连海事大学出版社，2008年，第113页。

章规定的内容，其开展的检查主要集中于船舶初次航行未开始时，航行期间届满时及航行期间内遇必要时。初次航行未开时及航行期间届满时的检查，由船舶所有人主动声请向船舶所在地航政主管官署施行；航行期间的检查则由船舶所在地的主管航政官署依职权施行。对于外国船舶的检查则分两类情况：中国人民所租用在中国各港口之间，或中国与外国间航行的外国船舶，得依交通部命令进行检查；外国船舶自中国港口载客货出发时，应由其船长向该港主管航政官署呈验该船的检查证书。如经验明该证书有效期届满，应由该管航政官署施行检查。

对于船舶的丈量，即确认船舶的吨位。由船舶所有人向船舶所在地主管航政官署声请国籍证书前所履行的必要流程。船舶的丈量分两种情况：在外国制造或取得的船舶，应于最初到达中国港口，向所在地主管航政官署声请丈量。已经登记的船舶，遇到船身式样或容积变更，或发现吨位计算有误，船舶所有人依限向主管航政官署声请丈量。由航政官署发现者，应由其依职权进行重行丈量。外籍船舶由中国港口载运客货出发，应由船长向该港主管航政官署呈验该船吨位证书。如该国的丈量程式与中国相同或互相承认外，应由该主管官署施行丈量。经丈量之后，即由主管航政官署发给或换发船舶吨位证书。①

船舶在进行检查、丈量之后，分别取得船舶检查证书、船舶吨位证书，并自行认定船籍港，方可进行船舶登记及申领船舶国籍证书。我们可以从1933年交通部所辖各航政局及其办事处所开展的船舶检查、丈量、登记事务的活动，了解该类航政官署此期的开展航政实践的年度截面（见表5-2、表5-3、表5-4）。

---

① 船舶法：朱汇森主编：《中华民国交通史料（一）：航政史料》："国史馆"印行1989年，第99-101页。

表5-2 1933年交通部所辖各航政局及其办事处统计年报[①]

区别	进出口船舶 艘数	进出口船舶 吨数	轮船丈量 艘数	轮船丈量 吨数	轮船检查 艘数	轮船检查 吨数	轮船登记 艘数	轮船登记 吨数	码头（个）	码头船（艘）	航路标识（处）	船舶失事次数
上海区												
南京	5 505	9 270 381							21	37		6
镇江	4 346	7 690 682	1	130.91	116	5 413.97	9	558.25	21	11	34	13
上海	18 115	35 222 343	128	58 210.60	761	376 429.34	95	101 576.08	38	181	53	365
苏州	9 362	110 648							17			
杭州	2 524	108 724							7			
宁波	2 016	2 977 402	3	21.97	51	4 308.90			18	29	11	15
温州	432	214 584	25	3 341.09	30	4 745.63	25	3 341.09	9	11	8	8
芜湖	6 719	9 912 075			18	1 079.65				19	19	6
海州			1	46.91	1	46.91						
汉口区												
九江	4 895	8 533 572	5	212.42	5	212.42	5	212.42	1	11	64	25
汉口	9 299	6 696 612	45	3 903.95	223	26 569.72	69	9 259.89	3	35	42	25
岳州	7 364	1 542 742							3	3	126	6
长沙	2 016	337 781							38	14	37	4
沙市	1 606	971 540							4	5	61	15

① 交通部总务司统计科编：《中华民国二十二年交通部统计年报》，1935年，第344—347页。

(续表)

区别	进出口船舶 艘数	进出口船舶 吨数	轮船丈量 艘数	轮船丈量 吨数	轮船检查 艘数	轮船检查 吨数	轮船登记 艘数	轮船登记 吨数	码头（个）	码头船（艘）	航路标识（处）	船舶失事次数
宜昌	2 386	1 009 679								1	22	10
万县	2 034	666 096										33
重庆	1 001	341 390	7	984.34	45							
天津区												
青岛	3 779	6 559.820	10	3 634.14	57	10 710.82	17	3 214.17	6	2	37	1
威海卫	1 995	2 537 826	7	50.39	43	2 384.82	15	1 547.91	7		9	1
烟台	5 200	4 633 010	37	1 859.98	161				2		8	15
龙口	1 603	675 214									11	
天津	4 274	6 167 684	19	10 809.26	99	48 191.18	14	7 883.11	40	3		149
秦皇岛	1 152	2 542 159							2		27	1
营口												
大连											41	
安东											2	
广州区												
三都澳	502	174 222							1	1	4	
福州	1537	1 433 082							40	12	34	5
厦门	2696	4 763 169	47	3 801.06	63	6 758.52	48	4 126.12		1	26	13
汕头	2696	4 763 169							5	8	10	8

(续表)

区别	进出口船舶 艘数	进出口船舶 吨数	轮船丈量 艘数	轮船丈量 吨数	轮船检查 艘数	轮船检查 吨数	轮船登记 艘数	轮船登记 吨数	码头（个）	码头船（艘）	航路标识（处）	船舶失事次数
广州	7 288	7 102 493							47		39	76
九龙	25 727	2 464 862										
拱北	17 112	1 026 690										
江门	2 812	1 419 258							3		5	9
三水	10 964	2 001 946									3	26
梧州	3 698	1 026 375							1	10	14	9
南宁	818	64 040								2	4	
琼州	938	1 167 122									9	3
北海	446	489 212									4	1
龙州	86	271										
蒙自												
哈尔滨区												
珲春											978	
哈尔滨												
瑷珲												
总计	176 725	13 737 9174	335	87 007.02	1 678	561 513.68	340	137 602.18	329	396	1 788	874

表 5-3　1933 年交通部直辖各航政局及办事处办理轮船检丈登记艘吨数[①]

区别	丈量		检查		登记	
	艘数	吨数	艘数	吨数	艘数	吨数
上海航政局	158	61 751.48	977	392 024.40	130	105 522.32
汉口航政局	57	5 100.71	273	34 445.53	89	13 511.98
天津航政局	73	16 353.77	360	128 285.23	73	1 441.75
直辖厦门航政办事处	47	3 801.06	68	6 758.52	48	4 126.12
总计	335	87 007.02	1 678	561 513.68	340	137 002.18

表 5-4　1933 年交通部直辖各航政局及办事处办理帆船检丈登记艘担数[②]

区别	丈量		检查		登记	
	艘数	担数	艘数	担数	艘数	担数
上海航政局	1 825	821 042.31	1 744	758 243.54	1 758	765 273.43
汉口航政局	1 439	547 800.12	1 439	547 800.12	1 373	526 507.08
天津航政局	1 347	504 030.95	1 372	516 700.77	1 493	552 419.64
直辖厦门航政办事处	133	46 062.30	133	46 062.30	133	46 062.30
总计	4 744	1 918 935.68	4 688	1 868 866.73	4 757	1 923 562.45

在实际的船舶检丈、登记过程中，航政管理亦出现办理人员疏于职守、"懒政"、纳费索费等问题。这些反馈和评论主要来自交通部自身、海关及地方航业公会等。

1936 年上海市内河轮船业公会曾指出交通部收回海关代管船舶检丈职权后，划归各地方航政局处管理。但收回自办后，船舶检丈，反不如海关代管时认真办理。同时请求提高船舶检丈标准，按照航路不同、船舶大小，区分船舶检查证书的种类（如远洋船舶检查证书、内河船舶检查证书等）。[③]诚然，海关对船舶进行丈量有时亦会出现错误，航

---

① 根据交通部总务司统计科编《中华民国二十二年交通部统计年报》，1935 年，第 330 页副表 35 编制。
② 根据交通部总务司统计科编《中华民国二十二年交通部统计年报》，1935 年，第 331 页副表 36 编制。
③ 附录：《上海市内河轮船业公会对于交通部所拟整理民营航业办法纲要签注意见及建议书（1936 年 6 月）》，《交通杂志》1937 年，第 5 卷，第 3 期，第 137–144 页。

政局呈请交通部对给类船舶进行重行丈量。①

船身铁板是否坚固，舵柄之 gudgeon 及 pintle 是否适合，尾轴是否松下，及 geacock 与 scavlve 是否完好，按照各航政局处以往检查流程向例必须入坞逐一检查。但现实中，是项检查逐渐演化为船舶"未经入坞，即发给检查证书情事。"此举对于船舶航行安全自然存有较大隐患。为此，交通部曾训令直属各航政局处，严斥其在船舶检查中的"懒政"行为，并要求其"务应仍照向例办理，勿得率忽从事。"②

至于技术员索费事项，时上海航政局船舶检丈技术员前往本埠外埠检丈船只，需由受检丈的轮船公司、行号自备舟车到该局接送。在其办案过程中时有技术员向受检轮船公司、行号另行索取费用。1934 年 3 月 30 日该局以第 48 号训令各该公司知照。1936 年 12 月 12 日再次向航业公会及航运企业发布训令，强调严禁技术员额外索费情事。③

依据《船舶法》《船舶检查章程》《船舶丈量章程》《船舶国籍证书章程》《船舶登记法》等相关法规规定，航政主管官署在船舶检丈、登记过程中需要收取一定的检丈、登记费用。该类费用的收取往往成为航政官署与航商间矛盾所在。以船舶登记费用的收取而言，其时航政局处对船舶登记费用的征收，系以船舶价值为依据。这就涉及对船舶价值的评估问题。1931 年，上海航政局为开展船舶登记，先行向各航商调查取得了各自船舶的价格，并呈报交通部，作为船舶登记时航政系统估价的参考。④实际操作中，上海航政局系指派技术员按照船舶时值进行估价，同时参酌交通部船舶执照所列各类船舶价值标准。航商自报船舶价值亦作为参考。其实，这里存在一个核心问题，即船舶的估价。由谁估价，估价高低，不仅涉及航商的切实利益，更关乎航政管理的公信力。现实是船舶的价值评估由航政局技术员施行。且不论船舶检丈技术员能否公证估价，估价过程中有无串通高估或低估的情事发生，单就船舶检丈技术与船舶市场价值评估看，它们是两个完全不同的行业。其做出的估值自难以取信于民。同时，上海航政局前期让航商自报船舶价值，从航商向交通部的呈文看，航政局应未向航商说明其具体用途。于航商言，船舶估价越低，登记时纳费越低。这也是航商不遗余力要求减低登记费的原因所在。但航商的自身矛盾在于，一旦船舶登记的价值远低于市值，对于其后续的抵押、租

---

① 指令：交通部指令：第 2471 号（1932 年 5 月 20 日）：令汉口航政局，《交通公报》1932 年，第 353 期，第 20-21 页。
② 航政：命令：训令：交通部训令第 2798 号（1936 年 7 月 7 日）：令上海、汉口、天津航政局，福州、厦门航政办事处，《交通公报》1936 年，第 784 号，第 3 页。
③ 政讯：上海航政局几项重要训令（1936 年 12 月 12 日）：训令各轮船公司，《航务月刊（上海 1937）》1937 年，第 1 卷，第 1 期，第 71 页。
④ 训令：交通部训令：第 3803 号（1931 年 11 月 11 日）：令上海航业公会：《为据呈请令饬上海航政局对于征收登记费亟宜按现时价值再行核减等情经令据该局呈复一节仰即通告各会员公司一体知照由》，《交通公报》1931 年，第 2 页。

赁、所有权转移（过户）均会产生不利的影响。

上述各项费用的征收标准在相关航政法规中均有明确规定，航政官署与航商的矛盾主要集中于征收标准的制订及核算方面。对于部分缴费项目在相关法规中并无明确规定的情形，双方矛盾则更易激化。

办理船舶登记及检查等应行收费或不收费事项，1931年9月1日，交通部曾列表饬令各航政局处遵照办理。同年10月5日，交通部又根据实际需要补行数项，并制定《续订办理船舶检查事项应行收费数目表》。新订的收费条款有：1.《船舶登记法》第39条，船舶经理人选任登记（有声请书式）应收登记费1元；2.第40条、第43条、第44条，船舶经理人变更登记及经理人姓名、住所、籍贯变更登记应照附记登记受登记费5角；3.第45条注销船舶经理人登记，应照注销登记收登记费5角；4.登记证明书如有灭失或毁损请补发（有声请书式）或换发者，应照补发或换发船舶国籍证书收费。[①]

迨至1934年，各航政局在办理相关事务时发现，船舶检查证书上所载各类事项发生变更时，船舶所有人应向航政局缴费。声请换发，或查明更正，在《船舶检查章程》第28条、第60条，《小轮船丈量检查及注册给照章程》第24条、第43条，《拖驳船管理章程》第18条、第34条中均有明文规定。但对于船舶检查簿、吨位证书、乘客定额证书等，若遇到更改船名、或变更其他所载事项时，是否需要换发或更正，应否收费及如何收费等问题，除《拖驳船管理章程》所规定各项检查证书外，其他检阅当时颁行的定章，均未有明文规定。

交通部接到各地方航政局的呈文后，分别进行核示：1.船舶检查簿与船舶检查证书有连带关系，如船舶检查簿有变更时，则船舶检查证书必先依《船舶检查章程》第28条进行变更声请。换发船舶检查证书，依同章程第60条已有缴费规定，则更正检查簿不须另行声请，亦不得另行收费。2.变更乘客定额，依船舶检查章程第46条规定呈请换发，并依同章程第60条收费。3.船舶因修理或改造致船身构造或容量有变更时，应依《船舶丈量章程》第9条声请丈量，另发吨位证书，照章征收丈量费。如因计算吨位错误，经复量者，应依同章程第19条、第28条办理。若仅变更船名，可于该船声请附记登记时，一并予以更正，不再收费。4.上述各项，如系小轮船或拖驳船应参照《小轮船丈量检查及注册给照章程》及《拖驳船管理章程办理》。[②]

[①] 训令：交通部训令：第3304号（1931年10月5日）：令上海航政局、天津航政局、汉口航政局、哈尔滨航政局：《为办理船舶登记检查应行收费或不收费事项有应补行明定者列表令仰知照由》，《交通公报》1931年，第1页。

[②] 命令：训令：交通部训令：第3281号（1934年6月28日）：令天津航政局、厦门航政办事处，《交通公报》1934年，第6页。

（三）外籍船舶检丈

外籍船舶检丈方面，应是中国航政行政中固有属性。中外轮船应一律办理。时外轮恃不平等条约为护符，对船舶检丈相关法令抗不受命。后经汉口航政局迭次交涉，除日轮外，英美等国外轮逐渐就范。[1]个别外籍托驳船亦有自动前赴航政局声请检丈注册给照的。[2]1934年，厦门航政办事处曾向交通部呈文，厦门地方机器划船，皆系中外行商及地方政府所置备，其中以外籍所有者占多数。对于此类船舶的检丈登记，该办事处呈请交通部是否不论中外公私、营业与非营业，一概进行管理。《机器划船取缔规则》第3条载：机器划船应比照《小轮船丈量检查及注册给照章程》之规定声请丈量检查。[3]该章程对外籍小轮，并无除外规定。时外籍船舶，多为就范，听从中国航政官署的检丈登记。交通部谓该类事件由外交部进行汇案交涉。在未解决之前，除外商自动声请检丈给照，准予检丈外，其余应暂缓办理。地方政府所置办的该类划船，《小轮船丈量检查及注册给照章程》第14条7款有"营业种类"规定。[4]是故，对于地方政府所置的非营业种类的划船，应免予办理检丈登记。依此办理，该类划船除去外籍所有外，剩余即是以营业营利为目的了。如厦门航政办事处所言，该类划船以外籍为大宗。在航权未能完全规复之前，对外籍船舶的管辖一直是各航政局处的软肋和痛处。

三、配合航政司实施航业监管

对航业进行监管是国家航政官署的应有职责，《交通部组织法》《交通部航政局组织法》相关制度条款中均有明确规定。交通部航政司对全国航业具有最高监管权，举凡各类全国性的航业监管制度、法规、章程的草拟、颁行均有其负责。而以上海航政局为代表的各地航政局处，则处于航政管理一线，从实践层面落实航政司的各类监管制度。此期，上海航政局在辖区内主要对国营航业和民营航业进行监管。具体表现在参与促进航业讨论会及航政讨论会，落实交通部整理民营航业决策，筹设航线调查委员会，协助建立中国航业合作社等事宜。对于外国航业的监管，其业务的开展有限，主要集中于船舶登记、检丈等业务，其他章节有专门论述，兹不赘述。

---

[1] 社评：《最近一年航政之检讨与今后应取之途径》，《交通杂志》1933年，第1卷，第5期，第1—7页。
[2] 命令：交通部训令：第10802号（1934年6月28日）：令汉口航政局，《交通公报》1934年，第120页。
[3] 《机器划船取缔规则》（1934年5月28日交通部公布），《法令周刊》1934年，207期，第1页。
[4] 上海航政局解释法规训令卷（1931—1936），上海航政局档案：卷号10。

（一）监督国营航业

上海航政局作为交通部管理江浙沪皖区域《海商法》所管理船舶的直属航政机关，其与交通部直属的国营航业（主要指1932年11月11日收归国营后的招商局）关系十分微妙。由于资金短绌等原因，各地航政局及其分支机构成立初期办公场所对招商局在各口岸的产业多有借重。从航政局与招商局的公文往来看，相互间多使用"咨文"文种，可见两者为平行关系。实际的航政管理业务中，招商局在船舶检查、丈量、登记及轮船业登记等实际业务中均由航政局施行。但招商局作为大型的国营航业，其实际业务的开展，航政局对其监管有限，它更多地直接接受交通部航政司的监管。上海航政局对其业务活动更多地是奉交通部命令监视其部分业务的开展。如交通部为了解国营招商局各埠货栈扛力投标经过情形，就饬令该局进行监视汇报。[①]交通部为了解国营招商局所称该局沿江各分局趸船应装栅门及售票处依限竣工情况是否属实，曾令汉口航政局、上海航政局芜湖、镇江航政办事处派员迅赴各招商分局勘查具报。[②]

（二）监管民营航业

对民营航业依法实行各类监管，是《交通部航政局组织法》赋予航政局的一项重要职掌，也是航政局作为航政主管官署的职责所在。航政局监管民营航业集中从取缔各类非法营运行为、调节航业纠纷、规范航业管理经营等方面进行。

查禁擅发国难财航运企业。1932年"一·二八"事变爆发后，南京下关泰丰小轮公司开驶芜湖的镇泰小轮，乘国难之时，大轮停驶，旅客难民逃奔无路，擅自垄断交通，抬高船价，并勾结社会人员，在票外横加诈索，每件行李亦强加勒索。对于轮船公司抬高票价，妨害交通、擅发国难财的违法行为，交通部除令上海航政局及南京航业公会查禁外，并咨请上海、南京市政府，浙江、江苏、安徽各省政府查照，予以严行取缔。[③] 取缔违法使用无线电台设备之船舶。1933年，上海航政局根据国际电信局呈称，上海泗泾路27号华商轮船公司所属的海上轮船 SS "HAISHANG" 无线电台，该公司前曾呈请发给执照。经查该台发报机系火花式核与国际无线电公约第5条第8项第2目规定不合。该电信局于1932年12月31日令该公司改装真空管发报机。再行呈报候验。后据吴

---

① 航政：命令：交通部指令：第10851号（1936年9月23日）：令上海航政局，《交通公报》1936年，第807号，第32页。
② 命令：训令：交通部训令：第1436号（1936年3月31日）：令汉口航政局、镇江、芜湖等办事处，《交通公报》1936年4月11日第757号，第3页。
③ 咨：交通部咨：第112号（1932年2月20日）：咨南京上海各市政府、浙江江苏安徽各省政府，《交通公报》1932年，第329期，第9页。

淞海岸电台呈称，该船舶无线电台并未将机件改装，且仍沿用外籍呼号FNWF。对于该轮船舶电台，不遵令改装真空管发报机。又沿用外籍呼号的违法行为，交通部饬令上海航政局勒令其暂行停止航行。① 禁止华船悬挂外旗。交通部据川江航务管理处呈称，宜昌峡江至重庆的渝江轮船悬挂外籍船旗，更名永游，请示查核办法。交通部查得该渝江轮时已向上海航政局登记取得中华民国国籍，交通部即令饬该局查明该轮如果确已售与外人，应予撤销登记并追缴国籍证书。经查核后，交通部认为华船售与外人时法令并无禁止明文，唯商人藉口借用外资而悬挂外旗或单纯租挂外旗者，自应严予取缔。并令饬，此后凡华船售与外人，应依《船舶法》第29条及《船舶登记法》第46条向船籍港主管航政局声请注销登记。如船舶并未丧失中国国籍而擅悬外国旗者应由该管航政局查明情形，呈报交通部核准后，依照《船舶法》第34条外船假冒中国国籍之例，予以处罚。② 取缔非法运营。交通部根据黄椒汽船局呈请取缔公大一号、二号汽船案件，查得横湖公大一号、公大二号及新河各汽船，行驶已久，尚未呈请交通部声领执照，违反航政定章。遂令上海航政局转令其宁波航政办事处会同该管地方官署分别勒令停航。③ 调节航业纠纷。宁波镇新轮船主卢瑞余呈称，新同兴轮船等业主等联合拼班，使镇新轮难以维持，上海航政局宁波办事处会同宁波商会对该航业纠纷进行调解。④ 规范管理航业经营。航政局对航业经营管理进行监督，内容繁多，涉及类型多样。这类监管既有航政局自身进行的主动监管，亦有来自其他相关机构的推动。1931年，国民党特别市执行委员会曾函交通部就下关江面附近旅馆虚招房费，各轮船局不注明票价，造成招待人员蒙蔽需索旅客事件，请南京市社会局令饬各旅馆明定旅馆房费实价，上海航政局及招商局总管理处令饬各轮局将船票实价在票面注明。⑤ 参与船员有关的各类调解事务。如船员罢工调停、船员与航运公司间薪金、福利的纠纷等。⑥1937年宁绍轮船公司宁静轮因减薪酿成船员怠工风潮。因该公司船壳租与慎昌公司，按照航业通例，凡船壳长期出租，船员薪金及船上一切开支，均归租户负责。初期，因租户提出减薪，船员不同意并产生

---

① 命令：交通部训令：第1468号（1933年3月21日）：令上海航政局，《交通公报》1933年，第443号，第5–6页。
② 命令：训令：第1335号（1933年3月14日）：令上海、天津、汉口航政局、直辖厦门航政办事处，《交通公报》1933年，第439号，第5页。
③ 指令：交通部指令：第13420号（1935年8月24日）：令上海航政局，《交通公报》1935年，第696号，第31页。
④ 命令：训令：交通部训令：第442号（1935年1月23日）：令上海航政局，《交通公报》1935年，第633号，第127页。
⑤ 训令：交通部训令：第2963号（1931年8月28日），令上海航政局、招商局总管理处，《交通公报》1931年，第278期，第2页。
⑥ 公牍：训令：交通部上海航政局训令：第0481号（1935年12月10日）：令中国轮机员联合总会，《轮机期刊》1936年，第11–12期，第32–33页。

怠工风潮。为此，上海航政局局长吴嵎出任调解人，劳资双方及国民党海员特别党部、上海航政局、海员工会、中国轮机会、中国商船驾驶员总会均派代表出席。提出调解办法5项，租方及劳方接受，工潮结束。① 维护船员福利。上海航政局曾调解通务航业公司新平安轮船已故轮机长戴德生薪金及退职金事件。② 监督船舶买卖。对于船舶买卖的监督主要针对航商购置外国老旧船舶。该类船舶的购置，航政官署如不加强严格限制，对投入使用后的航行安全问题影响甚巨。各航政局配合交通部监督航商对外船的购置行为，并规定各航商购买外国旧船，应先呈报主管航政官署审查。所购船舶船身及设备是否适合航行，预购船舶货船船龄不得超过20年，客船船龄不得超过15年。若私自购置不合规定的外国船舶，均不准行驶。③

除上述监管类型外，对各地水灾赈济物资免费运输船舶的征集、对参加全国体育大会教练、参加公务考试学员、学生假期票价折扣方面，上海航政局亦进行相关的劝谕和监督。此期，交通部及航政局对民营航业的监督集中表现为1934年召开的促进航业讨论会及航政讨论会。

1. 促进航业讨论会及航政讨论会召开

鉴于国内航业的衰退，交通部拟召开促进航业讨论会及航政讨论会。1934年2月，交通部令各航政局局长及航政办事处主任准备有关召开航业讨论会的意见材料。④3月20日，交通部在南京本部召开促进航业讨论会，出席代表50余人，列席代表10余人。其间举行三次会议，讨论提案涉及远洋航线开辟者6案、统制航业者9案、收回航权者6案、船员待遇者5案、船舶管理者11案、请减免捐税者11案、军队乘轮者5案、培养航业人才者5案、改善轮船乘客待遇者3案、航业金融者5案、其他与航业发展相关的提案者24案，总计100案。各提案经讨论后，拟具办法，由交通部支持，分别采择施行。该会于21日闭幕。⑤23日、24日，交通部又举行航政讨论会。出席人员有交通部各有关主管长官，各航政局局长，各航政办事处主任。同时聘请航政专家数人参加讨论。⑥促进航业讨论会及航政讨论会的召开，为航业统制合作及监督整理民营航业指明了基本

---

① 《宁静船员工潮调解成立即日复工》，《申报》，1937年4月9日，9版。
② 交通部上海航政局训令：第0481号：令中国轮机员联合总会，《轮机期刊》1936年，第11–12期，第32页。
③ 法令（丙）：公牍：交通部训令：第4307号（1936年11月9日）：令上海、天津、汉口等航政局：《航商购买外国旧船应先呈报主管航政官署审查令》，《法令周刊》1936年，第337期，第1页。
④ 命令：交通部训令：第570号（1934年2月3日）：令各航政局长、各办事处主任，《交通公报》1934年，第532号，第8页。
⑤ 报告：一月来之航政：《（一）举行航业讨论会》，《交通职工月报》1934年，第2卷，第4期，第55页。
⑥ 报告：一月来之航政：《（二）举行促进航业讨论会》，《交通职工月报》1934年，第2卷，第2–3期，第90–91页。

的方向和基调。

2. 管理航商团体组织

1927年12月，南京国民政府交通部曾公布《国民政府交通部航业公会章程》，以管理航业团体组织。后因该章程与《工商业同业公会法》相抵触而撤销。交通部令各航业组织依据《工商同业公会法》设置。1934年间，经国民政府公布《航商组织补充办法》，规定各轮船或民船业同业公会的最高监督机关为交通部，一切成立、解散及有关会务组织等事项，均须呈由地方政府转送交通部核准。截至1936年6月，依法组织，经交通部核准成立的航业组织，计有上海市、南京市、天津市、青岛市、广西南宁、山东黄县龙口镇、烟台特区、江苏无锡县、吴县、溧阳县、高邮县、江西南昌市九江县、湖北黄石港、汉口市、浙江平湖县、永嘉县、福建闽侯县、诏安县、龙溪县石码镇、东山县，安徽芜湖县等轮船业同业公会。青岛市、江苏淮阴县、海门县、常熟县、湖北沙市、浠水县巴河镇、荆门县后港镇、光化县老河口镇、江西奉新县、贵溪县、宜黄县、金溪县浒湾镇、弋阳县、高安县、雩都县、峡江县、鄱阳县、南昌市、湖口县、四川资中县、球溪镇、安徽芜湖县、河南汤阴县、福建龙溪县、龙溪县石码镇、将乐县等民船业同业公会。福建福安县航业同业公会，广西梧州轮渡业同业公会等49处。[1]

依照《航商组织补充办法》相关规定，凡轮船或民船公司行号，应遵照《工商业同业公会法》及《商会法》进行组织设置，该同业如系民船业同业所组织，即定名为民船业同业公会，如系轮船业同业所组织，即定名为轮船业同业公会。[2]请注册呈请的相关文件应由该筹建组织先递呈所在地政府，然后由该地方政府转送交通部进行核准，并分送实业部进行备查。上述程序系对新成立航商组织而言，如在该办法颁布之前业已成立的航商组织，须按照新办法进行改组。对航商团体组织的监管措施，其实是此期南京国民政府成立后，加强对各社会经济各行业统制和渗透的一个环节和具象。政府此期对金融等行业的统制则更为明显。

对航商组织的监管除通过颁行《航商组织补充办法》外，航政局日常通过向其直接转饬交通部航政司的各项训令、指令及规程外，其本身也会向其下发各类训令、指令。借以传达航政官署对航业市场、航业团体及航业企业的各类监管。对于航业的各类调查，航政局对航商组织也多有借重。上海航政局在其管辖区域内比较重要的航商组织有上海轮船业同业公会、上海内河轮船业同业公会及苏浙皖各地的内河航业公会等。

---

[1] 一月来之交通新闻：（甲）国内新闻：（五）航政：《（3）交部最近核准之民船轮船公会》，《交通杂志》1936年，第4卷，第3期，第127—129页。
[2] 命令：交通部指令：第17504号（1935年11月22日）：令上海航政局，《交通公报》1935年，第719号，第27页。

3. 提倡航业合作

航业合作与航业竞争是一对此消彼长的矛盾。1930年代的中国航运市场，在沿海及沿江范围内，航业的竞争既包括中外航商间的竞争，也包括国营航业（主要指招商局）和民营航业之间的竞争，亦包括民营航业之间的竞争。晚清，招商局曾与英商太古、怡和两航运公司订立齐价合同，其实即为中外航业合作的表现形式。航商之间的竞争，以跌价为主要手段。互相联合则是运价划一，班次统一，共同分摊运费及分配收入，实行联合经营。出于降低成本，扩大经营等目的，航业市场在交通部实行航业统治、航业合作之前就不断地出现过自发的航业合作。

促进航业讨论会关于统制航业方案，经议决办法两项：首先，全国各航业团体，应即在各航线提倡组织合作事业。其次，由上海市航业同业公会会同国营招商局呈请交通部派员指导，在沪集议，选聘专家若干人，组织航业合作设计委员会，限六个月内完成详密报告，并合作具体方案。[1]

1934年12月29日，交通部核准公布中国航业合作具体方案。规定组设中国航业合作社具体负责航业合作事宜。凡国籍船舶，不论国营、民营均得加入合作，其轮船栈埠，一律规定租金，由合作社租用。合作社设理事会，额定理事11人，国营推派5人，民营推选6人。理事会为合作社最高主体，支配船只，保障航线，调剂供求。仲裁纠纷及进行其他合作事宜。理事会下设联合营业处3处：长江轮船联合营业处（辖行驶长江上中下游及上海宁波航线班轮）；沿海轮船联合营业处（辖行驶南北洋各埠班轮及非班轮及行驶长江非班轮）；内港轮船联合营业处（辖行驶非通商口岸各埠班轮）。各联营处设业务委员，委员由理事会就各该联营处社员代表中选任，长江联营处3人，沿海联营处11人，内港联营处7人。各联营处设经理、副经理。理事会理事为无薪职（但酌送车马费）。合作社办事规章由理事会订定。合作社及各联营处职员，由各航业公司原有人员调用。各航业公司加入合作之后，以其轮船及栈埠向合作社收取一定租金（轮船租金由理事会另请专家按照各船客舱位、实装货量、吃水、速率、用煤、船龄、船值等核估。栈埠租金亦由理事会外请专家按照各栈埠地点、设备、容量价值等进行核估）。合作轮埠盈亏以租金为基数，按比例分成或承担。合作轮船因航业市场供应过剩时，合作社根据经济原则，指定船舶暂时停业（照付租金），暂停营业3月以上，由理事会另订办法处理。合作轮船毁坏或更新时，经报告理事会，得由该社员购造补充，租金另行评估。社员如欲将合作轮船出售，应优先售与合作社为合作社公有。合作期间如添置船只或建造栈埠时，由合作社购置或建造，作为合作社公有。由轮船及栈埠加入合作社后第

---

[1] 命令：交通部训令：第1587号（1934年4月5日）：令航政司司长高廷梓，《交通公报》1934年，第549号，第4-5页。

一个月租金作为合作社开办经费及准备金。另外，合作社得创办消费合作、金融事业及开辟国际航线等。①

1935年4月9日，交通部批准备案并公布《中国航业合作社章程》。②该章程基本依循航业合作具体方案，它是对航业合作方案的进一步细化。随后，由上海市航业同业公会会同国营招商局组设中国航业合作设计委员会，9月该会完成设计方案，经交通部审核，迭经修改，11月修改完竣。1935年1月25日组设中国航业合作社筹备处，着手进行。依据合作方案，订立合作章程28条，呈部核准。同年5月1日正式成立中国航业合作社，理事11人。国营航业由招商局理事会推派刘鸿生、杨英、叶琢堂、张寿镛、杜月笙5人担任。民营航业方面，4月29日在上海轮船业同业公会，召集会员大会选举。航业合作社筹备主任杨猷龙，秘书岑契瑶。会议选举虞洽卿、袁履登、王伯芬、杨管北、陆伯鸿、陈干青等6人为民营航业理事。③对于国营民营航业团体所组航业合作社，因国营民营航业间的矛盾颇多，办理困难。同年，该社理事全体宣告辞职，该组织无形解体。④

4. 参与整理民营航业

1930年代初期国内经济不景气，加之各航商各自为政，自由竞争，航业界互相跌价，揽载客货，各地航线纠纷迭起。1934年3月，交通部召开促进航业讨论会及航政讨论会会议时，对于统制航业及开辟远洋航线等项，均有决议案。后国内工商业凋敝，航业市场不景气，未能推行。1936年上半年，交通部整顿国营航业，同时拟定整理民营航业办法纲要8项：举办轮船业登记；整理定期航线；促进航业合作；添轮；奖励建造新船，拆毁旧船；调整航行班期；监督运费、票价；监督业务等。1936年5月，交通部在上海召集各航商代表开会讨论整理民营航业事宜，会议在国营招商局举行。航政主管官署出席代表有交部代部长俞飞鹏、航政司长陆翰芹、上海航政局长吴嵎、招商局总经理蔡增基等。民营航业方面出席代表有上海市轮船业公会全体执委：虞洽卿（三北轮船公司）、袁履登（宁绍公司）、汪子刚（华通公司）、王伯芬（政记公司）、杨管北（大达公司）、陈顺通（曹詠鹤代）、沈仲毅（中威公司）、伍德邻（鸿安公司）。其余为三北公司李志一、民生公司张澍霖、宁兴公司处顺懋、联安公司胡子学、合众公司朱义生、华新公司黄振东、浙江公司杜德生、肇兴公司冯又新、大通公司朱佐廷、民新公司姚书敏、

---

① 海闻：《中国航业合作具体方案》，《海事（天津）》1935年，第8卷，第9期，第89-90页。
② 法规：《中国航业合作社章程（1935年4月9日交通部第270号批准备案）》，《航业月刊》1935年，第3卷，第2期，第2-5页。
③ 海事新闻：《中国航业合作社民营理事已选定》，《新世界》1935年，第70期，第42页。
④ 海事新闻：《航业合作社无形解体》，《新世界》1935年，第77期，第49-50页。

直东公司张占元、华商公司业传芳、大振公司冯振铎、天津公司褚宝昌、大队实业公司林熙生、中兴公司程余□，永安公司陈益甫、达兴公司徐忠信等，共计40余人。①会议决议由交通部及上海市轮船业公会分头进行关于轮船业登记、促进航业合作及监督业务各项。交通部征集轮船业公会及各方意见草订各项法规。②交通部所拟造船奖励法草案，呈请行政院转咨立法院审查，修正通过《造船奖励条例》，1936年10月9日，国民政府公布实施。③

为实现对航业的监管，1936年交通部厘订《轮船业登记规则》《轮船业监督章程》及《促进航业合作办法》，并于是年12月9日以部令形式颁布施行。④同时另订轮船业设立登记呈请书及补行登记呈请书式样发各航政局及轮船业同业公会知照。⑤

《轮船业登记规则》与《船舶登记法》不同，《船舶登记法》登记的对象为船舶本身，登记是一种法律行为，它是对船舶所有权、抵押权、租赁的取得、变更及注销的法律认定。而《轮船业登记规则》则是对经营轮船业的经营组织（公司、行号）或个人的一种注册登记。规范的是该组织或个人有无资格从事该项经营，经过哪些基本的法定登记程序后，方可进行营业。它更类似《公司法》对各类型公司的规范。在《轮船业登记规则》为颁布之前，航政管理系统对轮船业并未进行任何登记行为。航政官署对各类举办轮船经营的主体难以进行监督。

《轮船业登记规则》总计13条。第1条规定申请登记的对象及申请程序。凡经营轮船业者均须依据该规则声请主管航政官署（各口岸的航政局及其航政办事处）呈交通部核准登记发给执照后，方得营业。如资本组织形式为公司制者，并须依照《公司法》及其相关法规向实业部呈请登记。产生各类变更时亦须按照上述方式办理。第2条对轮船业的声请人进行框定。轮船为公营者（如招商局）由主办机关呈请或咨请，独资或合伙经营者由出资人呈请，无限公司经营者由全体股东呈请，两合公司经营者由全体无限责任股东呈请，股份有限公司经营者由全体董事、监察人呈请，股份两合公司经营者由全体无限责任股东及全体监察人呈请、人民与公家合营者（即官商合营）依照合伙经营规定办理。第3条规定了轮船业登记时需要具列的基本情况：公司或行号名称、组织章程、本店及支店所在地、营业航线（应附图说）、营业计划（如购置轮船若干艘，航

---

① 《交代部长俞飞鹏主持整理民航会议》，《申报》，1936年5月19日，10版。
② 行政改革消息：各项专门行政：《交通部整理民营航业》，《行政研究》1936年，创刊号，第209-210页。
③ 交通消息（1936年11月）：三：航务：《1.订颁整理民营航业各项规章》，《交通职工月报》1936年，第4卷，第11-12期，第133页。
④ 工商业法令解释汇编：法令章则类：行政院训令第60号（1937年1月6日）：令实业部：轮船业登记规则暨监督章程航业合作办法，《商业月报》1937年，第17卷，第2期，第3-7页。
⑤ 航政：《（二）颁发整理民营航业各项章则办法之经过》，《交通杂志》1937年，第5卷，第2期，第118页。

行为定期或不定期,或定期与不定期兼营,以及拟建栈埠等项)、股东名簿(或出资机关)、创办人及经理人姓名年龄籍贯住址、创办费概算及营业收支概算等。上述基本信息一式两份,一份呈交通部核准登记,一份留主管航政官署,便于其后续监督。第4条对于轮船业经营航线及航行定期、不定期或两者兼营,一经核准登记,不得擅自变更。如遇到增加或减少资本、发行公司债或增加及变更航线时,须先行呈请主管航政官署转呈交通部核准(第7条)。变更组织或名称时亦须由主管航政官署转呈交通部核准换发执照(第6条)。规则对登记或补行登记相关费用及轮船业解散等事项亦有相关规定。

该法的颁行对进入轮船业的业主设置了必要的入行门槛,从制度上杜绝了以往任何人、任何组织均可从事该行业的可能,同时通过登记核准航线及航行的定期或不定期,有利于减少各类航线营业纠纷。对于轮船业呈请举办、运营、注销及监管提供了基本的法律规范。

《轮船业监督章程》则更进一步地对航业的航行(定期、不定期)、航线、轮船添设、具体的航运业务开展进行监管。航线方面,航线内轮船数量如供过于求时,交通部根据该地主管航政官署统计报告进行限制;航线内所需轮船吨位多寡,由主管航政官署统计,并交航线调查委员会审定后,制成报告,呈请交通部核办。

定期轮船航线由业主或其代理人开列行驶航线起讫及沿线停泊埠名。声请主管航政官署转呈交通部核准,发给定期轮船通行证。经核准的航线不得转移或租赁他人。如欲变更或停航仍须呈请核准。不定期轮船由业主或其代理人声请主管航政官署转呈交通部核发不定期航行证书。不定期轮船如遇受限制的定期轮船航线内临时需要运送大宗客货时,应先呈请主管航政官署核发临时通行证,方得航行该航线。主管航政官署对于上项呈请以24小时以内答复。临时通行证以1次使用为限。同时,不定期轮船航行于受限制的定期轮船航线内,应以不妨碍定期轮船为前提,并受主管航政官署指定船舶埠头限制。不得任意在该航线内其他埠头停泊揽载客货。而定期轮船与不定期轮船之间进行调整时,需要声请主管航政官署核准并呈报交通部备案。

轮船班期方面由轮船业自行订定,惟时刻表制定时各轮船班期力求衔接,亦需要与铁路、公路时刻表相衔接。班期确定后,须呈报主管航政官署备案。后续变更非经声请核准不得擅自变更。

轮船添增。轮船业如需添加轮船,须先行声请并附相应图说。呈由主管航政官署转呈交通部核准。轮船增加应以新造为原则。如系现有轮船,除在交通部登记有效者外,客船船龄以未满15年,货船船龄以未满20年为限。受限制的航线,如遇原定轮船供不应求时,交通部酌定期限,令该管航政官署转饬航线内轮船业依限增加轮船。如增加的轮船艘数、吨数不能平均分配于该航线内各轮船企业时,交通部令其相互协商共购货共租轮船。协商不成时,得择能增加较优轮船的轮船企业核准经营。前述两种情形,如该航线内原有轮船企业不依照规定增加轮船时，交通部得令该管航政官署转饬其他轮船加入该线营业。

换言之，轮船企业既然接受交通部及其主管航政官署授予的"受限制的航线"（即授予一定航行特权①），就必须接受其计划性的行政监管指令。何种轮船可以添增，何种情况下添增，增加多少艘数、吨数及如何添增均受航政官署监管。

该章程对各航线轮船企业的业务情形从三个方面进行监管。交通部核准最高运价及票价。由经营同一航线的全体同业，根据地方客货情形、经济状况、参酌运输成本，规定票价及运费的最高标准。每年一次呈请主管航政官署转呈交通部核准。所有该航线各轮船企业的票价运费不得高于核准最高标准。联合营业报备制。同一航线内轮船企业如欲联合营业或公摊水脚，应呈经交通部核准。实施财务监管。轮船企业非经计提折旧费及提存公积金后不得分配盈余。每年年度终了后两月内造具职工名册及薪给表、客货运输价目表、客货运输统计表、船舶报告、资产负债及损益表并附说明、轮船经航各地方物产产销调查表等。

《促进航业合作办法》则是更为接近操作层面的措施。该办法规定凡同业航线内轮船企业经交通部登记者均应合作。经交通部令定航线，应由各该主管航政官署随时督促各该航线内轮船企业会上合作办法，呈请交通部核准实施。合作办法各航线参酌各自情形分别拟定，办法内需明定如下事项：设立联合营业处、票价及运费划一、收入公摊、船只分配、航班排定、设备改良、争议仲裁等。不遵令合作的轮船企业，交通部撤销其该航线内所有轮船的航线证，并令其他轮船加入该线航行。

以上三项航业监管法令的颁行，从法理上看，其存在逻辑上的递进关系。轮船业如需营业必须进行登记，"非经登记不得开业"。登记之后，从航线、班期（船期）、增添轮船、业务经营等方面进行监管。经过监管进而实现航业合作目的。从各项法令的条文看，交通部是实现航业监管的最高机关，各航政主管官署（航政局及其办事处）是重要的监管实施机关。举凡各类核准材料的转呈、临时通行证书的签发、不定期航线停泊埠头的核定、定期与不定期航线的调整、合作实施的督促等等均由航政局及其办事处施行监管。

依据《轮船业监督章程》第7条相关规定，交通部令饬各航政局各自成立航线调查委员。汉口航政局1937年3月5日呈请交通部，并组织成立汉口局航线调查委员会。该

---

① 但领取该类航线证的航业企业，并非意味着航政官署给予了参与航业合作者航线专利。是否添轮或是否给予其他航业企业航线证，须经航政官署通盘筹划安排。申平轮船联合公司呈以自身参加的航业合作航线船只过剩请交通部停止向其他航商发放航线证，交通部对于该呈请予以驳回。参见命令：交通部指令：第383号（1935年6月7日）：令上海航政局，《交通公报》1935年，第672号，第24-25页。

会选聘殷惠昶、曹仁泽、李龙章、王鼎成为委员,3月15日获交通部核准。① 天津航政局亦筹设航线调查委员会。②

上海航政局奉交通部令组织航线调查委员会,负责监督航商、航线货运支配,及吨位平均等事项,并严行取缔各轮局任意竞争。从其组织章程中可以看出,该会系上海航政局进行航业监督的咨询机构,对航政局辖区内各航线应需轮船数量、吨位多寡、负责协调调查及审查。其组成人员设委员5人至7人,除上海航政局长为当然委员,其余委员,由航政局长在当地管辖区域内经营轮船业并具有资望的人员中遴选聘任,并呈报交通部备案。航线调查委员会议,由航政局局长召集之,并充任主席。航线调查委员会例行事务由航政局局长主持,并酌派航政局职员兼理。航线调查委员会职员无薪给报酬。

该委员会聘定委员:除上海航政局长吴嵎为当然委员外,聘请杜月笙、虞洽卿、蔡增基、沈仲毅、张树霖、汪子刚等6人为委员,2月13日在上海福州路航政局召开会议,正式成立并通过办事细则及增聘委员等各方案。该会后增聘王更三为委员(见表5-5)。③

表5-5 1937年交通部上海航政局航线调查委员会简表④

职别	姓名	别号	年龄	籍贯
主席	吴嵎	呆明	55	浙江奉化
委员	虞和德	洽卿	71	浙江镇海
	杜镛	月笙	50	江苏南汇
	蔡增基		46	广东中山
	沈仲毅		52	浙江吴兴
	汪振家	子刚	45	江苏吴县
	张树霖		34	四川南川
	王更三		49	浙江杭县
记录	楼兆鼎	新皆	31	浙江诸暨

---

① 航政:命令:指令:交通部指令:第2332号(1937年3月15日):令汉口航政局,《交通公报》1937年,第856期,第12页。
② 命令:指令:交通部指令:第2125号(1937年3月9日):令天津航政局,《交通公报》1937年,第854期,第13页。
③ 《上海航政局成立航线调查委员会奉行交部监督章程制止各轮任意竞争》,《申报》,1937年2月15日,第14版。
④ 《交通部上海航政局航线调查委员会》,《航业月刊》1937年,第4卷,第12期,第11页。

第五章 航政实践的开展

1937年3月17日，交通部以部令形式核准施行《交通部上海航政局航线调查委员会办事细则》。[①] 细则明确该委员会系依据《交通部上海航政局航线调查委员会章程》的规定，组织成立，附设于上海航政局。委员会设总干事1人，置总务、技术两组，每组设组长1人，组员2人或3人，由上海航政局职员兼任。

该委员会在上海航政局设有航政办事处各地设调查专员，即由各该办事处主任兼任。总务组负责：文卷撰拟及保管、会议布置及记录；技术组负责航线调查、技术审核及统计事项。会议时总干事、组长及调查专员得列席会议。需要指出的是该委员会不对外行文，但由上海航政局颁给橡皮戳记。

从该委员会的办事人员构成（主要由航政局及其航政办事处主任和部分外聘航业界有资望人士）、调查业务的制度规定看，其调查业务的实际开展主要由航政局及其所属的航政办事处进行。这样的制度安排，一是航政局可以通过该委员会的运作，有效地监管航业。再是对航线进行调查、各航线所需轮船数量、吨位多寡，其调查及初期的研判均须航政专门技术人员进行。该委员会附设航政局内，其实际的各项调查业务由航政局及其航政办事处办理，就具有较好的可行性。该委员会名义上为上海航政局进行航业监管的咨询机构，特别是外部航界专家的聘任（外部委员均为航界著有声望的航政官员、航运企业主等），使得航政局在进行航业监管时所进行的各项统计，经该委员会审查后所出具的报告更具权威性、可行性，也更易为航业界所认可和接受。

交通部对民营航业整理，从登记、监督及合作三部着手。至上海地方，其航业合作先由内河实行。上海市内河轮船业同业公会主席韩怡民代电交通部，并建议将班轮拥挤，供过于求的申锡（上海至无锡及江阴、武进、宜兴、溧阳）、申平（上海至平湖及嘉兴、硖石、海宁）、申湖（上海至吴兴及菱湖、新市）各航线实行航业合作。1937年1月5日，上海航政局接到交通部训令，即转饬内河轮船业同业公会及各航商，并着手办理合作事宜。同时上海市轮船业同业公会奉交通部令，举办轮船业登记，将登记规则抄发各会员公司遵办，由上海航政局实际主办登记业务，登记后再由航政局转呈交通部发给执照。[②]

除组织内河轮船业举办航业合作外，上海航政局按照交通部的部署，以文告（文告内容：照得内河船舶，向为运输所托；只因一般船民，从未组织合作；农产销路停积，商品容易滞搁；本局现奉部令，特向尔等叮嘱。）或口头形式劝导内河民船成立并参加

---

① 法规：《交通部上海航政局航线调查委员会办事细则（二十六年三月十七日部令核准施行）》，《航业月刊》1937年，第4卷，第10期，第1页。
② 经济情报：廿六年一月之航业：《一、航业合作先由内河实行》，《上海法学院商专月刊》1937年，第1卷，第2期，第60页。

内河民船运输合作社。① 航政局根据监管客体（民船业）从业者的文化程度，以通俗易懂的文告形式，力图实现对民船业的有关监督。

上海航政局对于航业登记、监督及合作按照交通部的部署逐步开展，而航商的反映如何呢？《轮船监督章程》第 3 章第 15 条规定，定期航班的轮船，其班期决定后，应呈报主管航政官署备案，嗣后非经呈明事故，申请核准不得擅自变更。就此航政局将该章程核发内河轮船业同业公会，并函令航商遵办。对于此项呈报事项（船名、船舶所有人、航线起讫及沿线停泊埠名、班期、乘客定额、载货数量、客票价目、每月航行次数、航线有否合作、其他事项），航商因种种原因响应不甚热络。②

《轮船业监督章程》颁行后，为适应航业现实，对相关监管制度条文，交通部及其航政局曾进行变通施行。《小轮船替班办法》的出台即为一典型案例。吴县轮船业公会曾呈请上海航政局，转据该会会员宁绍轮船公司函，请求变更小轮船行驶替班请领航线证办法。交通部认为轮船请领航线证有关定章难以准行。考虑到小轮船因受航线限制，替班行驶时又面临合法性及航政官署难以有效监管等问题。交通部经拟定《小轮船替班办法》，并咨商江苏省政府。交通部令上海航政局所辖区内各内河轮船业同业公会遵照执行，江苏省政府亦分发所辖各县备查。③ 该办法规定已领小轮船执照及内河轮船行驶证之轮船，确有不能行驶之障碍，须由他小轮替班时，得声叙缘由，呈请该管航政局查明属实，发给临时替班单，该管航政局发给临时替班单后，应即将核准替班情形，分函该轮所行航线起点、讫点所在地之县政府查照。临时替班时间最多不得超过 2 个月。替班小轮行驶航线，以被替班原驶航线为限。有效期内的临时替班单，其效力与内河轮船行驶证同等。超过临时替班单所载期限，仍私自替班航行，航政局勒令停驶，并吊销被替班轮船的内河行驶证。替班期满，声请者应向原发给该单的航政局注销。④ 通过变通，内河小轮替班问题得以解决。从中亦可以看出，对于该类临时性航业监督，其监管主体多为航政局。

如前述，交通部令上海航商组织航业合作设计委员会，限期完成航业合作计划，并通令各航政局在航业合作计划未公布以前，不论何种航线，均应暂维现状，不准添轮。在航政管理实践的过程中上海航政局发现，时中国航业合作设计委员会所规划者，侧重

---

① 政讯：上海航政局之政讯：《一、交通部训令上海航政局劝导各民船舶户组内河民船运输合作社》，《航务月刊（上海 1937）》1937 年，第 1 卷，第 2 期，第 52 页。
② 《上海航政局监督内河小轮昨已令填报航线班期非特别事故不得变更》，《申报》，1937 年 5 月 15 日，15 版。
③ 法令：（乙）命令：交通部训令（第 4284 号 1936 年 11 月 7 日）：令上海航政局：《办法小轮船替班办法令》，《法令周刊》1936 年，第 318 期，第 8 页。
④ 法规：《小轮替班办法（1936 年 11 月 7 日部令上海航政局遵照）》，《航业月刊》1937 年，第 4 卷，第 7 期，第 3–4 页。

较大轮船所行航线。对于内河航线，尚未规划。如果筹备期间，任何航线一律不准添轮，内河轮只，因航线不能变更，不能买卖过户。新造或新购的船舶，因不能领到部照，亦不能航行。鉴于现实考虑，该局呈请交通部进行相关变通。建议凡已有纠纷的航线，暂行停发部照；其尚未发生纠纷者，从严查核，依据实际情况发放。随后交通部拟定三项暂行变通办法：请发证书时，未有轮船航行者；内河航线确无纠纷者；船舶原有航线并无变更者等三种情况下的各种航线，准发船舶证书或执照。①

为适应战时交通统制需要，1937年9月1日，上海航政局按照交通部命令统筹成立上海市内河航业联合办事处，要求内河各航商将所有船舶，除因公征用外，均应一律加入，不得私自营业或托故规避。上海市内河各航商参加合作，调集各航线轮舶开驶申镇、申锡、申苏、申杭、申湖等处客货班轮与长江航业联合办事处办理联运事宜并在镇江、无锡、苏州、湖州、嘉兴等埠，设立分办事处，订定客货价目，并呈奉航政官署核准备案。②

此期，以上海航政局为代表的航政官署对航业（尤其是民营航业）的监管，需要从两个层面进行检讨。即来自航业市场本身发展的检讨及统制航业政策的检讨。

就航业市场自身发展言，航政局等航政官署取缔各类非法航业营运行为、调节航业纠纷、规范航业管理经营等方面进行了积极有效的监管。这些监管措施对规复航权、规范航业市场秩序、促进航业市场发育等方面起到了积极的作用。

航业统制方面，于航业合作一项，在航业合作社宣告失败后，至1936年航政官署仍不遗余力地推动航业合作，这一政策的制定及推行有其形成的历史渊源和特殊时代背景。孙中山的民生主义思想中有关"节制私人资本，发达国家资本"，经由国家资本和私人资本的分工与合作实现国家的工业化与现代化。这种思想成为国民政府制定国有经济政策的基本出发点和重要理论依据和来源。而同期受1930年代前后经济危机影响（美国实行了罗斯福新政、德意日等国的统制经济）及苏联五年计划取得的巨大经济成就影响，无疑促进了中国在经济政策发展中对统制经济的青睐。而"九一八"事变、"一·二八"事变后，日本加紧侵华的行径也促使国民政府倾向于采取统制经济政策。但是在国民经济中如何实现国营与民营的分工与协作方面，国民政府至少在全面抗战爆发前，并没有形成清晰的分工标准。具体到航运市场领域，此期出现的民营航业参加由国有铁路和国营招商局主导的水陆联运风潮即是这一问题的集中体现。③

中国航业合作社成立后，之所以未能发挥作用，具体看亦是国营航业与民营航业、

---

① 一月来之航政：《航业合作计划未公布前各线添轮暂行办法之核定》，《交通杂志》1934年，第2卷，第11期，第127页。
② 《交通部上海航政局布告第二号》，《申报》，1937年10月27日，1版。
③ 顾宇辉：《1930年代的水陆联运》，《上海：海与城的交融》，上海古籍出版社，2012年，第63—69页。

各民营航业间矛盾重重，难以合作。民营航业代表董浩云的一篇拟在促进航业讨论会上发表的提案颇具代表性，该提案呼吁国营航业以开辟国际间远洋航线为专任，民营航业在政府奖励保护统制下发展国内航线。① 以招商局为代表的国营航业经过国民政府改组国营之后，以国家行政力量为后盾，在华商航运市场一家独大。这无疑加大了国营与民营航业的竞争与矛盾。而这一矛盾在航业合作社成立运作初期的表现更为明显。

航业合作社的失败，一定程度上反映出以交通部为代表的航政官署对航业监管的失败。其失败的原因，除却上述国家对航业发展政策层面有关国营与民营航业分工不甚清晰外，其航业统制的措施本身及实现的路径亦是重要的原因。从航业合作具体方案看，其船舶及栈埠的租金估价，虽由外部专家核定，但是外部专家由谁选定，选定标准并没有标明。这关系着估价的公正性，也关系着入会会员的后续的利润分成和亏损分担。同时，船舶加入合作后，会员等于变相放弃了各自的经营管理权，对于原属于自己的财产（船舶栈埠）处置权亦受到一定限制。合作期间会员也不能自行扩大自身的经营（购船或建栈埠）。另外，航运市场有供过于求时，哪些会员船舶停驶，并没有制定出获得航业认可的施行规则。上述措施严重有悖于自由航运市场规律，但在当时经济军事情形下，在统制航业资源，发挥国家"统制"或"计划"的功能方面自有其合理之处。

合作的失败亦不尽为俞飞鹏（俞氏时任交部政务次长代理部务）所言："（航业）小公司太多，内容复杂，营业较好的不愿与坏的合并。""已经经得有好航线的公司，不愿与坏航线的公司合并。""因他们的利害不同，所以合作不易实现。"② 它从一个侧面说明国家航政官署对该项制度实施配套措施供给严重不足。配套资金的不足，体现在两方面，航业合作社其开办资金均由入会会员第一个月的船舶栈埠评估租金开展。换言之，交通部对航业合作社的成立没有注入任何资金。国营航业在实力不济情况下，借由民营航业与之联合，已期达到发达或统制航业的目的。问题是在双方话语权、经营分工、利润分成、风险承担、合作方案等方面航政官署并能提出一揽子可为双方（特别是民营航业）认可与接受的解决方案。其失败自在情理之中。

四、参与航律的制定与解释

近代航律的演进分从三个方面进行展开：一是在制度层面，南京国民政府交通部成

---

① 《政府应命令规定国营航业与民营航业如何分工共谋国航进展并建立海运政策案》，《航业月刊》1935年，第3卷，第6期，第7-11页。
② 航政：专载：《招商局及航政上的几个问题》，《交通公报》1936年，第759号，第29-33页。

立后，经由渐次的交通立法活动来创设和完善航政法律的制度规范和交通部门体系，逐步构建起一整套系统的调整航政管理主客体及相关主体的航政法律制度；二是在航政管理实践的场域，逐步在各设置航政局处的口岸辖区通过常态化、大范围内的航政执法活动来施行航政法规。三是在航律立法与施行的中间环节，伴随着大量的航政法律解释活动。航政法律的解释依存于业已制定的各类航政法律规范，它具体而微的体现各类航政管理客体对航律的生动需求，更将鲜活的航律需求和业已制定出的航政法律规范之间进行有效的粘合和对接。这也构成了从宏观层面考察近代中国航政法制发展、演进的重要维度。尤其是处在社会转型期的近代中国，由各航政管理机关所展开的丰富多样的航政法律解释活动，是航政法律制度与各类航政管理客体之间相互作用的缓冲带、粘合剂。

制度经济学家把制度变迁分为诱致性制度变迁（或称为需求诱致型制度变迁）和强制性制度变迁（或称为供给主导型制度变迁）。航政制度变迁集中反映了涉及航政管理不同主体间利益的再分配或再调整。其实施机制是由代表国家的航政管理机关进行强制实施的。此期对航政制度的需求、航政制度的供给、航政制度的实施及航政制度演进，均是诱致性因素和强制性因素的统一和配合。仅从航政制度变迁的总体演进趋势及制度供给的主导方式看，由于诱致性的航政制度变迁只有获得政府（更多的时候表现为交通部）认可后，方可进行进一步的复制、推广。由于整体的航政制度供给主要是政府，因此可以认为此期航政制度变迁的主导模式为强制性变迁或者国家供给主导型的制度变迁。

航政制度创设和实施过程中，一般以交通部航政司为主体来组织新的航政制度安排的供给，即国家主导型航政制度变迁（或称为供给主导型的航政制度变迁）。航政制度的变迁过程也是航政管理权力与利益调整和再分配的过程。在这一过程中不可避免地出现利益冲突，交通部与海军部、交通部与地方政府（江浙沪）、交通部与财政部（主要是海关总税务司）、航政局与地方建设厅、航业同业团体（地方航业公会等）与中央和地方航政管理机关之间围绕航政管理权限的划分、航政管理事务职责范围厘定等进行了旷日持久的冲突、调适就不难理解了。

（一）近代航律制定与颁行的历史演进

近代由中国中央政府主导的大规模的航政立法活动，发生在南京国民政府时期。北京政府时期，由交通部所开展的航政法规编订活动，集中于1920年代前后（见表5-6）。其相关法规草拟活动主要由航政司牵头实施。

1919年间，北京交通部鉴于国内商船发展的态势，亟待厘订各类航政法规，于是在其部内设立航律委员会，内设编订股、审核股。并咨准海军部派员参与，法学专家王亮畴等亦参与其间。为使相关立法更加贴近航业实际，交通部在起草航律时，亦将草案先行向航商如招商局、三北公司等征集意见。当时编译航政法规有《日本造船奖励法》《远洋航路补助法》《远洋航路补助法施行法细则》《造船奖励法施行法细则》4种。经过决议的航政法规有《船舶注册法》《船舶公安法》2种。经过审核者有《船东船长责任条例》《保全海上人命施用无线电信条例》《船舶注册法施行细则》《船舶公安法施行细则之搭客章程》4种。等待审核者有船舶公安法施行法细则之船员配额、合格证书、服务证书、丈量吨位、检查证书5种。后因经费支绌，该组织解散，相关航政法规的厘订活动无形结束。

1925年6月，北京交通部航政司复在司内设置航律编纂室，此机构非单独预算机构，系临时抽调航政司内人员组织。此次成稿的航律有《船舶法》《船员法》《船舶检查法》《船舶丈量法》《船舶登记章程》《船舶冲突审查章程》6种。编译的航政法规有《英国船舶登记法》《英国商船条例》《荷兰海商法》3种。1927年7月，该机构亦被裁撤。[①]

近代相当长时期内海关兼管航政，国内有关船舶航行的各项法规，皆由海关拟定后，呈准总税务司公布施行。南京国民政府成立之前，特别是北京政府时期，由时交通部所订立公布的航政法规数量有限、影响趋微。这与当时航权丧失，航政机关有名无实关系至密。但这一时期间歇性的有关航政法规的厘订活动，为南京国民政府时期的航政立法奠定了部分基础。其间颁行的部分航律进入南京政府后的一段时间内仍是调解各类航政实践的准则。

表5-6　北京政府颁行航政法规一览表（1914—1925年）[②]

序号	法规名称	公布机关	公布日期	施行日期
1	轮船注册给照章程	交通部公布	1914年修正公布	
2	航业奖励条例	大总统令	1920年11月	因经费无着未能实施
3	海军军官充任商船职员服务证书暂行规则	海军部公布	1922年10月	1922年10月
4	航业公会暂行章程	交通部公布	1922年6月27日	1922年6月27日
5	商船职员证书施行细则	交通部公布	1922年10月4日	1922年10月4日
6	商船职员服务证书暂行规则	交通部公布	1924年7月7日	1924年7月7日
7	商船船员抚恤章程	交通部公布	1925年6月17日	

---

① 王洸：《现代航政问题》，正中书局，1937年，第241-245页。
② 王洸：《现代航政问题》，正中书局，1937年，第258页。《政府公报》1922年，第2383期，第6-8页。《实业杂志》1924年，第5卷、第2期，1-4页。《交通公报》1925年，第942期，第4-5页。

从航政制度供给主体的主观性看，航政制度的供给可分为主动供给和被动供给两种类型。从其供给的方向性看，航政制度的供给可分为自上而下与自下而上两类。诚然，此种分类只是言其总体特征，在航政制度变迁过程中，主动与被动、自上而下与自下而上并无截然的分野，有时主动供给中夹杂被动供给，自上而下中亦搀杂着自下而上。国民政府底定南京后，百业待兴，其航政制度沿袭北京政府颁行的有限航律，自在其情理当中。待南京交通部成立，中央部会职权划分相对清晰后，结合国内航业发展状况，参酌各国航政成法，以交通部航政司为主体，以规复航权为目标，先后颁行了一系列的航政法规（见表5–7）。此阶段航政制度的主动供给及自上而下的特征非常明显。这一时期，因航政局尚未成立，其航政制度供给主要是因为沿袭前政府颁行的航律或不敷使用，或法规本身存在不完善，涉航的各微观主体之间利权龃龉不止，已不能适应航运发展的实际需要。此期，航政制度的供给有交通部主动提供，亦有因实际需要倒逼供给。如船舶注册登记，自清末至《船舶登记法》施行前，均依照《船舶注册给照章程》规范。但该法在船舶"私法"（船舶所有权转移、抵押权设定等方面）领域阙如，造成诸多不便。1930年《海商法》颁行后，其多项条文亦需要以船舶登记发生为前提进行。故此，时立法院即咨请行政院，行政院转令交通部起草《船舶法》《船舶登记法》等航政法规。[①]

此期航政法规的来源多向，既有沿用北京政府交通部颁行的相关法规（包括直接继续施行，也包括进行修正后施行），也有后续创制的各类航政新法（含新创审制或采酌他国成规或沿用中国旧例或中途废止、更立新章或屡次修正）。

表 5–7　南京国民政府时期颁行各类航律一览表（1927—1937 年）[②]

年份	序号	法规名称	公布机关	公布日期	施行日期
1927年	1	修正轮船注册给照章程	国民政府公布	1927年7月13日	1927年7月13日
	2	国民政府交通部航业公会章程	交通部公布	1927年12月	1927年12月
	3	战时军事租船条例	国民政府军事委员会	1927年12月19日	

---

① 王洸：《现代航政问题》，正中书局，1937年，第271–272页。
② 交通部上海航政局温州办事处：《温州港航务统计专刊》（1932年1月—1934年6月），附录：表30，83页。原表依据1933年8月31日交通部重订《交通法规汇编》第五类"航政各法规及最近法令编制"。扬子江水道整理委员会及东方大港、北方大港筹备委员会及与该委员会有关各项规程，本表从略。交通部法规委员会编：《交通法规汇编》，1931年4月。中国第二历史档案馆：《中华民国史档案资料汇编》第五辑第一编财政经济（九）：江苏古籍出版社，1994年。公牍：训令：交通部训令：第1863号（1935年4月10日）：令中国轮机员联合总会：《轮机期刊》1935年，第9期，244页。这里不包含同期与招商局有关的制度法规及各地方政府颁行的各类航政法规。朱汇森主编：《中华民国交通史料（一）：航政史料》："国史馆"印行1989年。张嘉璈署：《交通法规汇编补刊》（上册），交通部参事厅、交通部总务司编印，1940年。交通部编审委员会编：《交通法规汇编续编》，交通部编审委员会，1936年。

(续表)

年份	序号	法规名称	公布机关	公布日期	施行日期
1928年	4	国民政府交通部码头船注册给照章程	国民政府公布	1928年2月16日	1928年2月16日
	5	川江航务管理处川河领江暂行章程及细则	国民政府公布	1928年3月14日	1928年3月14日
	6	国民政府交通部商船职员证书章程	国民政府公布	1928年4月2日	
1929年	7	修正轮船注册给照章程	交通部公布	1929年2月8日	1929年2月8日
	8	修正轮船注册给照章程第十二条	交通部公布	1929年2月18日	
	9	修正轮船注册给照章程第五条	交通部公布	1929年7月6日	
	10	交通部吴淞商船学校章程	交通部公布	1929年9月11日	
	11	确定第三届中央执行委员第二次全体会议关于行政事项之统属案	国民政府公布	1929年10月28日	1929年10月28日
	12	交通部航政局组织通则	交通部公布	1929年12月20日	1929年12月20日
	13	海商法	国民政府公布	1929年12月30日	1931年1月1日
1930年	14	修正交通部组织法—航政司执掌		1930年2月3日	
	15	海商法施行法	国民政府公布	1930年11月25日	1931年1月1日
	16	船舶法	国民政府公布	1930年12月4日	1931年12月4日
	17	船舶登记法	国民政府公布	1930年12月5日	1931年12月5日
	18	交通部扬子江水道整理委员会章程（附组织系统表）	国民政府公布	1930年3月11日	1930年3月11日
	19	交通部扬子江水道整理委员会会议规则	交通部公布	1930年4月22日	1930年4月22日
	20	交通部扬子江水道整理委员会办事细则	交通部公布	1930年4月22日	1930年4月22日
	21	交通部扬子江水道整理委员会分科执掌	交通部公布	1930年4月22日	1930年4月22日
	22	交通部扬子江水道整理委员会出差旅费暂行规则	交通部公布	1930年4月22日	1930年4月22日
	23	交通部扬子江水道整理委员会测量队章程	交通部公布	1930年4月22日	1930年4月22日
	24	交通部航政局组织法	国民政府公布	1930年12月15日	1930年12月15日

第五章 航政实践的开展

(续表)

年份	序号	法规名称	公布机关	公布日期	施行日期
1931年	25	引水人考试条例	考试院公布	1931年3月5日	1931年3月5日
	26	引水人考试典试规程	考试院公布	1931年3月5日	1931年3月5日
	27	河海航行员考试条例	考试院公布	1931年3月7日	1931年3月7日
	28	民船船员工会组织规则	行政院公布	1931年4月3日	1931年4月3日
	29	航业公会组织规则	交通部公布	1931年4月17日	1931年4月17日
	30	交通部轮船注册给照章程	交通部公布	1931年5月2日	1931年5月2日
	31	军队乘船装运危险物品规则	军政部公布	1931年5月1日	1931年5月1日
	32	船舶丈量章程（附各项书表）	交通部公布	1931年6月5日	1931年6月5日
	33	船舶检查章程（附表各项书式）	交通部公布	1931年6月5日	1931年6月5日
	34	船舶国籍证书章程（附各项书式）	交通部公布	1931年6月5日	1931年6月5日
	35	船员考绩章程（附船员考绩表）	交通部公布	1931年6月9日	1931年6月9日
	36	交通部航政局办事细则	交通部公布	1931年6月13日	1931年6月13日
	37	废止航业公会组织规则	行政院公布	1931年8月15日	
	38	发给船舶航线证暂行办法	交通部公布	1931年9月12日	1931年9月12日
	39	交通部航政局组织法	国民政府修正公布	1931年9月26日	1931年9月26
	40	造船技师呈报开业规则	交通部公布	1931年10月28日	1931年10月28日
	41	东方大港筹备委员会章程	交通部公布	1931年10月13日	1931年10月13日
	42	北方大港筹备委员会章程	交通部公布	1931年10月13日	1931年10月13日
	43	交通部海员管理暂行章程（附表及各项书式）	交通部公布	1931年10月1日	1931年10月1日
	44	交通部内河航行章程	交通部公布	1931年12月12日	1931年12月12日
	45	船舶载重线法	行政院公布	1931年12月24日	
1932年	46	小轮船丈量检查及注册给照章程	行政院公布	1932年1月25日	1932年1月25日
	47	商办造船厂注册规则（附各项表式）	交通部公布	1932年1月12日	1932年1月12日
	48	交通部东北各江商船领江证书章程	交通部公布	1932年1月21日	1932年1月21日
	49	渔船长渔捞长登记暂行规则	实业部公布	1932年2月6日	1932年2月6日
	50	拖驳船管理章程（附表）	交通部公布	1932年6月5日	1932年6月5日

149

(续表)

年份	序号	法规名称	公布机关	公布日期	施行日期
1932年	51	船员考绩规则	交通部公布	1932年6月9日交通部部令公布；1935年12月12日部令修正公布。	
	52	船员证书暂行章程	交通部公布	1932年8月16日	1933年6月1日
	53	船员检定委员会暂行章程	交通部公布	1932年8月	
	54	船员检定暂行章程	交通部公布	1932年8月	
	55	交通部航政视察员章程	交通部公布	1932年10月3日	1932年10月3日
	56	交通部各航政局登记所主任征缴保证金规则	交通部公布	1932年10月6日	1932年10月6日
	57	中华海员工会组织规则	行政院公布	1932年10月5日	1932年10月5日
	58	标明航运包件重量章程	行政院公布	1932年11月23日	1932年11月23日
1933年	59	修正交通部商船职员证书章程	交通部公布	1933年2月3日	1933年2月3日
	60	交通部航政局船舶碰撞纠纷处理委员会章程	交通部公布	1933年4月28日	1933年4月28日
	61	航海商船请领枪照办法	国民政府公布	1933年5月10日	1933年5月10日
	62	拖驳船管理章程	行政院公布	1933年6月7日	1933年6月7日
	63	修正长江轮船电船拖带船只暂行章程	行政院公布	1933年7月14日	
	64	商港条例	交通部公布	1933年7月14日	1933年7月14日
	65	船员检定暂行章程施行细则	交通部公布	1933年7月24日	1933年7月24日
	66	小轮船搭载客货限制办法	交通部公布	1933年8月9日	1933年8月9日
	67	各航政局及办事处管辖区域表	交通部公布	1933年9月8日	1933年9月8日
	68	引水管理暂行章程	行政院公布	1933年9月15日	1933年9月15日
	69	船舶无线电台条例	行政院公布	1933年11月1日	1934年2月1日
	70	修正船舶检查章程暨船舶丈量章程	行政院公布	1933年12月21日	1933年12月21日
1934年	70	缉盗护航章程	行政院公布	1934年1月	1934年1月
	71	修正船员证书暂行章程	交通部公布	1934年1月23日	
	72	修正海员管理暂行章程各条条文	交通部公布	1934年1月23日	1934年1月23日
	73	修正船员检定暂行章程暨施行细则	交通部公布	1934年1月25日	1934年1月25日

(续表)

年份	序号	法规名称	公布机关	公布日期	施行日期
1934年	74	船舶标识办法	交通部公布	1934年2月2日	1934年2月2日
	75	航商组织补充办法	民国政府公布	1934年3月21日	
	76	未满50总吨轮船船员检定暂行章程	交通部公布	1934年4月9日	1934年4月9日
	77	交通部码头船注册给照章程	交通部修正公布	1934年5月26日	1934年5月26日
	78	航行安全电报规则	交通部公布	1934年4月25日	1934年4月25日
	79	旅客保障办法	交通部公布	1934年5月	1934年5月
	80	机器划船取缔规则	交通部公布	1934年5月28日	1934年5月28日
	81	航路标识条例	国民政府公布	1934年5月15日	1934年5月15日
	82	保障旅客安全办法	交通部部令饬遵	1934年7月6日	
	83	海关管理航海民船航运章程	行政院核准修正	1934年6月27日	
			财政部、交通部部令公布	1934年7月17日	
			行政院核准修正	1935年9月18日	
			行政院核准修正第五条条文，附申请书。	1936年9月29日	
	84	交通部航政局及航政办事处职员任用章程	交通部公布	1934年9月24日	1934年9月24日
	85	交通部各航政局二十年追加概算及改编追加概算案	国民政府	1934年10月26日	
1935年	86	修正交通部航政局组织法及第十二条条文	国民政府	1935年3月2日、6月28日	
	87	船员检定章程	交通部公布	1935年4月10日	1935年4月10日
	88	修正铁路轮船运送难民章程	内政部、交通部、铁道部	1935年5月20日	1935年5月20日
	89	江轮烟蓬下甲板上计算客位办法	部令核准	1935年8月24日	

(续表)

年份	序号	法规名称	公布机关	公布日期	施行日期
1936年	90	船舶军运暂行条例	军政部公布	1936年3月5日	
	91	请领国际航海安全证书临时办法	交通部部令饬遵	1936年3月28日	
	92	时渔时货之帆船按时存换检查证书暂行变通办法	交通部部令饬遵	1936年5月8日	
	93	船舶请领通航证书应行遵守办法	部令饬遵	1936年7月30日	
	94	船舶无线电台条例施行细则及船舶无线电台报务员值更员合法合格证书章程	交通部公布	1936年8月13日	1936年8月21日
	95	修正航商组织补充办法第三项条文		1936年9月19日	
	96	造船奖励条例	国民政府公布	1936年10月9日	
	97	海事报告暂行办法	交通部公布	1936年10月17日	1936年10月17日
	98	非常时期船舶管理条例	军事委员会	1936年12月8日	1936年12月8日
	99	小轮船替班办法	交通部部令饬遵	1936年11月7日	
	100	轮船业登记规则	交通部公布	1936年12月9日	1936年12月9日
	101	轮船监督章程	交通部公布	1936年12月9日	1936年12月9日
	102	促进航业合作办法	交通部公布	1936年12月9日	1936年12月9日
	103	修正标明航运包件总要章程	行政院公布	1936年12月10日	1936年12月10日
	104	交通部航政局航线调查委员会章程	交通部公布	1936年12月30日	1936年12月30日
1937年	105	轮船业登记规则、轮船业监督章程及促进航业合作办法	行政院公布	1937年1月6日	1937年1月6日
	106	整理中华海员办法	行政院	1937年1月26日	1937年1月26
	107	修正交通部航政局航线调查委员会章程第三条条文	交通部公布	1937年1月29日	
	108	上海市水上交通管制规则	交通部部令核定	1937年2月4日	
	109	船图种类	交通部部令公布	1937年2月27日	1937年7月1日

(续表)

年份	序号	法规名称	公布机关	公布日期	施行日期
1937年	110	关于遣送海员回国公约草案、关于海员雇用契约条款之公约草案、船上移民检查从简公约草案、便利海员受雇公约草案、关于海上雇用青年及儿童强制体格检查公约草案、规定雇用火夫或扒炭之最低年龄公约草案、规定海上雇用儿童最低年龄公约草案、关于船舶遇险或沉没之失业赔偿公约草案、万国管理海港制度公约	交通部公布	1935年12月16日、1937年4月7日	
	111	船舶起卸工人灾害防护规则	行政院公布	1937年4月22日	1937年4月22日
	112	交通部核发和印华籍船舶国籍证书办法	交通部公布	1937年5月28日	
	113	核发轮船通行证书办法	交通部公布	1937年6月23日	
	114	船舶设计纲目	交通部公布	1937年6月27日	1937年7月1日
	115	轮船业登记事项表及股东名簿	交通部部令饬遵	1937年5月14日	
	116	主管航政官署对于核转轮船业登记案件准则	交通部部令饬遵	1937年6月26日	
	117	船舶检查技术章程	交通部公布	1937年7月23日	
	118	船舶丈量技术章程	交通部公布	1937年7月23日	
	119	长江航业联合办事处简章	交通部公布	1937年9月交通部部令公布；1938年5月10日交通部部令修正公布	

该表系对1927年7月至1937年12月间民国政府（以交通部为主体）颁行的各类航政法规的不完全统计，它不包含交通部或国民政府颁行的与招商局有关的法规（因招商局职能和业务相对独立，故暂不列入）、地方政府颁行的各类航政管理法规（1920年代及此期，广东省、浙江省、江苏省、湖北省等省市颁行了大量与地方航政管理相关的法规）。因此，根据上表进行具体的量化统计没有太多的实际意义。但我们还是从总体上看出此期航政制度供给呈上升趋势。制度创设、供给及与施行的关系更加紧密，这与此期交通部从海关规复部分航权，设置各口岸航政管理机关，航政管理实践的丰富密不可分。

上述航政法规不能单从量上进行分析和研判，还因为部分法规或囿于航权未能规复（如航路标识相关法规），虽经公布，但未能施行（或未能真正施行）；或与其他部门法规相抵触（如《河海航行员检定法规》），甫一公布，即告废止。同时，这也包括大量对先行颁行航政法规的不断修正（如《航政局组织法》等。这自然会出现为规范同一航政管理面向的法规在不同年份重复出现）、废止、新颁等情况。当然，这亦表明此期航政管理实践的复杂性，正是航政实践的复杂性才不断推动相关立法活动的活跃。

此期航政立法较北京政府时期，无论从航政法规的立法数量、质量、种类及施行的实际效果上均有重要进步。与北京政府时期航政法规仅颁行寥寥数种不同，此期航政法规中关涉航政管理的各类法规多有颁行，它涵盖航政管理的基本法《海商法》、与船舶管理相关登记、检查、丈量、国籍证书、标识、设计、船图等法规；与航政管理官署相关的《航政局组织法》等法规；与船员相关的检定、工会组织、引水管理等；航业监管法规有轮船业登记、航业合作、航业团体管理等；海事报告、仲裁法规等。有别于北京政府时期对国外各类航政法规的编译少、颁行少的状况，此期航政法规的在立法过程中，在考量国内航政管理具体实践的基础上兼采各国之长，为航政法规的移植在立法环节进行较好的实践。以船舶登记法制定为例，该法以英国船舶登记法为蓝本，在登记方法及程序上兼采日本《船舶登记规则》，同时根据国情摒弃了日本船舶登记中的繁冗程序。[①]

此期航政管理实践与航政立法相互作用有一发展演化的历程。初始阶段，政府为规复航权、实现航政管理"名实相符"，采取以航政立法为先行，由航政立法而航政官署设置、航政管理实践发生。后续，两者则互为表里、竞相促进。伴随航运市场的发展，船舶水上安全管理的各类需求遽增，航政官署为适应日益丰富多样的航政管理实践，或主动、或被动地丰富和完善及创制各类的航政法规。反过来，航政法规的颁行对规范和调整船舶水上交通安全的促进作用无疑也是非常重要的。

（二）上海航政局在航律制定、施行与解释中的角色

1927—1937年的航政制度供给，其总体上属于供给主导型，具体则以由交通部航政司为主体来进行组织的。其间，以上海航政局为代表的各口岸航政官署是此期航政制度供给的重要一环，并渐次成为各类航政制度的生发地、实践地和具化地。而在各类国际海事公约的加入方面，上海航政局更多的是配合交通部航政司，会同办理、细化及落实相关公约内容。在航律解释中，上海航政局则扮演了多重角色。

---

① 王洸：《现代航政问题》，正中书局，1937年，第271–273页。

1. 航政制度的生发地、实践地和具化地

在航政管理实践中，上海航政局逐渐成为各类航政制度生成的重要生发地。各类航政制度经过航政局的汇集，上呈交通部补充调整完善核准后，以交通部门法（涵盖各类临时管理办法、措施、法律解释在内）将各类航政法令具化为可操作、可复制、可推广的制度在各口岸施行。

在实际航政管理实践中，设遇相关航政法规立法缺失，或相关法规、章程并无规定时，如何规范相关的航政管理？或颁行有相关制度，但缺乏相关具体的施行细则。诸如此类的航政管理实践不断地催生各类航政制度。这也是航政制度创生的重要来源。此期航政制度的生成逐渐演化出数条路径。一是地方航政局发现航政管理或航政制度施行中的问题，上呈交通部，交通部指令各航政局处根据实际情形，拟具意见（制度草案）并上呈交通部。交通部酌量情形进行修正或直接核示下发。此是典型的自下而上的航政制度供给。二是自下而上的航政制度供给，也是来源于基层的航政实践需要，但该类制度的提供主体不一定是各口岸航政局。这类制度供给的路径，一般是与航业相关的外部主体因业务需要或出于本身职能使然，向交通部提出航政管理过程中出现问题，交通部再令各地航政局（或航业团体）拟具相关制度条文，对有关问题进行规范和调整。[①] 地方航政局参与的此类制度供给，更多的是被动的供给。此即上述自下而上的航政制度供给。该类航政制度供给，于航政局而言，是主动的制度供给。三是交通部窥见航政管理中的漏洞、问题及不足，直接草拟相关制度草案，再行征询各直属航政局的意见（或者交通部直接饬令各航政局各自根据自身口岸航政管理实践起草制度草案），然后将各航政局签注意见文本或直接起草的制度草案文本进行统合、提炼、修订，最后以交通部门法的形式进行颁行。此类可称之为自上而下的航政制度供给。航政局对该类航政制度供给的参与更多体现在被动的制度供给。

1931年，上海航政局就《万国航海避碰章程》是否适用于内河航行，呈请交通部裁示。交通部认为《万国航海避碰章程》虽有船舶在与海相通，可供海船行驶之诸水道内航行时，均应遵守该章程的相关规定。但该章程第30条指出："本章程与地方长官正式规定之港口、河川或内海航行规则，两不相涉。"故，交通部认为内河航行应另订专章进行规范。

为此，交通部航政司草拟《内河航行章程》，并饬令上海市航业公会签注意见进行修改后，下发各地方航政局进行讨论，并签注相关意见。对于上海市航业公会则是多是从航商自身作为制度施行对象签注相关意见和建议。上海航政局作为一线航政管理机

---

① 训令：交通部训令：第5471号（1933年10月24日）：令上海航政局，《交通公报》1933年，第503期，第1-2页。

关，其所签注的相关意见则更多是从利于一线航政管理角度进行的。

《内河航行章程》原文及上海航政局签注内容概括如下：1. 第3条第2项：轮船拖带船只时（航政局拟请加：于桅杆灯下须加悬白灯两盏，高下相离约6英尺），每一拖船各于明显之处悬一白色明灯。2. 第13条原文：顺水或顺风行驶之帆船，应让邂逆水或逆风行驶之帆船所行航路。航政局拟将该条修改为：第13条，两艘帆船互相接近，有碰撞之虞时，两船之一艘，须照下列规定避让航路：自由行驶之船舶，须让用帆行驶之船舶；自由行驶之船舶相近时，其逆水者须让顺水者；用帆行驶之船舶相近时，其顺风者须避让逆风者。[①] 检视1931年12月12日交通部所公布《交通部内河航行章程》第3条第2项及第13条基本按照上海航政局上述所签注意见进行公布。

船舶出入口查验证草案[②]，即为上海航政局被动参与的航政制度供给的典型案例。航商为利益计，往往超载客货，对于航行安全殊多窒碍。鉴于此，交通部要求各地船舶出入港口，由各航政局进行监督，经查验合格，核发查验证书，方可结关。航政局办理此类事务有法可依，《航政局组织法》第5条第6款有相关规定。对于此项监督职责，各航政局如何办理及进展如何，均未呈报交通部。1932年7月，交部通令各航政局及各轮船公司，要求嗣后，"凡船舶出入港口，应于起碇2小时以前赴该管航政机关报告，并领取查验证。"[③]并要求各航政局将各自办理情形并拟具办理办法上呈交部。[④]

对于该项事务，上海航政局持谨慎和保留态度，该局认为此项查验及发证关系船舶出入口稽考，该项凭证华洋船舶是否一体适用？其格式、发给手续及收费均未奉部令颁发进行。因为航权尚未规复之前，为慎重起见，请交通部咨财政部转饬各海关，无论华洋轮船均须凭航政局查验证，方可结关。并认为此举亦是规复航权的一种尝试。

其间，上海市航业同业公会曾呈请上海航政局，称该会会员大通仁记公司认为该项制度施行有诸多困难。该公司各轮起碇时间向例在每晚12点。如果按照该项规定船舶起碇前2小时赴航政局报告，领取查验证，事实上难以办理。彼时在深夜，航政局办事员无人值班。

1932年8月，就船舶出入港口查验及发证事宜，汉口航政局曾致函上海航政局，询问沪局是否办理及办理情形。同时将其拟具暂行办法草案抄送上海航政局。

[①] 上海航政局有关船务业务的法规章则之类（1931—1936年），上海航政局档案：卷号91。
[②] 上海航政局有关船务业务的法规章则之类（1931—1936年），上海航政局档案：卷号91。
[③] 训令：交通部训令：第1842号（1932年7月16日）：令各航政局：《为船舶出入港口应于起碇2小时前赴该管航政机关报告并领取查验证藉资稽考仰遵照办理并通知航商一体知照由》，《交通公报》1932年，第371期，第3页。另见训令：交通部训令：第1856号（1932年7月16日）：令各轮船公司：《为船舶出入港口应于起碇2小时前赴该管航政机关报告并领取查验证除令行航政局遵照外合行令仰准照办理由》，《交通公报》1932年，第371期，第3页。
[④] 上海航政局有关船务业务的法规章则之类（1931—1936年），上海航政局档案：卷号91。

汉口航政局所拟《汉口航政局发给船舶出入查验证暂行办法》计9条。第一条为制定依据。系根据《航政局组织法》第5条第6款制定。第二条划定该办法调整的对象。凡经航政局依法丈量、检查、登记、领有国籍证书、遵照核定航线行驶之轮船，行驶于该局管辖境内，均须向该局声请核发船舶出入查验证。第三条规定船舶出入证制发、分类及收费。该出入证由该局制发，汇订成册，每册10张，分甲乙两等。凡航行长江，抵达两省以上者胃甲等；航行本省及内河者为乙等。甲等每本收费4元；乙等每本收费2元。可随时向该局及所属各船舶登记所请领。请领新册时须将旧册缴回航政管理机关。第五条则指明船舶出入查验证所载内容包含：1. 船名、2. 本船号数、3. 所有者、4. 船籍港、5. 总吨数、6. 登记吨数、7. 船长姓名、8. 规定航线（填注起讫地点）、9. 航行次数、10. 开行地名及年月日、11. 经过地名、12. 到达地名及年月日、13. 载客定额、14. 本次载客人数、15. 空船/满载吃水深度、16. 本次载货吨数、17. 本次载货吃水深度（船首、船尾）等。该出入证由出入轮船经理或船长逐项填具。并指出，如中途添载客货较开航时增多，应分别于12.14.15等所列项目中注明。对于操作程序，第六条规定，轮船在开航前，应就近经该局或该局所属船舶登记所查明盖印后放行。对该证书的查验，第七条、第八条做了相应规定，轮船航行至该局所属船舶登记所驻地停泊时，应持该船舶出入查验证赴所申请查验盖章。该局及各登记所认为有必要时得进行临时查验。航政机关如发现轮船所载客货与查验证所载不符或证书失效，或未经查验而私自航行时，得制止其航行，并呈报该局核办。

对于汉口行航政局的征询，上海航政局回复与呈报交通部时所持意见基本一致。此查验证关系船舶出入港，该项查验证是否华洋轮船一律适用，事关外交及航权问题。认为应通盘筹划，其格式及手续应全国划一。同时，对轮船滥载客货是否必须通过查验证的方式进行监督？实行查验证后，轮船是否可免于被各地方机关盘查？查验证实施后，究竟利弊如何及如何使外轮就范，同华轮一并查验，借以挽回航权。就此，上海航政局认为有必要进行深入研究后，再行拟定办法呈请交通部核夺。

1932年9月10日，其他各航政局陆续将办理船舶出入查验证办法呈报交通部。交通部催上海航政局"斟酌当地情形，拟具办理方案，迅速呈部。"

在交通部的催迫之下，上海航政局拟具船舶出入口查验凭证办法草案十二条。除本国内河小轮及帆船外，无论华洋船舶应一体实施。并请交通部转咨财政部饬令各海关知照。嗣后，无论华洋船舶均须凭航政局查验盖戳之查验证，方可报关、结关。由各航商自行填报，经主管航政局所查验后，盖戳放行。查验戳记可仿照邮局所用钢戳式样，刻明查验地点及日期。各局应备验发查验证，存查簿分出口、入口、经过三种。于船舶填报查验证时，将各项填报事项登录存查。上述簿册及查验戳记应由交通部制定格式颁行施用，以使全国划一。查验证实施后，各航政局所需要派员日夜工作，同时亦须添加查验员。同时，上报草拟办法草案及查验证格式。

上海航政局所拟《船舶出入口查验证暂行办法》计十二条。第一条为制定法律依据。第二条不适用本办法的船舶（内河小轮及帆船）。第三条，查验证制发机关。该证由航政局制发，汇订成册。每册内有出口、入口、经过地点之查验证各20份，收取印刷费8元。航商可随时向各船籍港航政局或登记所请领。第四条规定，领取查验证时，应填具声请书。声请书内应填明：1. 船名；2. 船籍港；3. 船舶所有人；4. 总吨数；5. 登记吨数；6. 信号符字；7. 船舶国籍证书号数；8. 船舶登记证书号数；9. 船舶吨位证书号数；10. 船舶检查证书号数；11. 船舶乘客定额证书号数；12. 乘客定额；13. 航行规定；14. 航行期间；15. 航线起讫及经过地点；16. 吃水深度。航政局核发船舶出入口查验证时，应先审理申请书呈报事项是否相符，并将各项填注于查验证内第一页，以便查考。第5条指出船舶应于出口2小时以前由船长或经理填具出口查验证，送呈该航政局查验盖戳，方得航行。船舶出入口查验证内出口查验证应填事项有：1. 开往地点；2. 经过地点；3. 载客人数；4. 载货吨数；5. 本次装载客货后吃水深度；6. 开航日期及时间；7. 船长姓名。第六条规定，船舶航行经过地点，如停泊装卸客货时，应于起碇前半小时，将经过地点查验证填就，送由驻在地航政局或登记所查验盖戳后，方得航行。经过地点查验证，应填事项有：1. 经过地点；2. 到达日期及时间；3. 卸客人数；4. 增载客人数；5. 卸货吨数；6. 载货吨数；7. 卸载客货后吃水深度；8. 开航日期及时间。第七条规定，船舶经过各地点时，应将经过地点查验证，按格式依次填报。由驻在地航政局或登记所查验后盖戳放行。第八条，则对船舶航行至目的地后，应填具入口查验证，然后呈报航政机关查验盖戳。其入口查验证应填事项有：1. 开来地点；2. 到达日期及时间；3. 卸客人数；4. 卸货吨数；5. 停泊地点；剩余条款则是对违反相关条款罚则及新册换领、旧册上缴情形的规定。

比照汉口航政局所拟办法，可以看出，上海航政局所拟草案不是局限于某一航政局，而是站在交通部层面，力求全国划一。规范和调整的对象更加清晰，内河小轮及帆船不在其内。同时，藉此规复航权，明确华洋轮船一体遵照办理。其草案的方案相较于汉口方案更加细化，首先，航商须填具声请书，声请书内载明该船舶的各类安全信息及内容。然后，将船舶每次航程划分为三个阶段：出口、中途、入口。每一阶段均须填具相应的查验证明，并经航政机关查验、盖戳，方得放行。交通部的初衷是防止船舶滥载客货，维持航行安全。并硬性规定，此项查验必须在船舶起碇前2小时内至各关航政机关进行。无论是交通部的硬性规定，还是汉口及上海两个航政局的草案版本，其从程序上看近乎完美，但制度的可操作性极差。以时间限制而言，轮船运营昼夜进行，正如上海市航业公会会员航业公司所言，夜间查验势必要求航政工作人员也要工作。这就涉及到航政办理人员或航政管理时间添加或调整问题。航商运输对时间和效率要求很高，航运企业以利润最大化为其追求的目标。每一次运输均经过2至3次的呈报、检验等航政管理程序，时间成本、交易成本无疑为增加。另外，就外轮的查验而言，以当时内河航行权尚未收复的情况下，以此来逼迫外轮就范，接受查验，可行性不高。因为它不单单是交通一部门之事，更涉及条约制度的外务交涉及外籍总税务司主导下的各地海关。上海航政局先前对此事之态度无疑是更加务实，它的基本判断及对通过查验证的方式维护航行安全做法的疑虑，对于其可行性，施行之后的效果评估均不乐观。这种判断和认知，显示以奚定谟为局长的该局是相对务实的。

针对当时航界不断出现虚设轮船公司的现象，交通部为取缔起见，令上海航政局拟具取缔意见并呈准转咨实业部核覆（实业部负责公司的登记、注册等事项）。根据上海航政局呈报取缔办法，交通部进行修正后以部令形式公布《取缔虚设轮船公司三项办法》。1.新设轮船局或公司，除依照《公司法》办理外，应将所备资本额数，轮船艘数，船名，并声明自置或租赁，开具该轮局或公司之负责人员履历及经营主要航线，呈请该管航政局核准。2.新设轮局或公司，经呈报核准后，应将所有轮船，声请丈量或检查，经发给证书，方准开始营业。3.新设轮船局或公司，非经过上列两项手续，不得先作任何营业之对外宣传，或广告。违者，得由该管航政局知会当地警察官署，勒令停止活动。[①]这样实业、交通两部就更有利于对各类航运公司的设立进行有效地监管。

船舶安全是航政管理的重中之重。船舶检查届满或因营业关系，船只不敷使用时，船公司多向上海航政局请求临时航行一二次，以解燃眉之急。上海航政局对于此类案件均函请海关及各地航政机关临时放行，而航商援例亦成习惯。但此临时航行方式，无论在理论或实践上均存在很大的安全隐患。据此，上海航政局制订六项限制办法：1.船舶如因修理关系，万不得已请求函开放行，准以空船放行单程一次为限，不得放行来回。2.船舶为上海船籍港。在外埠检查到期，必须回沪修理者，准予函请就地海关及航政机关，限于空船放行回沪。非上海船籍港之船舶，在上海检查到期，不愿在沪修理者，亦只准空船放行至原船籍港，俾便修理。3.凡上海船籍港之船舶，在沪已经检查届期者，一律不准请求放行，务须照章检查，以策安全。4.非上海船籍港之船舶在外埠检查到期，自愿在上海修理请求放行来沪者，准予单程空放，否则应不照准。5.各地航政局处，来函请求放行之船舶，准予单程空放为限。6.船舶除检查届期外，如因别种原因，请求放行者，不在此限。[②]该办法系临时放行限制性质，规范的区域也主要在上海航政局辖区。经呈报，交通部认为"尚无不合，准予照办"。

对于船舶检查证书所载事项发生变更时，应向航政局缴费声请换发，或者查明进

---

① 指令：交通部指令：第 12774 号（1933 年 9 月 20 日）：令上海航政局，《交通公报》1933 年，第 494 期，第 11 页。
② 工商业法令解释汇编：解释指示类：交通部指令第 2014 号（1937 年 3 月 5 日）：令上海航政局：《核示船舶临时放行限制办法》，《商业月报》1937 年，第 17 卷，第 5 期，第 4—5 页。

行更正。上述情况在《船舶检查章程》第 28 条、第 60 条,《小轮船丈量检查及注册给照章程》第 24 条、第 43 条,《拖驳船管理章程》第 18 条、第 34 条均有明文规定。但对于船舶检查簿、吨位证书、乘客定额证书等,如遇更改船名、或变更其他所载事项时,是否换发或更正?应否收费或如何收费?除《拖驳船管理章程》内有规定各项检查书外,其他情形均未明文规定。但上述情形各航政局在实际办理航政管理实践中不断产生,1934 年 6 月,上海航政局呈部请求核示。交通部根据呈报情形作出如下指示:船舶检查簿与船舶检查证书,有联带关系,如船舶检查簿有变更时,则船舶检查证书必先依《船舶检查章程》第 28 条进行变更声请,查换发船舶检查证书,依同章程第 60 条已有缴费的规定,更正检查簿不须另行声请,亦不得另再收费。变更乘客定额,应依船舶检查章程第 46 条规定呈请换发,并依同章程第 60 条收费。船舶因修理或改造致船身构造或容量有变更时,应依《船舶丈量章程》第 9 条声请丈量,另发吨位证书,照章征收丈量费。如因计算吨位错误,经复量者,应依同章程第 19 条、第 28 条办理。倘仅变更船名,可于该船声请附记登记时,一并予以更正,不再收费。上列各项,如系小轮船或拖驳船应参照《小轮船丈量检查及注册给照章程》及《拖驳船管理章程办理》。[①]

1934 年 8 月初,上海航政局再次呈请交通部,认为前次呈请仍有未详之处,"而各项情事,或有发生,若不规定办法,仍乏根据","难免处置纷歧"。进而列出一纸详细的《补发换发更正检丈书据应否收费表》(见表 5-8)。

[①] 命令:训令:交通部训令:第 3281 号(1934 年 6 月 28 日):令天津航政局、厦门航政办事处,《交通公报》1934 年,第 574 期,第 6 页。

表5-8 补发换发更正检丈书据应否收费表 [①]

船舶种类	证书名称	声请原因	处置方法	应否收费及其数目	根据	备注
20吨以上轮船，200担以上帆船	船舶检查证书	变更所载事项	换发	轮船：2元 帆船：1元	《船舶检查章程》第28条、第60条	
	船舶检查证书	遗失毁损	补发	轮船：2元 帆船：1元	《船舶检查章程》第27条、第30条、第60条	
	船舶临时检查单	变更、毁损、遗失	换发、补发	轮船：2元 帆船：1元	《船舶检查章程》第60条	依换发、补发查证书之例收费
	船舶检查簿	变更所载事项	更正	不收费	1934年第3281号交通部训令、沪局第10800号指令	
	船舶检查簿	遗失、毁损	补发	轮船：10元 帆船：5元	《船舶检查章程》第27条、第62条	
	船舶乘客定额证书	变更乘客定额	换发	轮船：2元	《船舶检查章程》第27条、第46条、第60条	
	船舶乘客定额证书	遗失	补发	轮船：2元	《船舶检查章程》第46条、第60条	
	船舶乘客定额证书	毁损	补发	轮船：2元	《船舶检查章程》第60条	
	船舶乘客定额证书	变更所载事项（除变更客额）	更正	不收费	交通部第3921号训令规定（1934年8月8日）	
	船舶吨位证书	遗失、毁损	补发	轮船：2元 帆船：1元	《船舶丈量章程》第22条、第31条	
	船舶吨位证书	变更船名	更正	不收费	1934年第3281号交通部训令及令沪局第10800号	

[①] 命令：训令：交通部训令：第3921号（1934年8月8日）：令上海航政局、天津航政局、汉口航政局等，《交通公报》1934年，第586期，第5页。

161

(续表)

船舶种类	证书名称	声请原因	处置方法	应否收费及其数目	根据	备注
20吨以上小轮船	船舶吨位证书	因丈量后变更吨位者	另发证书	收文量费，不另收证书费	《船舶丈量章程》第9条	
	船舶吨位证书	因丈量错误求复丈量变更吨位者	另发复量单	不收费	《船舶丈量章程》第19条、28条	
	船舶检查证书	遗失、毁损	补发	2元	《小轮船丈量检查及注册给照章程》第44条	
	船舶检查证书	变更所载事项	更正或证明（加盖官章）	2元	《小轮船丈量检查及注册给照章程》第24条、43条	
	船舶临时检查单	变更所载事项	更正	2元	《小轮船丈量检查及注册给照章程》第24条、第43条	
	船舶临时检查单	遗失、损毁	补发	2元	《小轮船丈量检查及注册给照章程》第44条	
	船舶检查簿	变更所载事项	更正	不收费	交通部第3921号训令规定（1934年8月8日）	
	船舶检查簿	遗失、毁损	补发	2元	《小轮船丈量检查及注册给照章程》第44条	
	船舶吨位证书	遗失、毁损	补发	2元	《小轮船丈量检查及注册给照章程》第44条	
	船舶吨位证书	变更船名	更正	不收费	交通部第3921号训令规定（1934年8月8日）	依更正检查证书之例办理
	船舶复量单	遗失、毁损	补发	2元	《小轮船丈量检查及注册给照章程》第44条	

（续表）

船舶种类	证书名称	声请原因	处置方法	应否收费及其数目	根据	备注
拖驳船	船舶复量单	变更船名	更正	不收费	交通部第3921号训令规定（1934年8月8日）	
	船舶检查证书	遗失、毁损	补发	2元	《拖驳船管理章程》第33条	
	船舶检查证书	变更所载事项	更正	2元	《拖驳船管理章程》第18条、34条	
	船舶临时检查单	遗失、毁损	补发	2元	《拖驳船管理章程》第33条	
	船舶临时检查单	变更所载事项	更正	2元	《拖驳船管理章程》第18条、34条	
	船舶检查簿	变更所载事项	更正	2元	《拖驳船管理章程》第18条、34条	
	船舶检查簿	遗失、毁损	补发	2元	《拖驳船管理章程》第33条	
	船舶吨位证书	遗失、毁损	补发	2元	《拖驳船管理章程》第33条	
	船舶吨位证书	变更船名	更正	不收费	交通部第3921号训令规定（1934年8月8日）	
	船舶复量单	遗失、毁损	补发	2元	《拖驳船管理章程》第33条	
	船舶复量单	变更船名	更正	不收费	交通部第3921号训令规定（1934年8月8日）	

该案例颇具代表性，上海航政局依照其丰富的航政管理实践，上表的列出并经交通部的名义向全国各口岸航政局进行下发遵照，具有两方面的重要意义。首先上海航政局通过上述航政管理实践填补了各类航政制度阙如；其次是它将各类航政制度具化为可操作、可推广、可复制的航政管理实施办法。

上述案例绝非个案，由上海航政局发起，经交通部核示发布的各类航政管理"办法"更为广泛。1935年间，上海航政局镇江航政办事处根据该处所辖各轮船公司呈请将轮拖各船甲板上、烟蓬下计算客位以维持营业一案，该局技术室签注五条意见。针对时内河轮船及拖驳船烟蓬搭载旅客已成习惯的状况，航政官署为取缔滥载，将客位的计算予以清楚规定。该五条意见，经交通部修正后归纳为三项。其一，轮船及拖驳船长不满10公尺*（30英尺）及虽满10公尺而船底尖削，或不甚稳定者，均不得计算烟蓬客位。其二，轮船锅炉棚及机舱棚上不得计算烟蓬客位，但前舱棚及后舱棚上在不妨碍安全或卫生范围内得酌量情形，计算客位。其三，烟蓬客位不论该轮为日间航行，或夜间航行，一律暂定每人应占0.84平方公尺（9平方英尺），关于乘客定额计算表，备考栏内所载日间航行之规定，不适用之。①航政局接管海关兼管的船舶丈量职权后，交通部曾据上海航政局所拟定的帆船丈量计算方法，确定帆船的肥瘠系数：救生船及洋式帆船定为0.60；尖头帆船定位0.65；平头帆船定为0.75。将此系数与该船长、宽、深相乘，再以100除之，其结果即为船舶甲板线下的吨位。该标准经交通部核准后，通令各航政局遵照办理。②

同时也应看到，这种可推广、可复制的航政管理制度创设，并非上海航政局一处独具。其间，汉口航政局、天津航政局结合自身航政管理实践亦有发生。1931年，汉口航政局发现辖区内各轮船公司所雇部分船员虽领有商船职员证书，但其"迁调变更、漫无稽考"。海关亦无档册可查。遇到交通部饬查船员服务经历，航政局无从稽查。为加强对船员的考核监督该局根据航政管理实践制定轮船现任船员表式，即《中外轮船现任船员调查表》。该局呈报交通部后，经该部核准，下发各航政局每月月终汇送该部备查。③1937年，交通部曾根据天津航政局所拟航线调查委员会办事细则（此时汉口、上海、天津三航政局均依照交通部意旨成立有各局航线调查委员会），进行修正后，为划一起见，并参照天津局呈准的办事细则，对上海航政局航线调查委员会办事细则进行修

---

* 1公尺=1米=3.28英尺
① 命令：指令：交通部指令：第13419号（1935年8月24日）：令上海航政局，《交通公报》1935年，第696号，第30–31页。
② 公牍：交通部咨：第550号（1932年7月13日）：咨财政部，《交通公报》1932年，第372号，第16–18页。
③ 训令：交通部训令：第3174号（1931年9月17日）：令天津航政局、上海航政局、哈尔滨航政局：《为令发中外轮船现任船员调查表式仰转饬填送由》，《交通公报》1931年，第284期，第1页。

正后进行颁发。①

由是观之,以上海航政局为代表的各口岸航政官署在丰富的航政实践中逐渐成为航政管理制度的重要生发地。在这一历史演进过程中,上海航政局扮演了重要角色。这一角色的扮演,有一重要前提即是时上海为全国乃至东亚的航运中心,中外船舶荟萃,涉航产业配套相对齐全,涉航商事活动频繁,条约口岸涉航管理主体的多元。这一外部环境的存在无疑增大了上海航政局开展相关航政管理的难度。但与此同时也为其航政管理实践提供了各类丰富的镜鉴对象和信息。上海航政局甫一成立,交通部即饬令其考采各国航政管理经验即为例证。

2. 会同办理、细化和落实相关海事管理国际公约②

1932年4月12日,第16届国际劳工大会通过《船舶起卸工人灾害防护公约》局部修正建议案,并决定依照《凡尔赛合约》第13章及其他合约类同部分规定,于1932年4月27日通过该公约草案,送国际劳工组织各会员国批准。中国作为国际劳工组织的会员国,经国民政府核定批准,于1935年11月30日在国际联合会秘书厅登记。

该公约在国内的实施,由实业部牵头主稿,交通、建设等部会会同办理。就该公约的实施办法拟定,交通部令饬上海航政局就与其相关部分条款签注意见。1936年3月5日,上海航政局派孙承义参加由上海市社会局召集《船舶起卸工人灾害防护公约》谈话会。是次会议经议决：船舶起卸安全设备部分,由航政局负责办理。租界船舶,由航政局通知各外国轮船公司依照办理。关于码头工人起卸安全设备部分,由上海市公用局管理（上海市码头向由上海市公用局码头管理处管理）。码头妨碍交通等事务,由上海市公安局负责取缔。码头工人方面由上海市社会局训令遵办。航政局技术讨论会第七次会议,对于"船舶起卸工人灾害防护公约"实施办法进行研究,核定若干原则：即新建船舶,遵照该公约执行。其他船舶酌量施行。实业部将该公约实施办法草拟后,送交通部征询意见。上海航政局接到该征询草案后,由其技术室从该公约规范船舶主体、船上相关安全设施构造及其检查、起卸器具及船舶载重量关系等多个条款签注意见。

该公约经国民政府第240号指令公布实施后,交通部将该公约译文送达上海航政局。该局函行国营招商局、上海市轮船业同业公会转饬各航业公司,各办事处所属各轮船公司查照实施。具体实施措施是令各轮船公司及码头业务所自1936年3月起按月造报码头起卸灾害工人数目,以便随时稽考。对于外籍轮船公司,上海航政局向各外籍轮船公司发函,抄发该公约译文一件,请其查照,依约办理,并将办理情形函复该局。该批外

---

① 法令（乙）命令：交通部令（第2376号1937年3月17日）：令上海航政局：《颁发就交通部上海航政局航线调查委员会办事细则令》,《法令周刊》1937年,第354期,第1页。
② 《上海航政局：船舶起卸工人灾害防护办法》（1936年3月）,上海航政局档案：卷号14。

籍轮船公司计有美孚火油公司、亚细亚火油公司、太古洋行、高登洋行、义华洋行、怡隆洋行、和记洋行、开滦煤矿公司、赉赐洋行、日清汽船会社、怡和洋行等。

上海航政局接到交通部所发《修正船舶起卸工作灾害防护公约》，并饬属查禁：凡船舶未靠好码头时，起卸工人不得攀登上船等情形。该局分别函上海市公用局（由该局码头、仓库管理处核办）、江海关税务司署（由该关港务长转饬港口警察遵照办理）转饬遵办。

3. 航律解释中的多重角色

航政法规如何落地，以及落地后与实际的航政实践间的冲突如何调适，最终使得各类航政法规能够实现立法者的"良法美意"，以上海航政局为代表的各口岸航政官署在此方面进行了积极探索。

法律的解释依其性质可分为立法解释（立法机关对相关法律的解释。该类解释有在法令中进行解释、有以特别法律进行解释，也有在法律文本中用案例进行解释。它更多的侧重以法律解释法律）、司法解释（司法机关依其职权对法律进行解释，即法官在适用法律时对其进行的解释）、行政解释（行政官署对于法令，因下级机关的呈请进行的解释。即行政机关在施行法令时对法律所做的解释）三类[①]。民国北京政府时期，大理院作为最高审判机关负责解释法律。南京国民政府时期，解释法令的职权归属司法院（时称司法行政院）。交通部及航政局作为航政管理官署本无法律解释权限。但对于本级航政机关公布的航政法令章程有疑义时，航政官署有权进行解释。然若航政官署公布的法令、章程与法规或国家根本法相冲突时，航政官署会呈请上级机关或转由法院进行解释。

交通部及上海航政局参与的各类航政法律解释更多地属于行政解释类。在实际的航政法律解释实践中，上海航政局虽然没有颁行各类航政法令章程的权力，它所参与的各类航政法律解释对象更多的是来源于上级行政主管——交通部所颁行的法令章程（也有部分航政局颁行的各类临时性的办法）。作为交通部的直属航政管理官署，航政局所从事的航政法律解释，我们可以将之视为交通部作为航政官署在进行航政法律解释的行政解释权的延伸和扩展。是故，检视此期上海航政局的相关档案，可明晰此期航政法律解释的基本面向，亦可窥见该局在整个航政法律解释中的角色。

上海航政局所参与的各类航政法律解释与同期一般意义上的法律解释有所区别，[②] 由

[①] 参见：夏勤：《法学通论》，载程波点校：《法意发凡——清末民国法理学著述九种》，清华大学出版社2013年，第388–389页；邱汉平：《法学通论》，载程波点校：《法意发凡——清末民国法理学著述九种》，清华大学出版社，2013年，第500–502页。

[②] 《请求解释法令必须具备的几个条件》，《法律评论（北京）》1931年，第8卷，第23期，第29–30页。

于其处于航政制度实践一线，各类航政法律解释呈请主体多以个人（或公司行号、涉航团体等）名义或详细列出具体事实，请求对相关航政法令进行解释。上海航政局参与的航律解释的类型从呈请解释的主体上可以分为航政局向交通部呈请解释；航政局所属办事处或与航运、船舶相关的群体及个体向该局呈请解释；航政局遵照和转饬交通部对相关航政法规的解释；在此过程中上海航政局根据其对航政制度文本的认知和实践能阐释清晰的则进行解释，不能阐释清晰的则呈请交通部进行解释。从解释的内容上可分为对航政法规存在疑义进行解释、对法规的适用性进行解释、对法规施行的弹性进行解释、对航政管理习惯的采择解释等。

上海航政局在航政制度施行过程中遇到各类疑惑时会主动呈请交通部进行相应的法律解释。1931年8月，上海航政局在办理船舶登记过程中遇到三点疑义。曾就此三疑点呈文请求交通部进行释法。三点疑义为：1. 轮船公司股东释法可为船舶共有人；船舶共有人中，各人应有部分，以何为判断标准？ 2. 已为所有权登记后，复为抵押权登记或租赁权登记者，除于所有权登记证书上注明外，应否给抵押权或租赁权证明书？ 3. 所有权保存是否指已经登记所有权后，请保存登记？《船舶登记法》第37条，初次声请登记所有权似即所有权之保存登记。而奉发各项登记声请书中，只有所有权保存登记，声请书对于初次登记所有权，声请书格式未有颁到。应否另定？

交通部对于上述三点疑义，进行释法。第一点，各人共有部分，应由共有人自行据实声明；第二点，已为所有权登记后，复为抵押权登记或租赁权登记者，除依第二十八条规定，于所有权登记证明书上注明外，仍应依据第二十条规定发给抵押权或租赁权登记证明书。其未经所有权登记，而进行声请为抵押权或租赁权登记者，应仿照以前法院事例，令其先声请为所有权登记，但为便利起见，准许同时呈递。第三，船舶登记法第三十七条所称初次声请登记所有权，即系指所有权保存登记，无须另定格式，至该登记法第六十二条第一、第二两款原因为声请登记时，可填用所有权转移申请书。第三款所载，前两款以外之原因，系指买卖互易。亦可填用所欲全移转声请书。第四款所载，共有船舶之分割，系指所有权变更，此项声请书可由航政局添加印章或就他种声请书加盖木戳备用。

航政局自身对于相关航政法律不明确时多会呈请交通部进行裁示。交通部所颁《船舶检查章程》第五十条："载客不及十五人之船舶，不适用本章程"。航政局依据文义理解为"载客不及十五人船舶，可无须请领乘客定额证书。"假定非旅客轮船而载旅客，其载客数不及十五人，是否可以援用该章程？同时对于非旅客船出售船票揽载旅客，相关法令并无明文规定。1934年9月，针对该类航政管理事务如何进行，航政局曾专门呈请交通部裁示。交通部回复指令，无论何种船舶，其载客不逾十五人，不必请领乘客定额证书。非旅客船舶，如有乘客安全设备，应准酌量载客。

《交通部发给船舶航线证暂行办法》第六条规定,声请补发或换发船舶航线证,每次应缴手续费2元。但初次与船舶登记证明书同时发给者,无须缴纳手续费。1934年3月,上海航政局就此条款中的"首次"一语,认为解释不同,办理易致歧误。并举例佐证。如甲有商轮向航政官署声请所有权保存登记,核给登记证明书,同时声请核给航线证书。此为初次登记,自无异议。如该商轮经数月后,由甲转售于乙,乙向原航政官署声请所有权转移登记,核给登记证明书,同时声请核给航线证书。据此,乙为购得该商轮后初次声请人。甲已将该商轮所有权保存声请登记在先。该商轮不得谓为初次登记。即甲为该轮所有人初次保存登记,乙为取得该商轮后船舶所有人初次移转登记。甲乙均属初次登记,对于声请航线证时,均无须缴纳手续费。航政局认为该商轮经甲的所有权保存登记后,至乙所进行的所有权转移登记时已不属于初次登记。亦即需要缴纳手续费。

交通部第4463号指令上海航政局,指出请领船舶航线证,应缴手续费,仅限于补发、换发两项。船舶因所有权移转而声请登记时,其前后所有人均属于初次登记。且移转权利登记,该声请登记人已据《船舶登记法》第62条规定,缴纳登记费。主管航政局负有核发航线证,转呈请领国籍证书的义务。不应另外收取是项手续费。①

司法机关对相关涉航法规的解释。1933年1月,行政院训令司法院解释《海商法》疑义案。行政院第126号训令开,前据交通部呈称:《海商法》第二条载:凡总吨数不及20吨或容量不及200担之船舶及以橹棹为主要运转方法之船舶,不适用本法之规定。查巴蜀一带木船下水顺流向东,极鲜用帆。当然以橹棹为主。上水则遇上风或斜夕之风,率多用帆。平时则以专用橹棹。该类船舶容量多在200担以上。容量在200担以上船舶,间或用帆,以橹棹为主要运转方式者,是否适合《海商法》?呈请行政院解释指令,以便遵照。行政院咨请司法院解释后,统一指令:交通部原呈所指巴蜀一带船舶,既系以橹棹为主要运转方法,其容量在200担以上,依据《海商法》第二条第三款,不适用该法相关规定。②

遵照和转饬交通部对相关航政法规的解释。这种请求释法的主体,有来自地方政府,也有来自其他口岸的航政局及其办事处。1934年2月,安徽省政府第二区行政督察专员王铸人向该省政府呈称:芜湖小轮船等六公司,在芜湖、巢湖各埠开行夜航。有关各方请求制止。该署函询上海航政局芜湖办事处对于该公司开行夜航,是否合法,是否呈请备案。芜湖办事处函复各埠轮船开行夜航,交通部并无明文限制,未便处分。具体如何办理,该办事处请该署转咨交通部进行解释。安徽省政府咨函交通部,交部认为,

---

① 上海航政局解释法规训令卷(1931—1936),上海航政局档案:卷号10。
② 上海航政局解释法规训令卷(1931—1936),上海航政局档案:卷号10。

夜航内河轮船，夜间航行应遵照该部《内河航行章程》办理，并无其他明文限制。交通部核定上述意见后，训令上海航政局转饬芜湖办事处知照。① 此处，上海航政局承担的是对来自交通部对有关航政管理法规适用解释的下达和转饬。

天津航政局转呈该局所属青岛办事处，请示《船舶检查章程》第57条第2第3各款应如何执行。交通部对相关制度文本进行解释后，指令各航政局及其所属的办事处进行遵照办理。②

航政局所管理之船舶，《海商法》第一条有明确划定。各航政局在办理检丈、登记时，往往不问船舶在何种水上航行。凡总吨数在20吨以上之轮船，容量在200担以上之帆船，悉视为《海商法》规范之船舶。此举造成航商不满，地方政府亦屡有异议，造成诸多纠纷案件。交通部为确定此项船舶范围起见，将适用《海商法》船舶定为：1.20总吨以上之航海轮船；2.容量200担以上之航海帆船；3.在与海相通，能供海船行驶之水上航行，而其总吨数又在20吨以上之轮船；4.在与海相通，能供海船行驶之水上航行，而其容量又在200担以上之帆船，但以橹棹为主要运转方法者，不在此限。至《海商法》第一条下半段之"在与海相通，能供海船行驶之水上"一语，各航政局对于此语义执行时，经常发生窒碍。

交通部从水道地理位置上将"与海相通之范围"，具体规定为：长江自海口至重庆一段、海河自海口至天津一段、珠江自海口至梧州一段、湘江自汉口至长沙一段、黄浦江自吴淞口至上海一段、闽江自海口至南台一段及其他沿海各港湾，能通海船之水道等均作为"与海相通，能供海船行驶之水上"适用《海商法》相关规定，由各航政局办理。其余概归地方政府管辖。1933年1月25日，交通部以378号训令，确定适用《海商法》船舶范围并具体规定"通海水上"起讫。③ 至此，交通部航政局与地方政府航政管理职权划分开始相对清晰。

其他各口岸航政局向交通部就相关航政制度进行解释，上海航政局向其所属各办事处转饬。1934年4月，天津航政局根据其所属威海卫办事处主任赖绍周呈称：《小轮船丈量检查及注册给照章程》第一条载："凡轮船除总吨数满20吨以上者，应依《船舶法》《船舶登记法》的相关规定办理外，其余未满20吨之小轮船，应依本章程之规定办理。"该办事处认为：凡属小轮，无论隶属于何国籍，营利与否，均应遵章办理。但该章程第35条第2款有"自行停业或经官署以职权令其停业时，应呈报交通部缴销执照。"又似专指营业小轮。而专用于公务或私人所有，不以营利为目的的小轮，是否适用该章程的相关规定？同时，外籍小轮是否须注册给照？

---

① 上海航政局解释法规训令卷（1931—1936），上海航政局档案：卷号10。
② 上海航政局解释法规训令卷（1931—1936），上海航政局档案：卷号10。
③ 上海航政局解释法规训令卷（1931—1936），上海航政局档案：卷号10。

交通部回复谓：《小轮船丈量检查及注册给照章程》第14.15各条所列声请检查应填各款中，均有"营业种类"一款，则凡受检查小轮，均专指营业之小轮。其所谓营业者，应作广义解释，即凡供营业使用之船舶，无论其为经营运送业，或为供自己运输之用，辅助其营业者，均包括在内。外籍小轮，应按照外籍拖驳船成例，一律检查丈量注册给照。其专供公务使用小轮，不适用于《小轮船丈量检查及注册给照章程》。交部将该释法除咨财政部饬各海关知照外，并令各航政局处一体遵照办理。①

对航政习惯的采择。轮船一年一度修理期间，如船舶发生租赁关系，其修理费用或由船舶所有人支付，或由船舶承租人负担，根据双发约定进行，法律不加以强制。惟修理完竣后，船舶必须经过验关手续，其验关费由何方支付，法律亦无规定。如在租赁关系存续期间，租赁合约中有特别注明者，自不会发生争执。如无注明，则此项验关费用由何人承担，1934年5月，招商内河轮船局经理张景佩曾就此问题向上海航政局呈请指示。航政局批示该类情形，应由双方参酌当地习惯进行办理。②

航商发生商事纠纷援引相关航政法规发生争执时请求上海航政局进行法律解释。1931年9月21日，上海航业公会会员福宁轮船公司致函该会，谓该公司汽船江兴轮于是年6月5日，由温州开往上海，装载温州各商号板碳。6月9日该轮驶经白山洋面时发生火灾，船货均沉没。对于未收取水脚，温州各商号不予支付。于是，该航商请求上海航业同业公会函咨温州商会及航业公会，收回未收水脚。

10月2日，上海航业同业公会致函温州商会及温州航业公会，称查《海商法》第四章运送契约第一节货物运送第七十九条载有：前条托运人仅就船舶可使用之期间负担运费，但因航海事变，所生之停止，仍应继续负担运费。江兴汽船在海洋失火沉没，即系《海商法》第七十九条所载"航海事变"事实。其货物运费当然应由托运人负担。法律有明文规定，对于未付客货运费，应依法收取。

其永嘉县商会及板碳业同业公会根据板碳各商号答复，认为《海商法》第七十九条内载：因航海事变发生之停止，"停止"二字指船货保存，停止候潮。与船货沉没不同。坚持不予支付水脚。双方僵持不下，12月8日，福宁轮船公司再次致函上海市航业同业公会，请求该会呈请交通部将上述《海商法》中"停止"二字解释立案，批答示遵。

上海市航业同业公会将此案情呈送上海航政局。12月25日，该局行函航业公会，认为《海商法》第七十九条所载，因航海事变之停止，其"停止"二字非指货物丧失。江兴轮运送货物完全丧失情形，"殊有不合"。同时，《海商法》第二章第一节第二十三条所指运费，与该案事实无关。查《民法》第六百四十五条，有运送货物，于运送中，

---

① 上海航政局解释法规训令卷（1931—1936），上海航政局档案，卷号10。
② 上海航政局解释法规训令卷（1931—1936），上海航政局档案，卷号10。

因不可抗力而丧失者，其运送人不得请求运费。其因运送而已受领之数额，应返还。并认定是次江兴轮运费事件应适用《民法》办理。① 按照航政局的裁示，富宁轮船公司不但得不到剩余水脚，前次已收水脚亦应返还给各板碳商号。

上述案例经由航政局进行裁示，但遇航政局不能解释时，一般会呈请交通部进行裁示。1931 年 11 月，上海内河轮船工会曾致函该局，就《万国航海避碰章程通则》是否适用于内河船舶并有无其他单行法规请予解释。查《万国航海避碰章程通则》规定，凡各种船舶在与公海相连，可以通航航行海洋船舶之诸水道内时，均应遵守该章程。依照此规定，上海内河小轮在江浙内河水道行驶时，是否可以引用该章程？航政局查悉内河航行避碰专章，及各省单行法规并无明文规定。为此，该局局长奚定莫特呈请交通部进行裁示。②

此类法律解释事项，上海航政局所属各航政办事处亦是重要主体。各办事处在具体的航政管理实践中，对于各类航政法规的施行对象，施行中的疑义，施行中弹性变通等一般均会呈请该局进行裁示。1934 年 6 月 5 日，海州办事处代理技术员陈鑾呈请该局解释关于渔船各事项并请办法渔船检查证书。该办事处发现海州地方 200 担以上或 200 担以下帆船，在每届渔汛，多有临时充作渔船使用。如经该处查获，是否均须补给渔船检查证书？同时，在各口岸航政局领有渔船检查证书超过 6 个月有效期的船舶，是否需要换发该项证书？该处认为此类案件既无成例可循，亦无渔船管理的相关章程进行参酌。

上海航政局指令海州办事处，200 担以上帆船，如已按照《海商法》规定办理，即临时充作渔船使用，无须再行给渔船检查证书。航政局对于核发渔船检查证书标准是：该船须领有实业部渔业权执照，始予发给。海州办事处不得误解滥发。至 200 担以下帆船，根本不属于《海商法》调适对象。自然不必由航政局管理。并且交通部相关章程并无管理渔船专章。令该处不得对于此项船舶进行任何限制。其所请核发渔船检查证书，应经查实后，根据实际情形办理。③ 该案中一是地方办事处对相关法律适用对象认识不清，对于交通部与地方及其他部会（如实业部）航政管理权限划分及相关协作管理事项的模糊。

所属航政办事处呈请相关航政法规的解释。宁波航政办事处主任施承志，1934 年 4 月，向上海航政局局长彭湖呈文请求就鄞县地方法院咨函该办事处有关轮船装货，其斟酌船身载重限度之权，属于何人？该案因鄞县地方孙幼榆等人因航行业务上过失致人死亡。该案进行审理之前，地方法院向该局宁波办事处进行咨询调查，船舶载重线核定权限，是否属于船长、船上买办或船舶经理及营业主任？函请给予解释。上海航政局接到

---

① 上海航政局解释法规训令卷（1931—1936），上海航政局档案：卷号 10。
② 上海航政局解释法规训令卷（1931—1936），上海航政局档案：卷号 10。
③ 上海航政局解释法规训令卷（1931—1936），上海航政局档案：卷号 10。

该办事处呈文后,查遍《船舶法》《海商法》《船舶载重线法》,均无明文规定。该局亦难以解释。于是呈请交通部进行裁示。交通部认为斟酌船身载重限度之权,法无规定。船长主持全船业务,该类权限,自应属其职掌。无船长时,则属于代理船长。无代理船长时,应属于实际上执行船长职务经理或其他高级名义船员。①

1932年7月,镇江船舶登记所专员谭伯翘曾就《船舶检查章程》第二章第十条中有关"船舶定期检查"问题请求上海航政局释法。该章程第二章十四条中规定,轮船定期检查每年施行一次,但帆船每三年施行一次。对于定期检查日期系以该船被检查之日起算,抑或依据会计年度计算?上海航政局依据《船舶法》第十条,认指出,船舶检查日期起讫为航行期限。

与航运、船舶相关的群体或个体请求解释。1934年12月,江苏省武进县第五区三合口镇朱筱云曾就其经由继承管业的夜航班信船所有权纠纷事件,呈请上海航政局进行解释给类疑点。因该案并非该局执掌管辖,批令其迳向当地法院状诉核办。②

1933年10月,芜湖航业公会就开设轮船公司资本额数呈请上海航政局进行解释。为取缔虚设轮船公司,交通部会商实业部曾拟具取缔虚设轮船公司三项办法:新设轮船局或公司除依照《公司法》办理外,应将所备资本额数、轮船艘数、船名,并声明自置或租赁,开具该轮局或公司之负责人员履历及营业主要航线,呈请该管航政局核准;新设轮船局或公司,经呈报核准后,应将所有轮船声请丈量或检查,经发给证书,方准开始营业;新设轮船局或公司非经上列两项手续,不得先作任何营业之对外宣传或广告。违者得由该管航政局知会当地警察官署,勒令停止活动。该航会对于上述第一条新设公司或轮局须报明资本一节,表示各航商不解。请求转呈解释。认为该办法所定资本未列资本数目、船只或自置或租赁皆未加以限制。如此,难免投机者租用旧轮或以流动金佯称开办资本或假让人存款呈验于一时或于查验后移取此项资本,移作他用。并请求航政局明定开办资本若干,明定范围,并足值存入银行等。芜湖航业公会的担心,从其呈文中可以发现航运公司在实际设置中确实存在。上海航政局对于此项呈请解释,认为其轮船公司募集资本额数的限制,在《公司法》及《公司登记规则》等相关法律中有明文规定。其所请转呈解释,"应毋庸议"。事实也是如此,实业部颁布《公司法》《公司登记规则》等法律对各类公司的登记、注册、运行及管理及注销均有明确的规定(包含资本额的缴存数额)。因航运公司的航业属性,实业部、交通部在进行相关公司的监管时,所拟定的三项办法,航政局重要职能是对呈请设立的准航业公司资本额、船名、航线等基本信息的核准。经核准后航政局再行对航业公司所属的船舶进行丈量或检查,对船舶

---

① 上海航政局解释法规训令卷(1931—1936),上海航政局档案:卷号10。
② 上海航政局解释法规训令卷(1931—1936),上海航政局档案:卷号10。

本身的安全性上进行准入监管。而公司注册本身的事务（如资本金的缴存等）则属于《公司法》所调适的范围。

　　航政制度从无到有，从简至繁的过程，各类制度要么从英美航政法系移植，要么直接参酌前海关兼管航政时期的各类制度条文，在移植、在地化的过程中，需要不断的调适，这类调适，表现在航政实践中即是各类航政制度在制订后，施行过程中，产生了大量由航政官署进行释法的过程。相关航政立法的不成熟或不完善，导致了该类释法数量和类型的加剧。这也是航政管理向现代转型的必由之路。

　　尽管此期航政法规无论从数量上，抑或是质量上，均较晚清及北京政府时期有了巨大的进步，但是相较于当时整个经济社会的发展，尤其是民族航运业的不断进步，航政管理实践日益丰富，涉航的商事活动日趋复杂，航政管理的客体对航政制度的需求的幅度和深度不断提升。由此，在上海航政局所参与的航政法律解释实践中，我们发现有相当多的案例提及相关航政法律（或航政法规施行法）的缺失，相关条文的疑义等问题，这给航政法律解释提供了存在的可能和空间。更深层的探讨，法律解释中人为因素的多少？立法者本身对客观现实认知的局限性和主观性，使得法律本身自产生之日起即存在天然的不足，加之其效力在废除之前一直存在，而颁行之后其实施调整的各类关系不断进行更新，这必然引致二者之间的不甚协同和适应。这亦是航政法律不断修订、甚至废弃新订的重要原因。诚然，这也从理论上为法律解释发挥功效提供了可能。这不囿于航政法规释法，扩展到民国整个法律解释体系亦然。

　　上海航政局在这一演化的进程中，实际上履行着相关航政法规创制角色。它不单单是一个航政制度履行的角色，在航政制度创制过程中，它参与了前期制度草案的起草（或者签注意见）、修订；施行过程中来自各类航政管理客体对制度实践的反馈、具化相关航政制度；广泛参与到航政法律解释，实现对航政制度的创制[①]。航政官署所开展的大量航政法律解释的具体实践，至少从两个具有积极意义。首先它使航政制度更加规范（文本内容和实践运作）；其次它为航政制度的演化（制度生成和实践之间）提供了有效的粘合和缓冲。

---

① 时有法学学者认为法律解释不仅只是一种对法规范意涵的简单诠释，它更是一种创造过程。参见朱显祯：《法律解释论》，《社会科学论丛》1930年，第2卷，第8-9期合刊。

第六章　上海航政局航政实践绩效评析

上海航政局及其分支航政办事处在 1931 年至 1937 年间，陆续开展了各类航政实践活动，通过总结和提炼其依据各类航政制度施行所产生的成效及显现的流弊，从而有利于我们对其所开展的航政实践活动进行深入客观的绩效评析。

一、上海航政局航政制度施行的成效

1931 年至 1937 年，国民政府交通部先后在沪、汉、津等地设置航政局，并在各局设置各航政分支管理机构，规复了海关兼管的部分航政管理权，并开展了系列的航政管理实践，取得了部分成效。这些成效主要有整个国家的航政管理体系由前一历史时期的整体无须迈向局部有序的阶段，履行了有限度的航政管理职权；形成了相对系统的航政管理体系；在航政发展演变中，上海航政局历史地成为全国重要的航政制度创新的生成地、实践地和信息源。

（一）航政管理体系由整体无序迈向局部有序

海关兼办航政期间，各口有关航政管理政策多不相同，各地方政府零星设置航政管理机关，但这类航政管理官署更多地着眼于财政税收，于各类航政建设鲜少进行。航政局建立后，尽管全国范围内统一的航政管理职权尚未实现，但整个航政管理体系逐步由整体无须迈向局部有序的格局。这主要可以从以下方面得以体现。

1. 形成了相对稳定的航政行政管理格局

经历与海关、地方省市航政管理机关有关航政职权的划分矛盾、冲突及调适后，航政局及其办事机构在航政管理的实践中逐步与之形成了相对稳定的航政行政管理各局。这种各局主要表现为各类航政管理主体业务职能的划分上，交通部航政司、各地航政局及其航政办事处所属的航政管理条线主要负责《海商法》规范的各类船舶（主要是华籍船舶）的检查、丈量、登记，在华籍商船上供职的各类船员的考核监管及各类与水上交通安全相关的事宜。而非经《海商法》规范的船舶概归地方政府管辖。在划分职权之后，在相关领域航政局与地方政府航政管理机关及海关亦有不少协作。欧亚航空公司1936年曾呈请交通部称龙华机场东界紧挨黄浦江，时有船舶在该处任意椗泊。这对飞机起落时造成安全隐患。为此，上海市政府饬令公用局及龙华飞行港管理处会衔禁止，但是效果不著。上海市公用局职能管辖普通客船和舢板船，对于吨位较大且属于《海商法》调整和规范的商船则无从管辖。是故，该航空公司请求交通部饬行上海航政局转饬一切航商航轮，将机场与黄浦江相连的特定区域化为禁泊区域。交通部接到呈请后，训令上海航政局转饬各轮船公司，在该禁泊区域不得下椗停留。[①] 海关在航路标识等航政管理事务上仍然扮演主要的角色。

2. 航政制度供给数量及质量得以增加和提升

此期航政法规中有关航政管理的各类主要法规多有颁行，如航政管理的基本法《海商法》、与船舶管理相关登记、检查、丈量、国籍证书、标识、设计、船图等；与航政管理官署相关的《航政局组织法》等法规；与船员相关的检定、工会组织、引水管理等；与航业监管相关的轮船业登记、航业合作、航业团体管理等；与海事相关的海事报告、仲裁法规等等。此期的航政制度供给紧随丰富的航政实践，供给类型和供给质量比前期（北京政府时期）明显得到增强和提升。

---

① 航政：命令：训令：交通部训令：第1843号（1936年4月29日）：令上海航政局，《交通公报》1936年，第765号，第18-19页。

3. 航政管理实践中逐渐由无序向有序转变

航政局成立初期，非但各局在船舶检丈、登记等部分业务标准上各不相同，交通部亦没有自上而下的统一规范和管理。各项航政管理实践均是在摸索中实践。以船舶检丈、登记收费所用收据为例，其格式在上海、天津、汉口各航政局各不相同，不但分歧较多，亦易滋生流弊。交通部后依据航政实践出现问题，逐步对该项收据进行统一制发，同时拟定填注办法，通饬各局遵办。① 另一种情况是，初始交通部拟定了航政管理的划一管理措施，但各航政局在各口岸实践过程中参差不齐，然后在进行改进。这实际涉及航政制度制订、实施、调整及再实施过程。该类航政制度制订、调整、实施过程正是航政管理逐渐实现由纷歧多端向划一而治在实践层面的具象和体现。1931 年 6 月交通部为规范各类船舶的管理曾向沪、津、汉三口航政局下发轮船船牌暨帆船船牌两种式样及发给船牌办法十条。但颁行之后，各地航商反映船牌收费过高。交通部亦发现各局船牌式样参差不齐。据此，交通部另行制订《发给轮船号牌办法》《发给轮船船牌办法》《发给帆船编号办法》《发给帆船船牌办法》四种规范条文（船牌至 1934 年《船舶标志办法》颁行后作废，船舶标志改由船舶所有人依照该办法自行设备标志②），连同轮船号牌、轮船船牌、帆船编号用具、帆船船牌的式样下发各局遵照办理。③ 上海航政局镇江办事处在淮北盐河设立船舶登记处，并责令盐船登记。而各盐船商户则上书财政部认为运盐船属于公务船舶不在航政局检丈、登记类型之中。交通部认为运盐船属于官督商办形式，运盐船只受承运商雇用，往往兼运其他各类货物，系商营性质，与专用于公务船舶不同，且其容量远超 200 担以上，不以橹棹为航行动力。不适合《海商法》第 2 条各款规定的"特殊"船舶。自应遵章施行登记。④ 此外，此期由于国内战事频仍，军队租用商轮进行各类人员、物资运输情事时有发生。航政局及其航政办事处对其所辖境内该类船舶"一经派员查验证书"，均诿以"供差日久，未经随带在船"，其距前次船舶检查航行期间是否届满，无从证明。而一部分该类商船航行期间业已届满，每藉词供应军差，以图规避航政官署的检查。如此则船舶的航行安全无从保障。交通部有鉴于此，咨请军政部并转各军事机关，凡租用商轮，务须经航政官署核查该轮船舶检查证书是否逾期。如逾期，应就地或向附近航政局依法声请检查，换领证书。⑤ 这虽然原则上解决了

---

① 训令：交通部训令：第 1163 号（1932 年 5 月 12 日）：令上海航政局，《交通公报》1932 年，第 351 期，7-12，第 2 页。
② 法规：《船舶标志办法》（1934 年 2 月 2 日公布），《交通公报》1934 年，第 532 号，第 12-13 页。
③ 训令：交通部训令：第 1185 号（1932 年 5 月 14 日）：令上海航政局、汉口航政局、天津航政局，《交通公报》1932 年，第 352 期，第 2 页。
④ 咨：交通部咨：第 315 号（1932 年 4 月 26 日）：咨财政部，《交通公报》1932 年，第 347 号，第 40-41 页。
⑤ 《军队租用商轮应行检丈之规定》，《交通杂志》1934 年，第 2 卷，第 11 期，第 127 页。

军事机关租用商轮应接受航政官署的检查问题，但实际上面对强势的军事部门时，航政机关很难真正对该类船舶进行有效的管理。

（二）履行有限度的航政管理职权

依据《交通部组织法》及《交通部航政局组织法》相关法律规定，航政局对于检验船舶，考试船员，引水，建设灯塔、浮标，修濬航路，建筑港埠，指泊船只，管理码头，稽查船舶出入，救护海难及海事审判等均属其职权范围。轮船检查丈量登记等事项，向由海关代办。至1931年7月后，始由津沪汉哈四航政局及其所属航政办事处分别接办。但是囿于航权规复有限，加之地方政府亦参与部分航政管理，所以航政局主要履行《海商法》调试的船舶的检查、丈量、登记及船员管理等业务。航路标识及引水管理等仍由海关及其他机关代管。

1. 船舶管理

航政局在船舶管理方面主要参与的业务有如下方面：其一，对《海商法》规范轮船检丈与登记。凡适用《海商法》规范的轮船，以上海航政局为代表的各口岸航政局均依照1931年公布的《船舶检查规程》，1936年公布的《轮船业登记规程》及1937年公布的《船舶丈量技术章程》办理。由各该轮船所有人向其认定的船籍港主管官署，声请检查、丈量及登记，分别领取检丈各证书及登记证明书。再由各主管航政官署，将各项证书副本检送交通部，呈请核发船舶国籍证书。其二，小轮船检丈及注册给照：海关兼理轮船检丈及注册给照时，起初并无大小轮船之分。小轮船检丈及注册给照分别办理，始于1932年。是年1月交通部公布《小轮船丈量检查及注册给照章程》，规定凡20总吨以下轮船，均依该章程办理。声请该管航政官署，检查丈量，领取检查及吨位各证书，再由该管航政官署或船舶所有人，将此项证书或副本，连同船舶事项表，所有权证明文件及册照、印花各费，一并呈请交通部核发执照。其三，帆船检丈与登记：帆船检丈，亦向归海关办理。海关在检丈之后，即行填发执照及往来挂号簿。交通部从不发给任何凭照。自设立航政局后，凡《海商法》及《船舶法》所规定容量200担以上帆船，均依法检丈登记，请领船舶国籍证书，于是帆船归交通部管理（容量200担以下帆船归地方政府航政管理机关管理）。其检丈登记及请领国籍证书手续，均与轮船相同。其四，拖驳船检丈及注册给照：拖驳船向来不论吨位多寡，概归海关管理。航政局成立后，各航商依《海商法》规定，改向各航政局声请检丈登记，转请交通部核发拖驳船国籍证书。1933年交通部公布《拖驳船管理章程》，其20吨以上者均依《海商法》办理，20吨以下者，依该章程办理。自1934年起，对外籍拖驳船，亦一律照该章程，实行领照。其手续：凡全国大小拖驳船，悉由各航政局执行检查与丈量，填发检查、吨位各证书。将各证书及副本，连同所有权文件及册照、印花各费，声请主管航政官署，转请交通部核发执照，或由船舶所有人直接呈请交通部注册给照。其五，码头船检丈及登记：码头船管理，海关向无任何规定。南京国民政府成立后，1928年公布《码头船注册给照章程》、1934年加以修正，分码头船为甲乙两种。甲种为趸船；乙种为符码头。凡甲种码头船均须受各该主管航政官署检查与丈量，检丈完毕，发给证书，连同册照、印花各费，一并呈请交通部核发执照，或由船舶所有人迳呈交通部请领执照。而乙种码头船得免予检查。其六，非常时期船舶管理：1936年12月，为适应对日作战的准备，军事委员会公布《非常时期船舶管理条例》，该条例规定战时国家船舶均按该条例进行管理。内容涵盖船舶处分（处置）限制；船舶仓库码头征用；轮船运价统制；航线限制；旅客及非必需品运载限制等。[①]综而观之，此期交通部从海关收回部分航政管理权之后，密集供给各项航政管理制度，以各口航政局为主要航政管理实践力量，一定程度上细化、提升了对各类船舶的有效管理。

2. 船员监管

船员管理方面，上海航政局主要配合航政司开展各类船员的检定。晚清及民初，中国商船重要船员，多由外籍人士充任。1912年后，伴随航业发展，船员中华籍人数增多，但多由舵工、机匠等凭借资历充任。1922年，北京政府交通部公布《商船职员证书章程》，规定各级船员必须经审查合格，取得证书后，始得上船服务。但该章程仅按照船员历任服务及其服务年限为进行书面审查，施行期间流弊甚多。至1929年南京政府交通部制定《船员检定章程》，分原级检定及升级检定两种，凡已领证书的船员，亦须再受检定，并设置船员检定委员会，负责进行。1932年，交通部重颁《船员检定暂行章程》，规定在本国轮船充当驾驶员或轮机员，均须经检定合格发给证书，始得服务。并修正《船员检定暂行章程》，凡船员证书于船员检定合格后，始发给或换给之。1934年公布《船员检定暂行章程施行细则》，于是船员检定委员会开始审查，凡船员经审查后，其资历相符者，即发给证书。应予考验者，举行考验，并依据章程订定船员考试各科细目。定期船员检定考验完毕之后，船员检定委员会解散。所有未颁证书应受考验者，经由交通部航政司办理。[②]上海航政局在船员检定过程中主要是配合航政司开展相关工作。其主要参与船员投考及监管取缔、会同检定考核等事项。

当然我们也应看到，此期各口航政局所开展的有限度的航政管理，部分业务的开展亦不尽人意。造成该种状况的原因非常复杂，既有航政管理主体多元、职能交叉，航政管理人员自身管理技术水平有限，也有来自各类外部力量（如外籍船舶、国内军事力量

---

① 薛光前：《交通行政》，中央训练委员会、内政部印行1942年，第65-68页。
② 薛光前：《交通行政》，中央训练委员会、内政部印行1942年，第73-74页。

或相关公务机关）的干涉及违抗不遵相关航政法令有关。以码头船的注册给照为例，交通部自 1928 年 2 月即厘定并公布《码头船注册给照章程》。时至 1934 年 5 月，全国各地码头船未经照章丈量检查、注册给照者"尚属不少"，交通部不得不训令各直属航政局处将其境内的各类码头船（如趸船、浮码头等）查明统计上报。而对于外籍码头船，交通部仍旧"咨商外交部研究办法"。[①]

（三）相对系统的航政管理统计体系渐次形成

与规复、履行部分航政管理职能相对应的是，上海航政局根据其开展的各项航政管理业务，在航政管理实践基础上渐次形成了相对系统的航政管理统计体系。上海航政局对辖区内苏浙皖三省区内适用《海商法》的轮船和帆船进行检查、丈量、登记情况进行系统的统计（分支航政办事处亦有相关统计，如温州航政办事处形成的《温州港航务统计专刊》等）；对辖区内的各类船员进行过统计（调查登记失业船员。该类调查主要令饬中国轮机员联合总会，对于国内失业船员，随时调查登记，按月呈报[②]）；对辖区内船舶失事情形亦进行过调查统计。（见附表 37）这些统计汇总至交通部后以《交通年鉴》《船员录》《交通部注册轮船录》等形式呈现。该类统计的开展是交通部此期所开展的各类航政管理实践的集中体现。它既是对前期航政管理各项工作的总结和检阅，也是对后续开展各类航政工作优化和提升的重要信息资源。以航政局对各类船舶失事情形调查为例（见附表 3），该调查结果对于维护航行安全、化解协调海事事件，采取积极的事前干预、事中处置、事后善理措施具有重要意义。经由调查各类海事事故，除不可抗拒因素外，对于船舶及属具缺陷（如船舶老朽，机器损坏，锅炉爆裂等）、船员驾驶或轮机技术不精、麻痹大意，海陆港口设施问题（灯塔、浮标不足、损坏，航道淤塞等），航政官署对船舶检查丈量不认真或检丈技术不过关或有意无意放松监管等均情况，均可通过相关海事事件统计揭示相关航政管理问题。

上海航政局所开展的各类航政调查除自身开展调查外，部分则是依托各类航业同业组织（如上海市航业同业公会、中国轮机员联合总会等）进行。

此期，不惟上海航政局一处，汉口、天津、交通部直属的福州、厦门航政办事处以及后续成立的广州航政局均开展过相关的航政实践统计工作。这就为交通部航政司在宏观层面上获取、刊布、利用相对系统的航政管理数据提供了可能和现实。历年《交通部统计年报》《交通部法规类编》、伴随各类航政实践的开展，各类官方（航政官署、海

---

① 训令：交通部训令：第 2640 号（1934 年 5 月 30 日）：令上海、天津、汉口各航政局、厦门航政办事处，《交通公报》1934 年，第 566 号，第 33 页。

② 公牍：训令：交通部上海航政局训令：第 0038 号（1936 年 4 月 27 日）：令中国轮机员联合总会，《轮机期刊》1936 年，第 11-12 期，第 38 页。

关系统等）及民间（民间航业团体航业同业公会、海员团体等）的航政调查统计陆续进行，这为交通航政管理官署对航政事业进行量化管理提供了可能。尽管受统计口径的择取，统计范围的框定的有限性，统计主体的多样等因素影响，以此期各类航政实践的频繁进行为基础，相关航政统计成果的取得与晚清及北京政府时期相较，在统计体系的形成、统计数据生成口径、统计类型多样性及相关数据的可靠性、代表性等方面均有较大的提升。

（四）成为全国航政制度创新的重要生发地、实践地及信息源

上海一口，集中了中外各类航运企业，航行船舶及航业同业组织。上海航政局作为交通部直辖的管辖该区域的重要航政官署，其在所辖区域内所开展的各类一线航政管理实践逐步成为全国航政制度创新的重要生发地、实践地及制订各类航政制度前置的重要信息源。

首先，上海航政局是交通部制订、赓续各类航政制度的信息来源。交通部在制订某一种或一类航政管理制度时，往往令饬上海航政局调查上海口岸内中外航运企业、航行船舶、海员、船舶市场等实际状况或需求。在洞悉相关情况后，根据航政管理的实际需要，再行有针对地开展相关立法草案的草拟、各类管理办法的出台。同时，航政局亦是交通部各类航政管理制度传递的重要机构。各类航政制度颁行后交通部多通过训令上海航政局转饬辖区内航业公会（传递给入会的中外航业企业）、海员（驾驶员、轮机员等）团体、国营航业（招商局）、各口航政办事处等。这里它所扮演的不仅仅是上下舆情的沟通，更重要的是它成为中央航政官署（交通部航政司）与基层航政管理机构和被管理对象（船户、航运企业、海员等）在中观层面沟通和协调的重要场域。它熟悉航政管理一线情况，明晰被管理对象的诉求，面对的是庞大的中外航运市场。因此，它成为航政司倚重的重要航政政策决策的信息来源地。同时作为交通部在地方的直属机构亦为航商等各类航政管理对象进行各类利益诉求转呈上级航政官署办理环节的重要一环。如航商在与外籍船舶发生各类纠纷时，按照程序，一般会将相关案情先递交上海航政局，上海航政局再转呈交通部，交通部转咨财政部（海关）或外交部，外交部再与外国驻华领事交涉。[1]

此外，上海航政局依托其丰富的航政实践，在成为全国交通系统内航政实践地的同时，还将各类航政制度具化为可操作、可推广、可复制的实践措施，并向其他口岸输出和扩散。交通部各类航政制度的孕育和生发，上海航政局的角色非常重要。船舶碰撞纠

---

[1] 指令：交通部指令：第13420号（1935年8月24日）；令上海航政局，《交通公报》1935年，第696号，第31页。

纷处理委员会制度的生成及其实践即为典型案例。先前中国海上的船舶碰撞事宜向由海关处理。待各口航政局规复船舶检丈登记等航政职能后，海关即停止了处理船舶碰撞纠纷的业务。船舶碰撞所涉及法律管辖，由地方法院审理。但是，船舶碰撞事件涉及航海专门技术与知识，一般法官很难熟知，纠纷自难理断。而交通部及航海界有识之士亦陆续呼吁成立专门的海事公断机关（海事法庭），但均未能实施。有鉴于此，上海航政局依照海关向例，参酌上海本港习惯，拟组织船舶碰撞纠纷处理委员会专理该类事件。该委员会处理案件时召集会议及酌设办事员，不另行添加预算，所有费用，由案件结束责任剖明时，按照赔偿价额征收手续费3%。并拟具12条该委员会的草案呈请交通部裁示。交通部亦认为航政局对于船舶碰撞情事应负调查、证明、调处、公断之责，而船舶碰撞责任，赔偿价额多寡，均须由航海专家调查鉴定后方显公允。是故，交通部认为上海航政局罗致航海专家，设立船舶碰撞纠纷委员会可行，并训令全国其他各口岸航政局"均应一体设立"。[①]1933年4月，交通部在上海航政局所拟草案的基础上，颁行《交通航政局船舶碰撞纠纷处理委员会章程》，并成立船舶碰撞处理委员会。[②]随后，上海、汉口、天津等航政先后成立船舶碰撞处理委员会（见附表4）。并陆续办理相关纠纷案件，历次会议议决案均有决议案保留。该类委员会成立后，以上海航政局辖区为例，先后协商解决了部分船舶碰撞纠纷案件。尽管它的权责仅限于调解性质，调解结果对双方均不具强制的法律约束力。但它为海事纠纷案件，在海事公断机构（海事法庭）未成立之前，提供了一个较为客观、公允及专业的解决孔径。它是上海航政局在航政制度建设方面的一个重要创设，也是其将相关海事纠纷解决具化为可操作、可复制、可推广的重要体现。

交通部对其各类关涉水上交通安全的船舶或海事事件的管理或相关制度的制订及出台，其前置的调研信息多半来自上海航政局。如为加强对打桩铁方船及挖泥船等部分特种船舶的管理，上海航政局曾向交通部呈请在《特种船舶管理章程》未公布前如何办理对它们检丈、登记。对于此类特殊船舶如何管理，交通部"无案可稽"。遂训令上海航

---

① 训令：交通部训令：第2287号（1933年5月1日）：令汉口航政局、天津航政局、本部直辖厦门航政办事处，《交通公报》1933年，第453期，第2页。
② 法规：《航政局船舶碰撞处理委员会章程（1933年4月28日公布）》，《航业月刊》1933年，第2卷，第9期，第14-15页。该章程规定，委员由5至7人组成。航政局局长、航政局第二科科长、航政局考核股股长为当然委员，其余委员由航政局局长就当地辖区内聘请港务长或同等职务人员、具有资望船长或引水人、具有资望的保险公会会员。处理事项包括：船舶碰撞纠纷的调查证明调解公断事项；赔偿价格鉴定；核议船舶碰撞后抚恤及善后事项；船舶避碰的计划事项；调解结束后，按照赔偿价格的3%向赔偿者征收手续费。委员会日常业务办理者由航政局工作人员兼理，各委员均为无薪给（外部委员酌给车马费）。

政局派员调查，获取该类船舶的详尽信息后，另行核办。①1931年9月，交通部航政司为编制船舶信号符字，令上海航政局进行相关调查。船舶信号符字关系船舶动作及其安全，时中国航政管理向无此项规定。航政司拟将所辖"全国总吨数20吨或容量200担以上之船舶，逐船配编信号符字。此项信号符字各国船舶均以罗马字母编列。航政司亦拟采取罗马字母编列，但有数项疑点：1. 各国信号符字是否皆以罗马字母4字为限；2. 日本船舶信号符字避免A、E、I、O、U5母音，其他各国是否照此一律避免使用；3. 信号符字与《万国船舶旗》关系如何？ 4. 信号符字与《船舶无线电呼号》之间关系如何？ 5. 有无其他相关事项。对于以上疑点，航政司令上海航政局进行调查或以非正式方法向外界查询。上海航政局接令后，局长奚定谟即指派该局职员陈维光到高昌庙海军司令部旗台对其总头及各旗手进行讯问。后又向永绥、永绩、楚同、楚泰各军舰旗手及海军无线电台进行问询。并将调查问询情况上呈交通部。②交通部为草拟振兴中国航业计划，预备提交全国经济委员会审议关于就外国在华轮船公司营业各种情形，亦饬令航政局派员调查清楚各洋商在华轮船公司数、在各埠航行船只数量、吨位、航线及营业收支情况。③该类信息调查不惟满足交通部需求，其他部会有时亦会因业务开展需要咨请交通部转饬该局进行相关信息整理和调查。鉴于江海内河商轮及各式帆船在国防交通运输上密切关系，1931年8月，参谋本部曾致函交通部转饬上海航政局，依据参谋本部拟定的商轮（轮船种类：江轮或海轮、船名、制造或改造年月、总吨数、每小时速度里数、每小时用煤或汽油数量、构造及设备情形、行驶及经过地点、停泊点）和帆船（某省帆船调查表：船名、船舶所有人、时常停泊所在、容积长宽及高度、总担数、登记担数、行驶及经过地点）调查表式，调查统计相关数据。④

二、航政管理制度施行中的弊端与不足

以上海航政局为代表的交通部直属航政官署，在航政管理的实践中尽管取得了诸多成效，但其也暴露出各类弊端和不足。该类问题，既有航政行政认识、人才及知识储备的先天不足（如航政管理系统构建滞后，航政技术人员供应不足、甄选利用弊窦丛生，经费短绌等），也有受不平等条约制度束缚的下的艰难应对与曲折实践，以及战事频仍，军事影响等因素。

---

① 航政：命令：交通部指令：第12974号（1935年8月15日）：令上海航政局：《交通公报》，1935年，第693号，第26页。
② 《上海航政局有关船务业务的法规章则之类》（1935年4月—1936年1月），上海航政局档案：卷号9。
③ 《上海航政局有关船务业务的法规章则之类》（1935年4月—1936年1月），上海航政局档案：卷号9。
④ 《上海航政局有关船务业务的法规章则之类》（1935年4月—1936年1月），上海航政局档案：卷号9。

（一）航政管理机构不健全，航政管理职权不统一

航政管理机构的不健全，直接导致航政管理事权不一，航政管理政出多头，航商无所适从。划一事权，以专责成。事权统一，职责始可明晰。依据交通部航政局组织法，上海航政局成立时，名义上辖有苏浙皖三省区域内行的船舶，有关其登记、检查丈量、载重线标志、海员考核管理、航路标识、造船，以及核发牌照与出入查验证等事项均归该局掌理。[1] 而在实际的航政管理实践中，上海航政局并未成为三省一市区真正的航政专管业务的总机构。1931年7月1日该局成立后，理论上的航政管理内容被切割成若干部分。1931-1937年间，上海航政局所辖区域内的航政部分事务如船舶指泊、码头管理及航路的标识管理业务均仍由海关兼办。就船舶检查丈量业务而言，除交通部颁行的有关船舶检丈法规外，苏浙皖沪三省一市政府均订有单行航政管理法规，如浙江省有《船舶管理规则》、江苏省颁行《内河轮船行驶证暂行办法》、上海市公布有《上海市水上交通管理规则》等，该类法规由各地建设厅负责施行。[2] 上海市航政管理先由港务局，而后由公用局对船舶进行检丈、核发牌照及部分区域的埠头仓储和岸线进行管理。浙江省建设厅下先设有航政局后改为航政管理处，下辖四区船舶事务管理所。江苏、安徽省政府建设厅下属亦均设置有航政管理的机关。其带来的直接问题即是航政管理纷乱，事权重复，交通部所辖航政局及其办事处职掌与地方建设厅相关职掌相抵触。航商对于中央主管航政机关（交通部）对全国范围内的航政管理进行划一管理，愿望强烈。[3] 但至全面抗战爆发前夕，这一目标并未实现。

再以引水管理权（又称引港权）而言，因其与航行安全及国防关系至密，遂成为一国航政权的核心要素，也是以航政局为代表的航政官署的核心职能之一。但是财政部名义上对引水行使监管，实际上由外人主导的海关所主理。其管理机构林立，既有由海关外人所操纵的中国引水管理委员会，又有上海外人扬子领港公会，航政官署始终未能真正对引水进行有效的监管。

上海航政局作为交通部直属的航政管理基层官署，在其辖区内行使其职能时常受制于地方航政官厅、海关等与航政管理密切相关的机构。同时与同属交通部直属的轮船招商局相较，上海航政局名义上代交通部行使对国营航业进行监管，其监管的效果自然有限，它更多的是对招商局各类资源的借重（比如该局成立初期因无办公场所，曾借用招

---

[1] 国内经济：交通：《航政局布告掌管职权》，《工商半月刊》1931年，第3卷，第15期，第18页。
[2] 王洸：《革新中国航政方案》，张研、孙燕京主编：《民国史料丛刊》627，经济·工业，大象出版社，2009年，第29页。
[3] 附录：《上海市内河轮船业对于交部所拟整理民营航业办法纲要签注意见及建议书（1936年6月）》，《交通杂志》1936年，第5卷，第3期，第137-144页。

商局在沪的公司场地）。加之上海"三界四方"的政治格局，该类状况无疑限制了其调动所处口岸涉航资源的能力（其对华资航商的监管主要通过上海市航业公会进行）。

（二）航政经费短绌、航政技术人员匮乏

上海航政局成立初期即面临经费和技术人员两缺局面。交通部原拟航政局的预算为 7290 元，后经中央政治会议核定为每局 5656 元。该 5656 元的经费唯一来源即为各局所收取的各类手续费。至 1933 年 3 月 1 日前，上海航政局在内的各航政官署的经常费均以船舶检查、丈量、登记的收入进行挹注。交通部不曾拨发任何经常费用。[1]1933 年上海航政局曾向交通部呈文称：轮船船牌每块收费 4 元，帆船船牌仅收 0.2 元，核算后尚低于船牌制造成本，因此建议提高帆船船牌收费标准（由 0.2 元提高至 2 元）。交通部在此之前曾要求各航政局降低船牌收费，上海航政局呈文后，该部认为各航政局经费困难，降减船牌费一事"应准暂缓施行"。仍照向例，轮船收 4 元，帆船收 2 元，"以裕收入而资挹注"。[2]相关史料显示，上海航政局的经常经费部分是由上海一地的航商担负。[3]直至 1935 年，该局的经常经费仍由各航商负担（具体负担的比例尚不清楚）。[4]

此期上海航政局与其他各口岸航政局一样在其所属重要河道埠口设立船舶登记所。该类登记所既有呈请交通部核准设置者，也有未经呈准而擅自设立者。登记所成立后并无经费支撑，全赖检查丈量收费维持。[5]机构的设置急剧扩充，相关职能人员鱼龙混杂，加之在船舶检丈、换发各类证照收费标准不一，航政财务管理散漫，及航政属员藉端需索。遂将航政局所属的登记所演化成航商及船户所言的"税收机构"。

经费短绌，其必然影响航政建设事业的扩充，亦必然影响航政职能的拓展。因此，时人有论者认为"航政局（笔者注：各项航政管理事务）不能进展，皆因经费"。其经费来源的各类手续费，"以其所取极廉，并非视为国家税收，于其他各项统税杂捐相等"，"以其极廉之收入，指为一国航政费之所出"，"安望其措施之妥善而杜其流弊之所及？"[6]言外之意，航政局通过收取各类有限的手续费远远不足以维持自身开展各类航政管理事务。此时包括上海航政局在内的 5 家航政局其经费每月不超过 3 万元，而同期财政部海关所征船钞，每年达 300 万两左右，每月拨出一定数额的经费，作为航政局的指

---

[1] 《华北航政之回顾与前瞻》，《交通杂志》1937 年，第 5 卷，第 3 期，第 18 页。
[2] 命令：部令：交通部训令：第 1767 号（1933 年 4 月 4 日）：令天津、汉口各航政局、厦门航政办事处，《交通公报》1933 年，第 446 号，第 1 页。
[3] 《沪航界四要案》，《申报》，1932 年 7 月 21 日，14 版。
[4] 海事新闻：《航商呈请请停征船校附捐》，《新世界》1935 年，第 77 期，第 49 页。
[5] 高廷梓：《中国航政建设》，商务印书馆 1947 年，第 129–130 页。
[6] 士毅：《整理航政局与确定经费》，《交通杂志》1932 年，第 1 卷，第 3 期，第 3–4 页。

定经费（况且认为船钞收入办理航政事务尤为合宜），再添补各类手续费后，其各类航政管理业务方可进行有效地开展。但此类建议终因总税务司的反对而搁置。

航政官署经费的短绌，似乎可以从某种意义上解释为什么在其组织机构扩张期（大量设置船舶登记所）各地方航政局在交通部三令五申禁止扩张的同时，不遗余力地新设船舶登记所。此期与航政官署而言，设置航政分支机构更多是航政管理地域广阔，"鞭长莫及"，而对于航政管理对象航商或船户而言，更多的则称之为"叠床架屋"。各航政局设置登记所时期法理依据即是航政局组织法中有关航政局可以在必要时设置航政分支机构的规定。但这一规定对于分支机构设置的规模、地点、经费、人员编制、业务范围均无明确界定。加之，当时航政局与地方政府航政职权划分未明，[①]造成的结果是航政局的经费收入与航政分支机构的设置数量呈正比，而其收入又是其经费列支的来源。故此，航政局对设置分支机构具有无限的热情和动力。新设的船舶登记所部分呈准交通部，部分自行擅自设置。[②]自然，航商船户苦不堪言，与地方政府航政管理机关亦矛盾重重。交通部为此迭经饬令，并限于1932年7月1日前进行裁并。但航政局仍不断上报设置新的分支机构。

经费短绌是制约航政局发展的重要因素，在以收取各类手续费为主要来源的航政经常费由于缺乏统一规范的会计制度作运作保障，致使航政局各类与财务相关的违法情事不断发生。特别是在上海航政局成立后，其根据"业务需要"在江浙皖地方纷纷设立船舶登记所的一段时期内，表现尤为突出。

1931年，上海航政局与其他各口岸各航政行政机构在成立初期，在会计制度方面并无统一规定，均由其主管长官及执掌会计人员，斟酌情形，参照政府的相关法令办理。当时因无健全会计制度，各行其是，谬误甚多。虽迭经交通部文电纠正并派员指导，但航政局及其所属办事处财务问题层出不穷。时各航政局所辖办事处每月收支计算书，每每延迟报送或不报送，交通部难以对其进行有效的财务稽核。为此交通部航政司曾设计

[①] 尽管当时有"总吨数不及20吨、容量不及200担之船舶不受《船舶法》《船舶登记法》的管辖"，但伴随航政分支机构的扩张，其分支机构的实际管辖的多少内河内港总吨数不及20吨、容量不及200担的船舶。这一规定并不能很好的执行。上海航政局苏州航政办事处曾擅委私人自定不满200担小船税额等级，并伪造相关证书。见训令：交通部训令：第1145号（1932年5月11日）：令上海航政局，《交通公报》1932年，第351期，第1页。当然，有些航政办事处如镇江一地，为将地方船舶纳入自己管辖范围，船舶不及20总吨或容量不及200担时，在丈量时擅自将之提高至20总吨或200担。
[②] 上海航政局曾自行设置嘉兴、台州、运漕、三河、南陵、大通等六处船舶登记所。天津航政局亦擅自设置多处船舶登记所。见命令：交通部指令：第7434号（1932年12月27日）：令上海航政局：《为呈报遵令裁撤办事处暨未准设立之嘉兴等六处登记所结束日期祈鉴核备案由》，《交通公报》1932年，第417号，第14—15页。指令：交通部指令：第2443号（1932年5月18日）：令天津航政局，《交通公报》1932年，第353期，第20页。

并公布《航政局办事处每月收支计算简捷呈报办法》《航政局办事处收支款项报解及坐支办法》等进行调整和规范。①

1933年7月,中央各机关及所属统一会计制度开始施行,交通部通令各航政机关遵照办理,始具备系统的会计制度。自此,上海航政局、汉口航政局、天津航政局、扬子江水道整理委员会、吴淞商船专科学校,交通部直辖厦门航政办事处,东方大港筹备委员会、北方大港筹备委员会等机关,均实行了统一的会计制度。航政局及交通部直辖航政办事处为有收入机关,其账册(现金日记簿、分录簿、总账、收入分账、收入分类账、支出预算账、支出计算账、银行往来账、暂记分类账、财产登记簿。会计科目(经费类、收入类)、概算及预算(依照1931年11月2日国民政府公布《预算章程》、国民政府主计处编制概算预算格式及说明,预算科目细则等办理)、报告表册(分呈送交通部分别存转和呈送交通部备查两部分)、决算。

各航政局所属航政办事处,因无独立的预算,其收入及支出均包含于航政局,交通部对其另订会计办法。航政局所属办事处因组织相对简单,其会计制度亦较简略。办事处每月终结时报告表册,其余簿记、组织登帐方法,均由各办事处斟酌情形,自行设计。每月报告表册有收费三联收据缴查联、收费明细表、收入计算书、单据粘存簿、支出计算书、收支对照表、欠付款项表等。收据缴存联及单据粘存簿由航政局核转交通部存转。其余各件,由办事处缮制同式两份呈送航政局,由局核毕保存一份,另一份与该局同月份月报一并呈送交通部备查。②

从后期上海航政局所属办事处如芜湖办事处、宁波办事处、镇江办事处等办事处主任前后任交接的案卷看,规范的财务会计制度尽管颁行,但是实际施行的效果并不甚理想。

航政专业技术人员的匮乏。如前所述,航政从业人员对其技术、从业经验等方面要求均较高。航政局在成立前后,尽管由交通部或航政局筹备处通过向航业征询、调查、登报等方式进行罗致,但在1931至1937年间,航政局及其所属办事机关的人员结构中专门从事船舶检查、丈量、登记等业务的专业技术人员总量偏少,结构不合理,这在航政局组织结构和人事分析章节已有相关研析。这固然与当时国内航政管理技术人才的供给有限有关,同时规复航权的"民族性"持续高涨,也一定程度上影响了外籍航政管理人员的进入(如验船师的甄选时,航政局明确指明尽量使用本国人担任)。上海航政局在成立初期,按照交通部的预想,为发挥海关理船厅以往航政管理人员的经验,是希望

---

① 五、设计:(巳)关于会计事项:交通部二十二年七月工作报告:张岩、孙燕京主编:《民国史料丛刊》645,经济·工业,交通部民国二十二年度工作报告,大象出版社2009年,第269页。
② 交通部年鉴编纂委员会:《交通年鉴》(1935年),交通部总务司1935年,第187-190页。

理船厅航政工作人员进入航政局工作的。而实际的情况是极少见外籍海关理船厅工作人员进入航政局工作（这也不排除外籍理船厅工作人员不愿意到航政局工作）。同时，航政专技人员每与"行政长官共进退"（无论是上海航政局抑或是其所属航政分支机构，其航政专技人员多为航政局长或办事处主管所物色和罗致，航政长官任期的不稳定性，自然传导给航政专技人员，每每发生航政长官去职之时，多是航政专业技术人员辞职高峰期），航政管理的行政管理岗位与专技事务岗位不稳定，对于各类航政制度的施行的持续性和航政组织本身的稳定性均造成不良的影响，对于航政实践的成效影响至深。

交通部对整个新设立的航政局及其所属办事机构制度体系的设计严重滞后和不足。特别是1931—1933年间航政局所属船舶登记所迅速扩张时期表现的尤为突出。该期航政机构的迅速扩张带来了一系列的问题，其产生与航政经费短绌有直接关系，但不可否认交通部对航政官署的扩张所带来的各类制度需求响应程度偏低，航政制度供给与需求之间存在明显不足。

（三）对外轮难以实现有效监管

受不平等条约的束缚，对外籍船舶的管辖一直是各航政局处在航政管理中的软肋和痛处。内河沿海航政权的丧失，致使外轮对中国的航政法规多不遵守。《船舶法》第3条规定：除有法律有特别规定者、经中华民国政府许可者、为避难者三种情形之一者外，非中国船舶不得在中华民国港湾口岸停泊。[1]"有法律特别规定者"具体到当时的状况，更多地可以解释为中国与外国签订的一系列不平等的丧失航权的条约制度。该条豁免的条文为外籍船舶规避中国《船舶法》调整提供了法理依据，同时从一定程度上也反映出政府在航政立法时对航权尚未规复现实的折中与妥协。

依据《船舶法》制订的《船舶检查章程》《船舶丈量章程》，其两者第3条均有规定：1. 中国人民所租用，在中国各港间或中国与外国间航行之外国船舶（依交通部命令之规定施行检查）；2. 依法律或政府之许可，在中国港湾口岸间航行之外国船舶；3. 依《船舶法》第17条之规定（外国船舶自中国港载客货出发者，应由船长向该港之主管航政官署呈验该船舶之检查证书，如经验明该证书有效期间已届满时，应由该官署施行检查），应受检查之外国船舶，或依《船舶法》第22条之规定，应受丈量之外国船舶（外国船舶由中国港载运客货出发者，应由船长向该主管航政官署呈验该船舶之吨位证书，除该国丈量程式与中国丈量程式相同或互相承认者外，应由该管官署施行丈量），均准

---

[1] 朱汇森主编：《中华民国交通史料（一）：航政史料》，"国史馆"印行，1989年，第97页。

用上述章程规定，对其进行丈量、检查。① 上述两章程是对外籍船舶在检查丈量方面更为具体的施行制度依据。

上述船舶各法颁行后，促外轮遵行成为航政局开展航政管理的重要环节。航政法规施行的过程并不顺利。航政局成立伊始，依据相关航政法规对外轮进行检丈，但外轮多未主动申请检丈。其间，英美驻华公曾对上海航政局、汉口航政局对外轮的检丈业务向中国政府提出异议。交通部查证后进行驳斥，并指出汉口英商利记洋行、美商美孚洋行、日商载生昌轮船局均先后请航政局对其进行检查丈量，航政局并无影响外轮业务情事发生。② 后经汉口航政局多次交涉，英美等国轮船始就范，而对日轮仍未能进行。③ 各航政局成立初期对外轮进行尝试性的检丈，在外轮及外国驻华公使的阻扰下，其检丈船舶数量、吨位等均有限，实际上，以上海航政局为例，其对外轮的检丈亦十分有限。但各航政局为规复航政主权，直至1935年交通部仍在与财政部交涉，试图将闽海关的外籍驳船检丈登记职权移交由福州航政办事处承办。④ 对外籍船舶的检丈因涉及内河航行权未规复，各航政局对其进行全面有效的检丈实际很难开展。依照海关理船厅以往办理外籍船舶检丈事实，其对于行驶中国内港的外籍船只只要持有 LIoyds（劳氏船级社）验船师所发或由船籍国本国主管机关所发的检丈证书，向予承认。亦即外籍船舶只要领有经由劳氏船级社或船籍国本国航政主管机关签发检丈证书即可不必经中国航政主管机关检丈。1934年英商太古公司向汉口航政局呈验该公司经 LIoyds 签发检丈证书，但该局不予承认。为此，英国驻华使馆工作人员面请中国外交部，请予依照海关以往向例办理。交通部无奈只得训令各航政局在内河航行权未收回前，"所有外籍船舶，持有 LIoyds 验船师所发或由船籍国本国主管机关所发检查证书，应予暂行承认"。⑤

以上海航政局为代表的地方航政官署此期不但对外籍船舶检丈、登记职权行使有限，对在中国沿海沿江航行的外籍船舶上的船员同样难以实现有效的监管。而这一状况与长期占航行于中国沿海沿江 2/3 强的外籍船舶形成强烈的对照。

（四）部分法定航政职权仍由海关兼管或外人代办

至全面抗战爆发前，交通部航政司、各口岸航政局及其航政办事处等所有航政机关

---

① 朱汇森主编：《中华民国交通史料（一）：航政史料》，"国史馆"印行1989年，第100页、101页、249页、265页。
② 行政：外交：（丙）驳斥异议：《英美使对沪汉等处航政局提出异议案》，《中国国民党指导下之政治成绩统计》1932年，第4期，第4页。
③ 社评：《最近一年航政之检讨与今后应取之途径》，《交通杂志》1933年，第1卷，第5期，第1–7页。
④ 公牍：咨：交通部咨：第783号（1935年7月5日）：咨财政部：《为咨请转饬闽海关将洋驳船检丈登记职权移交福州航政办事处接管由》，《交通公报》1935年，第682期，第4页。
⑤ 《外籍船舶原检查证书暂予承认之核定》，《交通杂志》1934年，第2卷，第11期，第127–128页。

所行使的航政管理职权集中于船舶检查、船舶丈量、船舶登记及船员管理等项，而对于其他航政官署法定的职权如航路标识、引水管理的监管等项，仍旧主要为海关所兼管。

航路标识设置及管理关涉水上交通安全甚密。1931年，立法院通过《交通部组织法》第10条第1项内载："关于管理航路及航行标识并其他一切航政事项"，可知航路标识监管属于交通部职掌之一。1929年间，交通部提出厉行航政职权统一，遵照国民党三届二中全会会议议决，全国航政概由交通部管理，其向由海关兼管部分，令由交通部接管。后以第190次中央政治会议议决，向由海关代管航政各部分暂行仍旧。惟须同时受中央主管机关之指挥监督。航路标识仍由海关继续兼管。是故，上述交通部组织法中有关交通部对全国航路标识的监管权，因中央政治会议对航政管理的议决案而成为一纸空文。这种制度安排，于航政政务管理上多有悖论。海关原则上隶属于财政部管辖，而财政部组织法中并无管理航政事务的职掌条文。交通部在中央部会职能划分时领有管辖航政一门的职权。但现实的场景是海关兼管航政业务部分并不受交通部指挥监督。

外国船舶进入中国港口，按照国际惯例必须由中国引水进行引航。这是因为引水与维护水上交通安全及国防安全关系密切。鸦片战争之前中国政府对于引水有部分区域性的（如广州）管理制度。政府对引水人员任用及引水费率的决定均是自主进行。后续经过中英虎门《五口通商章程》、中美《望厦条约》、中法《黄埔条约》、中意《通商条约》的签署，中国的引水权逐步为列强所劫夺。依据条约文本，各国领事具有任用外籍引水、签发引水从业资格（即引水执照）的权利。同时对于引水费率制订，引水行政事务的参与及相关引水管理章程的制订具有重要的参与权。

对于与国防关系密切的引水、航路标识等航政业务和设施，在战时其影响尤为显著。1886年中法战争中，法国军舰由海关颁给执照的美籍引水引航进入闽江口。1932年"一·二八"事变爆发，由于上海引水公会中的外籍引水尤其是日籍引水在战事中对日本军舰货船的引航，对中国战事造成非常不利的局面。加之引水具有领事裁判权，中国政府难以对其进行实质惩戒。该类引水情事逐渐引起中国官民的注意。1921年，北京政府时期的海界委员会曾提出修改1868年颁行的由外人垄断中国沿海沿江引水权的《中国引水总章》。

时至1931年，南京国民政府《交通部组织法》及《交通部航政局组织法》颁行后，其明文规定引水人由交通部及其所属的各口岸航政局进行监管。至此，以往主要由外人控制的引水权，在法律上中国政府指定了专门职掌机构。

1932年"一·二八"事变爆发后，对引水权的收回遂成为官民一致的航权规复的焦点事件。1933年9月20日，行政院颁布《引水管理暂行章程》，该章程以引水管理委员会为引水管理的主管机关，该委员会成员由参谋本部、海军部、交通部、中国商会代表各1人，财政部2人（税务司和港务长），以税务司为主席。该章程规定了引水管理委员会有权制订本区域内管理引水细则、划分引水界限、规定引水人及学员名额和费用，有权对引水员的任用、监督及处置控告等实行管辖。并规定引水缺额时，由中国国籍引水充任，引水学员必须为中国人。该章程以釜底抽薪式地清除了外人干预中国引水管理的法理依据，将引水权从外国领事、外国商会、海关理船厅组成的引水委员会中收回。取而代之的是由中国政府各部会代表组成的管理委员会。表面上依据该暂行章程成立的上海引水委员会，其职权的行使为各相关中央部会，交通部只是其中一家机构，这与《交通部组织法》《交通部航政局组织法》有关该部直接掌管引水的法定职权的预期目标仍有很大距离。但这种局面的产生与当时引水本身关涉的国防安全、航运经济、外交交涉有关。单凭交通部一家实际在当时情形下难以实现政府规复引水权的目标。但是也正是交通部及其航政局具有法定的引水航政管理权，在此期历次的部交涉中，涉航团体多建议依据法律将外人把控的引水权交由交通部及其航政局管理。[①]

而该暂行章程颁行后的实际情况是，章程规定在各口岸设立引水委员会（实际只有上海设置），由于该章程对于外籍引水和引水机构并无明确的取缔条文，收回的引水权仍可由海关外籍洋员操纵。同时造成交通部及其航政局其法定有关引水管理的职掌与上海引水管理委员会相关职能相抵触。并且该委员会成立后，因其在职能范围、引水费率调整、引水人员甄选等方面遭到来自外籍引水、华籍引水、外国驻沪领事团及国内航商的抵制。[②]该暂行章程最终亦因日本的极力反对和阻扰而宣告失败。

三、航政制度深层次分析

此期航政制度的制订、施行取得了系列的成效，但也暴露出各类问题和流弊。之所以如此，有其深层次的因素。

（一）航权规复是航政局机构设置、职能行使的直接政治动因

航权规复先于航政局设立而存在，并与航政局的设立、运转相伴生、影随。列强通过条约制度攫取中国沿海和内河航行权之后，不平等条约逐渐成为中国民族航运业发展、航政管理等涉航事务发展的挥之不去的外在最大制约因素。对于航权的规复，晚

---

① 参见《中国长江领江总会呼请划归交通部管理》，《申报》，1936年5月17日，第12版；《中国长江领江再推代表赴京请愿彻底收回引水权归交通部管理》，《申报》，1936年8月14日，第12版；章勃：《收回引水权问题》，《国闻周报》1931年，第8卷，第27期，第1–7页。
② 刘利民：《南京国民政府前期修改引水章程活动述论》，《晋阳学刊》2017年，第2期，第60–70页。

清邮传部即通过制订《各省大小轮船注册给照暂行章程》,①藉此收回海关兼理之航政权（华轮需向该部注册领取执照，海关不得对其核发船牌或执照。从后续史实看，该部的预设目标并未实现）。民间层面，发生于19世纪末20世纪初的航权规复只是收回利权运动的较小组成部分，它与此期声势浩大的收回路权斗争相较并不突出。②

时至1920年代末，不平等条约的制约，每每使得涉航各业掣肘难展，各界亦认识到"欲望我国航业之发达，非取消不平等条约之锁连不为功也"。规复航权业亦逐步成为官方和民间的共识。这种共识达到空前的凝聚，在实践层面的重要提议主要有两项工作：在于列强改订新约的同时废除与航权有关的不平等条约；再即是收回海关理船厅。1928年，新成立的南京国民政府发起了改订新约运动，寄希望通过废止旧约，改订新约，进而实现取消关税、领事裁判权、租界、航权在内的一切不平等的条约。其间，改订新约运动有条件地实现了国家的关税自主目标，但航权等不平等条约并未取消。至"抗战爆发前，收回航权的谈判根本没有进入实质阶段"。③显见，伴随改订新约运动的航权规复成效不著。

海关理船厅此期成为规复航权的众矢之的，是因为其为海关兼理航政的实施机关。收回理船厅在中央与地方交通管理官署、航运界、知识界基本达成一致意见。同时也成为规复航权的一项重要指向。而对于收回后，由谁接管，中央与地方则多有分歧。地方上，上海港务局、广东省建设厅、青岛港务局、④天津港务局⑤等均要求由地方相关港航管理官署接管。更有时论认为"航政非通国一致之事项，实各省单独之事项"、"航政应为本省（笔者注：即广东省）自行办理……中央对于航政有间接监督之权，不必有直接处理之事……"⑥时广东省建设厅长邓彦华提议收回航权，撤销理船厅，广东省府将此案提交行政院，行政院谕外交、交通、工商、财政四部并案办理。⑦

而以交通部为代表的中央政府机关则认为海关兼管航政机关（理船厅）应划归交通

---

① 《邮传部奏拟订各省大小轮船注册给照章程折》，《南洋官报》1910年，第97期，第9-12页。
② 朱英：《晚清收回利权运动新论》，《史学集刊》2013年，第3期，第44-57页。
③ 刘利民：《试论南京国民政府改订新约运动与收回航权关系》，《湖南师范大学社会科学学报》2017年，第5期。
④ 《本厅查询青岛上海两港务局收回海关理船厅权责办法之公函》，《航政特刊》，广东省建设厅编辑处1931年，第338-339页。
⑤ 指令：第2289号（1929年8月23日）：令交通部：《呈为会同呈复核议天津特别市政府请收回天津理船厅归该市港务局管理一案情形请鉴核由》，《行政院公报》1929年，第77期，第61页。另见《交通公报》1929年，第72期，第6页。
⑥ 谢子刚：《航政与地方行政之关系》，《航政特刊》，1931年广东省建设厅编辑处1931年，第44-46页。
⑦ 咨：交通部咨：第322号（1930年4月22日）：咨财政部：《为收回航权撤销理船厅一案咨请酌核见复由》，《交通公报》1930年，第139期，第3页。

部管辖。①交通部看来中国航业不振,既有海关"墨守成规"、亦有各省复"各自为政"的原因,这种状况使得航政"政令分歧"。由是筹议收回航权的同时,"谋统一管理机关,藉资整顿,而便设施"。②在这种思想的指引下,交通部发起《航政局组织法》的立法推动工作,为各航政局的设置提供制度上的依据。后经行政院在全国沿江、沿海口岸先行设置上海、天津、汉口、哈尔滨、广州等5处航政局,并详细划分各局所辖区域。尽管哈尔滨因日本侵华旋设旋废、广州直至1937年才设置,但交通部一直秉承上述思路进行航权规复。航政局的设立,其实改变了交通部自民国建立后,中央层面只有部级的航政管理机构的局面,解决了航政制度施行机关的缺失问题。显然,航政局设置之后为交通部筹备规复航权提供各类助益和实践操作。③

此期,理船厅的收回或撤销,不但意味着以往寄附于由外籍税务司主导的海关的航政管理权被中国政府收回,更直接导致了围绕是项权力可能的接收各方的博弈。在航政管理权的重新调整和配置过程中,中央与地方无论是出于航政管理权的划一、便利管理,抑或船舶税费征缴,双方的矛盾此期业已萌生。对于前者,为改变自清末以来只有中央层面的交通管理机关(航政司等),缺少基层直属航政管理执行机关的弊端,接管理船厅各项航政职能,设置直属于交通部的航政管理机关势在必行。后者,特别是各重要沿海口岸城市的港务局,因其业务与理船厅在当地所开展的业务的高度相似与重合,争取接办海关在该口岸理船厅事务自然非常积极。广东省建设厅为收回理船厅职权更是特此设立广东全省港务管理局,以便办理全省河海测量,航路疏通,船舶的检验、丈量、登记,公共码头的修理,海上灯塔的管理等。④

事实上,航权规复问题一直延续至1940年代末期。北京政府时期的航权规复运动并未取得实质进展,南京国民政府时期至对日全面抗战爆发前,该问题的解决亦不乐观。南京政府时期虽然通过修约运动实现了有限度的关税自主,至对日全面抗战爆发,于航权一途,如前所述,进展不大。由此引致航政主权依然不完整。以船员管理为例,中国政府的航政管理官署理论上应行使对在中国境内经营的各类中外航运企业的船员进行有

---

① 咨:交通部咨:第322号(1930年4月22日):咨财政部:《为收回航权撤销理船厅一案咨请酌核见复由》,《交通公报》1930年,第139期,27—28,3页;王洸:《海关兼管航政问题》,《交通公报》1927年,第1606期,第8—10页;第1609期,第9—10页;第1610期,第13—14页;第1611期,第9—10页。
② 部令:训令第6012号:令本部直辖各机关:《奉行政院令交通部为统一管理航权分设航政局五处令仰饬属知照由》,《平汉日刊》1931年,第36期,第1页。
③ 参见交通鳞爪:航政消息:《航政局决收回内河航权》,《铁路月刊:平汉线》1933年,第41期,第165—166页;四海消息:海权:交部筹备收复航权:《令航政局计划办法》,《海事(天津)》1932年,第5卷,第12期,第63—64页。
④ 建设要闻:港务:《港务局召集航商谈话情形,胡雄宣布港务局今后施政方针,请各航商协助收回理船厅自管》,《广东建设月刊》1932年,第1卷,第2期,第342—344页。

效的监管。实际是航政管理官署对于长期在华经营的外轮船员（包括外籍和华籍船员）难以实施监管，只能就华商轮船上的华籍船员（后续经过不断的外交交涉，在华轮上雇员的外籍船员亦接受监管）进行监管。再是对引水权的规复问题。在 1931 年至 1937 年间，引水权作为航权规复的重要内容，一直是航界关注的焦点。从实践观之，海军部一直是持积极的态度予以规复，并一度是规复的主导力量。但从航政管理制度层面看，是项监管权利理应为以交通部为主导的航政官署行使。实际上航政官署更多的是出于一种从属角色。

其间，中国航政官署的航政法规威严受到严重损害。《交通部航政局组织法》《引水人考试条例》《船员检定暂行章程》《航路标识条例》等明确航政官署的在引水、航路标识、船员检定、船舶检丈等方面所具有的独立行政职权。但在实际的航政管理中上述涉外的航政权很难完整实施，其根源在于不平等条约及治外法权。在上述涉外航权规复过程中，航政官署主要寄托于政府经由外交交涉来实现。但在弱国外交的格局下，要实现彻底的航权规复，行使完全的航政主权，自然是难上加难。国民政府要达到规复航政主权的目的，在航政行政范围内显然难以达成预定之愿望，除对在华商轮船上工作的外籍船员进行监管、对小范围部分外籍船舶进行检丈等处略有成效外，在外轮船员、大多数的外籍船舶检丈、引水、航路标识等方面并未实现有效监管。

诚然，伴随航政局及其分支机构的成立及运转，部分地规复由海关兼理的航政管理职权，特别是由点（航政局）及面（航政局及航政办事处）航政管理系统的建立及其职能行使，其成绩值得肯定。同时也应看到，在条约体系未能完全击破，中国与西方条约国家的政治外交关系未能得以重构情况下，航权的彻底规复，以及由此而来的航政主权的彻底行使从根本上难以实现。

伴随航权规复的另外一个问题面向是航权规复与航政管理之间的阶段性矛盾。于民族独立计，航权规复是谋求主权独立的重要一环；检视由航政官署所开展的航政管理业务发展史实，部分航权规复之后，实际业务开展的水平，远低于海关代管时期。由是观之，主权独立与航政管理业务开展似乎成为一对矛盾。这种矛盾不但困扰当时航政管理的客体——航商（船户），更困扰着航政管理的主体——政府。此种状况与当初官民一致要求取消海关理船厅、自办航政所预设的各类目标大径相庭。航政局行使从海关兼理的船舶检丈职权之后，在实际船舶检丈中"反不如海关代管时之认真办理"，船舶检丈标准不高，检查证书种类未进行区分（如远洋船舶检查证书，内河船舶检查证书等）、[①]检查中进行通融等问题突出。[②]

---

① 附录：《上海市内河轮船业公会对于交通部所拟整理民营航业办法纲要签注意见及建议书（1936 年 6 月）》，《交通杂志》1936 年，第 5 卷，第 3 期，第 137–144 页。
② 航政·专载：俞飞鹏：《招商局及航政上的几个问题》，《交通公报》1936 年，第 759 号，第 29–33 页。

这种矛盾的出现是有着深层次的历史积渊，它是同期民族国家在谋求独立自决过程中，经济社会发展中的一种常态。一方面为因刚刚规复的主权，自身相关的人才需求与人才养成之间存在缺口，制度的需求（制订，抑或实施）与供给间的不适等。滥觞于西方资本主义的各项经济社会运行法则，在民族国家部分区域实行后，以其巨大的张力向民族国家进行彰显和示范。民族国家在艰难的政治外交交涉甚至诉诸战争之后，在相关领域多遭受或感受到该类矛盾态势。另一方面，航政管理本身是一项技术性要求较高的管理活动，与航政行政职权由"海关"行使或由国人主导的交通部行使关涉度不高。

（二）社会各界对航政局的认知错位

检视上海航政局筹备期、成立初期的相关史料，我们可以发现，对航政局这一机构的职能、职权的认识及其定位均有一定偏差。这种偏差与机构设置者所处的各种时势环境和认知水平有莫大关系。

立法院对于航政局设立的态度。《航政局组织法》经过立法程序时，立法院认为航政局组织类似向船舶征缴税费的税关厘卡。[1]1930年12月15日行政院公布《交通部航政局组织法》，而同日，财政部正式电令在全国范围内裁撤厘金以及类似厘金的各类通过税。[2] 换言之，《航政局组织法》在尚未公布，进入立法程序之时，正是国民政府酝酿其第三次裁撤厘金之际。立法院担心航政局成立后演变成新的税关厘卡有其特殊的历史场景。加之，立法院有感于以往交通部与财政部交涉移管航政问题时，因外人主导的总税务司阻挠移交而迁延不决的史实，造成其在航政局机构设置时总体处于保守、观望及紧缩状态。结果是仅在全国五所口岸各设置一处航政局并各设少量办事处。如此少量的航政管理机构应付幅员辽阔的水上交通安全问题，以致当时及后来的航政官员多使用"鞭长莫及"来形容这一状况。这种认识的局限和偏差也直接引致航政局"先天不足"。起初的机构设置，更多的被解读为一种"权宜之计"。细查《航政局组织法》其原意则以各口岸分别设立为原则，这也是航政局运行一段时期后，不断有学者提出扩充航政局的重要法理依据。[3]

作为航政局设置直接推手的交通部对航政局职权的认识如何呢？1929年，国民党第三届中央执行委员会第二次全体会议关于确定行政事项统属案，该案第三项划定海政归海军部管理，航政归交通部管理。后经行政院第35次会议议决，划定海政航政管理范围，并呈由中央政治会议核定，转咨立法院将海军部、交通部组织法分别修正公布。

---

[1] 高廷梓：《中国航政建设》，商务印书馆1947年，第133页，注三。
[2] 袁成毅：《南京国民政府三次"裁厘"述评》，《民国档案》1998年，第2期，第74页。
[3] 《整理航政十策》，《民鸣杂志》1932年，第4卷，第3号，第34-38页。

由是交通部所辖航政管理部分的范围进行确定。据此,交通部拟具《航政局组织条例草案》,该草案由交通部部长王伯群呈请行政院审议。在咨请审议书中交通部认为邮政、电政、航政均属该部职掌。彼时邮政和电政在全国商埠城市均分别设立局处办理业务,惟有航政并无专局管理,各省市对于航政管理则各自为政,"漫无统系,纠纷时起"。基于此,交通部拟依照其组织法第 5 条规定在重要港埠设置航政局。同时,国民政府《海商法》业已公布,该法中有关船舶、海员、运送、碰撞各章业务的开展均与航政官署密不可分。换言之,航政局的设置是该法施行的重要环节。交通部在参酌列国成例及国内情形,草拟 19 条《航政局组织条例草案》呈行政院鉴核。① 该草案经立法院法制委员会审查后,减为 15 条。题为《交通部航政局组织条例审查修正案》,② 该修正案第 4.5.6 条涉及航政局的航政管理的核心业务内容,主要涉及船舶的检验及丈量,船舶载重线标识,船舶登记及发给牌照,造船,船舶出入港查验证核发,航路标识监督和管理,港务、码头、趸船、堆栈监督或管理,港内船舶灾变防御,航路疏浚测量。交通部所拟上述草案 4.5.6 条业务内容,其实与上年中央政治会议确立的航政根本方针相违背。航政根本方针规定 1. 凡属港务如埠头、仓库、港内航行标识、船坞等均归地方管理;2. 向由海关代管航政各部暂仍旧。而该 4.5.6 各条内容基本上涵盖了地方管理港务及海关代管的航政大部分业务。同时立法院亦担心该条例后续颁行后,中央主管航政机关在航政监督管理方面如何划清事权,加之当时各省市多设有航政官署,中央交通部直辖航政局与地方航政官署权限如何划分,均是立法院所顾虑的内容。是故,立法院将该草案返回行政院,待上述问题解决后再行审议。③

交通部就此进行解释,它认为草案 4.5.6 各条航政局职掌内容系根据《交通部组织法》第 10 条航政司所掌理各事项的具化。对于海关代管航政部分及各省市自设航政局与交通部航政局权限划分交通部着重进行说明:1. 中央政治会议议决的由海关代管航政部分暂行仍旧。交通部认为既然言海关是代管,则非"主管",既云"暂行仍旧",则非"永久不变"。况且财政部于 1929 年在提议划分海政航政范围案时,对于航政职掌范围(航业监督、查验船舶、濬治航路、管理港埠、考验船员等)表示赞同,惟对于航路标识、指泊船舶认为仍归海关办理。故该条例未列指泊船只,而航路标识则规定"监督或管理",即航路标识中由海关办理者,交通部行监督之权;非海关办理者,交通部行

---

① 公牍·咨:《行政院咨请审议航政局组织条例草案由(2月26日)》,《立法院公报》1930 年,第 16 期,第 131–132 页。
② 立法院各委员会审查报告:法制委员会审查报告:《交通部航政局组织条例草案审查报告》,《立法院公报》1930 年,第 17 期,第 46–49 页。
③ 立法院各委员会审查报告:法制委员会审查报告:《交部航政局组织条例草案重行审查报告》,《立法院公报》1930 年,第 18 期,第 79 页。

管理之权。因财政部要求在先,"监督或管理"的业务规定实为变通之法。但迫于现实,交通部同意将原第六条第一项中的"或管理"字样删去。这实际是交通部的一部妥协,放弃了对部分航路标识的管理权,从预设的部分管理权下落至只具备监督权。2. 对于地方管理航政事项,1929 年的中央政治会议议决凡属港务各埠头仓库港内航标识、船坞等均归地方管理,委仍受中央主管机关指挥监督。交通部据此认为上述地方管理事务同时应受中央监督。而地方办理港务机关仅有市政府所辖港务局。《省政府组织法》《县政府组织法》中并无管理港务的明文规定。同时,港埠、仓库均为各港埠所常有,而具有各类设施的港埠并非均设有市政府,而即使设有市政府亦非均设有港务局(《市政府组织法》第 15 条规定,市政府于必要时经上级机关之核准,得分别增设左列各局:教育局、卫生局、土地局、公用局、港务局)。上海市港务局此时已由行政院令行缓办,天津市港务局亦被裁撤,汉口市港务局尚未成立。对此,交通部仍是采取折中方式,对于已设置港务局的地方实行监督,对于未设置港务局地方则进行负责管理。3. 各省自设航政局事项。各省市对海关代管航政颇多訾议。中央交通部无专局管理,广东、湖北、浙江等省自设航政局,其他各省亦在建设厅下多设有船舶管理所、查验所,从事船牌核发,费用征收等事项。该类业务的开展并未经中央交通主管部门核准。该类机构的设置,交通部认为《省政府组织法》中并无明文规定,故对于交通部设局管理"均无异议",并列举湖北省、广东省及辽宁省致电行政院或交通部速划一航政管理(实际情况是各省对于收回海关理船厅兼办的航政事务均表示赞同,而收回后由中央或地方办理则多有分歧)。此时交通部的观点十分明确即:待交通部依法设立航政局后,各省市自设航政局应归并交通部。①

交通部后续对该草案进行修正,航政局的核心业务科室第二科的职掌为:船舶的检验及丈量,船舶载重线标识,船舶登记及发给牌照。并增加的船员及引水之考核监督。第三科职掌:造船,航路疏浚,航路标识监督、船舶出入港查验证核发等。②是次修正基本将原先由地方港务局等机构的业务剥离出来。

而各地方省市政府设置航政管理官署处理航政事务,交通部的说辞是各地"自设局处",导致"航政政令不一",造成航商"无所适从"。但是无论从法理或现实看,地方政府的做法均无可厚非,交通部所辖航政司没有设置相应的执行航政官署,面对各地随着航业的发展所产生了大量航政管理需求,地方政府设置航政管理局处自然必须且必要。如前所属各地中央和地方对于海关兼办航政均一致对外,要求在规复航权基础上,

---

① 《交通部为航政局职掌及权限问题拟具书呈行政院转咨立法院参考》,《湖北省政府公报》1930 年,第 100 期,第 45–47 页。
② 立法院各委员会审查报告:法制委员会审查报告:《修正交通部航政局组织条例草案审查报告》,《立法院公报》1930 年,第 24 期,第 57–60 页。

收回航政管理。至于由谁收回，收回后由谁接续管理，以交通部为代表的中央政府和地方省市政府对于航政局职能设置、职掌范围等问题的认知存在较大差异。

同时也可以看出，交通部对航政局的设置及其职掌范围认知是一个不断深化的过程，从开始草拟航政局组织草案（参酌列国成例和国内情况）到该草案提请立法院修正，正是将国外航政管理的制度移植到国内的过程。尤其是将掺杂其间的海关兼管航政及地方航政机关管理地方航政的现实需要与航政立法实践相结合。

从后期航政局成立后的各类航政管理实践看，立法机关（立法院）、主管机关（交通部）、地方省市政府等相关组织对航政局设置的认知和定位偏差，是其后续各类矛盾生成的重要思想源头。这种认知和定位的偏差还引致航政局成立后在航政管理实践上的一系列的问题（如航政管理知识体系、实践体系及航政专业技术人才等的储备不足）。

结语

五口通商之后，中国领水范围内的航业日渐繁稠，而中国政府对于以轮船、民船（帆船）为中心的水上交通事务未能实施有效的监管。与船舶相关的各类航政管理事项由外籍总税务司主管的各通商口岸海关理船厅代办。招商局作为当时官督商办的最大航运企业其隶属于北洋大臣，内地民船则归工部管理。及至晚清，邮传部设立后其内部于航政一门专设船政司，职掌全国船政事项。因总税务司的反对，其各项船政职权难以行使。

民国建立后，交通部设置航政司管理全国航政，后续并拟订《航政管理局职掌暂行章程》，拟设的航政管理局主要掌理船舶的检查及登录，保护航业，航路标识，船只装载及停泊，引水试验，航务诉讼，水上救护及其他一切航务管理事项。航政司及航政管理局终因海关总税务司的阻扰而未能设立。各口海关负责口岸内船舶的一切航政管理事务，举凡船舶检查、丈量、登记注册、航路标识、海事纠纷处置等均由其负责。但关于各口实施的航政管理亦多无统一的措施。时内港船只则任由各省地方官厅设立局所管理。航政管理名目混淆、章制复杂。"登记检验自为风气，征收责罚动涉烦苛"，船舶装运限制不一，停泊指定各不相同，碰撞沉溺时有所闻。同时各项航政主管局所之外，复有商船公会设置，名为航商自治机构，实则行使部分航政管理职权，敲诈需索，弊窦丛生。故此，地方船商纷纷呈请交通部设立航政管理机关，以划一职权，阔除宿弊。

国民政府定都南京后，重行厘定中央及地方官制，成立交通部管辖全国路政、电政、邮政及航政，于航政一门专设航政司，监督管辖全国航业行政及船舶、海事、海员诸项事宜。遂后，交通部公布《交通部航政局组织通则》，通则内规定航政局职掌有轮船、民船检验、丈量、登记及发给牌照事项，船员、引水的考核监督事项，造船事项，航路标识监督或管理事项，港务、码头、趸船堆栈的监督或管理事项，港内险滩的救护事项，航路疏浚测量事项。

1931年7月至9月间，先后设置上海航政局、汉口航政局、天津航政局、哈尔滨航政局，并在各局辖区内重要港埠设置航政分支机构。政府先是确定航政根本方针、厘定航政行政机关管理职权，并陆续编订并公布各类航律。此期除颁行与航政局组织相关的法律外，交通部或由国民政府陆续公布或修正了《船舶法》《船舶登记法》《轮船注册给照章程》《海商法》《海商法施行法》《船舶登记法施行细则》等与航政局业务直接相关的法令。此类航律的制定及颁布，为即将成立的航政局和其开展的各类航政业务提供了初步的制度保障。与此同时，为更好地实施航政管理，航政司及其各口航政局积极地罗致各类航政专门人才。

上述政府设置航政局的过程中，其背景是南京国民政府成立，关税自主的极力倡导及废除不平等条约运动的高涨，整理全国航政成为朝野各方聚焦。在制度先行的策略下，政府通过与海关迭次谈判，终于规复了先前由海关兼管的部分航政职权。但是，规复后有限的航政管理权各项制度的制订及其施行仍处处受到列强的掣肘。

各口航政局的成立，其职权亦主要基于是类规复航权开展。自北京政府时期交通部即希望通过成立统辖全国的航政管理机关，实现全国航政管理权的统一。此时，南京政府亦依循该路径，中央成立全国性的航政管理机关，废除地方各地独立的航政机关，并逐步收回海关兼管的各类航政职权。于收回海关理船厅兼办的航政职权一项，各省地方与中央的目标是一致的，但由何种机构收回及收回后由何种机构接管，双方分歧很大。尤其是航政局及其分支机构成立初期一段时间内，双方矛盾重重。后经采取中央与地方航政职权行使区域划分、监管船舶对象分类管理等措施，两方矛盾始趋缓和。

以上海航政局为代表的航政官署接管海关部分职能之后，其与各省地方航政管理机构（建设厅、公用局等）、海关在航政管理方面，冲突不断，经由一段时期的冲突磨合，最终在一定层面达成调适、合作。不可否认，此期中央航政机关与地方航政机关间关系，矛盾、冲突是主要方面。由此，近代中国的航政管理秩序，也由先前的整体无序状态向局部有序转变。

航政局凭借其规复的部分航政职权，在船舶登记注册、船舶检查、船舶丈量及船员的检定考核等方面逐渐步入航政发展的正常轨道，并在航政管理统计、航政制度供给等方面取得了一系列的成效。各口航政局也在所践行的航政实践中完成了调整和变革。1937年，全面抗战爆发前，上海航政局逐渐成为全国航政制度创新的生成地、实践地和信息源。

设立后的各口航政局在交通部航政司的统一部署下，尽管取得了上述系列的成效，但是其预设的目标即将各自其所辖区域内旧设航政各机关尽行裁撤，因政府未能真正实现内部的统一等因素，而未能实现。同时，其徐图进一步收回海关兼理航政职权（如航路标识权等），也因总税务司的反对而未能实现。即使是行使的部分航政，其行使的也只是有限度的职权。如船舶检丈和船员考验中对外轮及外籍船员的施行就不甚理想。因此，航政局仅实现了有限度的航政管理职权，部分中国航政管理法规所规定的航政管理职权（如航路标识、引水人的监管考核甄选等）仍由海关或外人主导的相关机构控制。航政管理机构不健全，航政管理权不统一，航政经费短绌，航政技术人员匮乏依然是困扰航政管理转型和发展的重要问题。

航政制度的变革实质是相关利益的重新分配和组合，任何调整均牵一发而动全身，如果不能协调好整体与局部、中央与地方、国内与国外的关系，就很容易导致矛盾凸显甚至激化，从而影响航政新制度功能的发挥。航政局与海关、各省市地方航政管理机构之间的冲突、矛盾即为佐证。此期的航政管理，经由各口航政局及其分支机构的实践，经历了不断探索，反复调适的过程，在船舶登记、检查、丈量、船员注册登记考核、海事事故处理、渐次有序铺陈开来。但囿于航权规复的有限性，其诸多属于航政管理的题中之义的业务，诸如航路标识管理、外籍船舶的检丈、引水管理与考核等难有建树，仅能象征性地行使监督之权。同时，由于所在口岸的地方政府航政管理机构及各口海关与之共同切割航政管理权，使得以航政局为代表的航政管理权始终未能实现统一。

各口航政局的设置与实践，始终伴随着航政主权的规复与航政制度的创制。规复是创制的前提和基础。创制有对海关航政管理向例的参酌、有对当时世界先进国家航政制度的采撷、更有结合国情所开展的设新，这在此期各类航政制度的大量供给、调整及释法中表现最为显现。

在规复与反规复，及规复后的航政职权行使等问题上，当时呈现一悖论：航权丧失，规复前利用民族主义为号召，道义和法理上均占优势，但一旦规复自办之后，特别在技术层面，出现诸多问题。固有相关事务在"海关举办时如何"，现今举办如何？这自然是一类直观的纵向比较。反观，是否因为规复之后举办部分事务不尽人意，规复的意义即不存在。以前接收和鞭挞的对象，现今凡成了处处参酌和采择的对象。具化于航政，则是海关兼办时期，经费充沛，航政办理人员多为学有专长的专技人员，管理又采取西方现代的管理体系。现代性观点，对于海关兼管航政，关注于海关在服从和服务于西方列强的同时，不自觉地给中国带来了现代化。这里需要强调的是以航政管理为代表的各类技术与管理，更多的只是技术或管理层面的问题，它与航权的规复，即与由国籍人员或外籍人员行使该部分职权关涉不大。纯粹从船舶检丈、登记、船员管理、海事事件的处置等技术层面看，海关的很多做法均称为交通部航政官署办理相关业务时重要的参酌对象。这在各类航律的草拟、航政制度创制等方面均有体现。明晰了该类问题，有助于理解和认识航政在交通部管理运行下出现的效率性及其他问题的困惑。

从以上海航政局为代表的各口岸航政官署参与和施行的系列有限度的航政管理历史实践看，此期经过中国政府的诸种努力，中国的航政管理事务正朝着自主方向迈进。它通过积极的航政制度供给、分步骤、分区域的航政管理实践、顺应主权（航权）规复的民族主义浪潮。但是也应看到，尤其是规复海关兼管或涉外的各类航政管理权时，政府更多寄希望于频繁的外交交涉，这是弱国外交的无奈写照。在没有中国与西方条约各国间外交政治经济关系的重构前提下，要实现上述目标，无疑与虎谋皮。

航运业作为交通运输业中的有机组成部分，其发展和演变自然成为中国现代经济发展的重要部门。通过以上海航政局为代表的航政官署的航政实践，透析近代中国在现代化转型，是观察此期在政府层面的努力和探索的典型窗口。航政实践本身所蕴含的外部性（对外交涉、中外贸易交流）、现代性（相较于传统帆船），与近代社会转型与发展的主题非常契合，这种契合实质上凸显出航政局作为交通行政部门经过与列强努力、抗争，在羁绊和掣肘中规复了有限的航权，取得了有限度的航政管理成效，整体上实现了航政由外籍主导到逐步实现自我主导的历史变迁。

参考文献

一、档案类

[1] 上海港务集团档案馆. 上海航政局各办事处职员调查（1930年8月3日—1945年7月25日）[A]. 全宗号618-001-032.

[2] 上海港务集团档案馆. 上海航政局人事职员名录（1930年12月7日—1937年9月28日）[A]. 全宗号618-001-003.

[3] 上海港务集团档案馆. 上海航政局解释法规训令卷（1931—1936）[A]. 卷号10.

[4] 上海港务集团档案馆. 上海航政局：水上交通管理规则（1932年）[A]. 卷号16.

[5] 上海港务集团档案馆. 上海航政局各办事处人事（1933年4月22日—1945年10月12日）[A]. 全宗号618-001-031.

[6] 上海港务集团档案馆. 上海航政局各办事处人员统计调查表（1933年7月21日至1933年12月6日）[A]. 全宗号618-001-066.

[7] 上海港务集团档案馆. 上海航政局宁波办事处人事（1934年2月27日—1937年5月3日）[A]. 全宗号618-001-029.

[8] 上海港务集团档案馆. 上海航政局宁波温州海门办事处人事（1934年11月27日—1937年6月15日）[A]. 全宗号618-001-034.

[9] 上海港务集团档案馆. 上海航政局有关船务业务的法规章则之类（1935年4月10日—1936年1月10日）[A]. 全宗号618-9-3.

[10] 上海港务集团档案馆. 上海航政局有关船务业务的法规章则之类（1935年4月—1936年1月）[A]. 卷号9.

[11] 上海港务集团档案馆. 上海航政局抗战前人事名册（1935年5月29日—1937年1月8日）[A]. 全宗号618-001-019.

[12] 上海港务集团档案馆. 上海航政局：船舶起卸工人灾害防护办法（1936年3月）[A]. 卷号14.

[13] 上海市档案馆. 交通部上海航政局聘请上海市轮船商业同业公会理事长虞洽卿为该局航线调查委员会以及该会的章程、会议记录等文书[A]. 全宗号149-1-10.

[14] 上海市档案馆. 上海市轮船商业同业公会关于我国参加国际载重线公约与交通部、上海航政局等往来的有关文书[A]. 全宗号149-1-11.

[15] 镇江市档案馆. 长江区航政局镇江办事处档案[A]. 全宗号A21.

二、著作类

[1] 王汝许. 航政纪要初编[M]. 出版信息不详，1912.

[2] 邢契莘. 松黑两江航政考察纪略[M]. 出版信息不详，1923.

[3] 唐有烈. 浙江省航政之概况 [M]. 浙江省航政局印行，1930.

[4] 关赓麟. 交通史航政编（1-6 册）[M]. 交通部、铁道部交通史编纂委员会出版，1931.

[5] 广东建设厅. 航政特刊 [M]. 广东省建设厅编辑处，1931.

[6] 交通部法规委员会. 交通法规汇编 [M]. 出版信息不详，1931.

[7] 王伯群. 四年来之航政 [M]. 交通部编印，1931.

[8] 张心澂. 中国现代交通史 [M]. 上海：上海书店，1931.

[9] 交通部航政司. 交通部船名录 [M]. 出版信息不详，1932.

[10] 交通部航政司. 交通部船名录 [M]. 出版信息不详，1933.

[11] 交通部航政司. 交通部船名录 [M]. 出版信息不详，1934.

[12] 温州港航务统计专刊（1932 年 1 月—1934 年 6 月）[M]. 交通部上海航政局温州办事处编印，1934.

[13] 胡祥麟，陈世材. 非常时期之交通 [M]. 上海：中华书局，1935.

[14] 交通部年鉴编纂委员会. 交通年鉴（1935 年）[M]. 交通部总务司编印，1935.

[15] 交通部总务司统计科. 中华民国二十二年交通部统计年报 [M]. 出版信息不详，1935.

[16] 交通部编审委员会. 交通法规汇编续编 [M]. 交通部编审委员会，1936.

[17] 中国经济年鉴：民国二十五年第三编 [M]. 上海：商务印书馆，1936.

[18] 胡祥麟，陈世材. 非常时期之交通 [M]. 上海：中华书局，1937.

[19] 金家凤. 中国交通之发展及其趋向 [M]. 南京：正中书局，1937.

[20] 王洸. 现代航政问题 [M]. 南京：正中书局，1937.

[21] 张嘉璈. 交通法规汇编补刊（上册）[M]. 交通部参事厅、交通部总务司编印，1940.

[22] 薛光前. 交通行政 [M]. 中央训练委员会、内政部印行，1942.

[23] 高廷梓. 中国航政建设 [M]. 上海：商务印书馆，1947.

[24] 王洸. 水道运输学 [M]. 上海：商务印书馆，1949.

[25] 王铁崖. 中外旧约章汇编第一册 [M]. 上海：三联书店，1957.

[26] 聂宝璋. 中国近代航运史资料第一辑（1840—1894）[M]. 上海：上海人民出版社，1984.

[27] 樊百川. 中国轮船航运业的兴起 [M]. 成都：四川人民出版社，1985.

[28] 秦孝仪. 中华民国史料丛编：十年来之中国经济建设（1927-1937）[M]. 中国国民党中央委员会党史委员会，1985.

[29] 陈敦平. 镇江港史 [M]. 北京：人民交通出版社，1989.

[30] 江苏省交通史志编纂委员会. 江苏航运史（近代部分）[M]. 北京：人民交通出版社，1989.

[31] 南京港史编委会. 南京港史 [M]. 北京：人民交通出版社，1989.

[32] 朱汇森. 中华民国交通史料（一）：航政史料 [M]. 北京：国史馆，1989.

[33] 中国航海学会. 中国航海史（近代航海史）[M]. 北京：人民交通出版社，1989.

[34] 江天凤. 长江航运史（近代部分）[M]. 北京：人民交通出版社，1992.

[35] 童隆福. 浙江航运史（古近代部分）[M]. 北京：人民交通出版社，1993.

[36] 王曾博. 长江航政史（江苏部分）[M]. 长江航运史编写委员会编（内部发行），1993.

[37] 张树玉，杨贤益. 连云港港志[M]. 北京：人民交通出版社，1993.

[38] 林开明. 福建航运史（古、近代部分）[M]. 北京：人民交通出版社，1994.

[39] 吴炎. 温州市交通志[M]. 北京：海洋出版社，1994.

[40] 中国第二历史档案馆. 中华民国史档案资料汇编第五辑第一编财政经济（九）[M]. 南京：江苏古籍出版社，1994.

[41] 金陈宋. 海门港史[M]. 北京：人民交通出版社，1995.

[42] 刘寿林，等. 民国职官年表[M]. 北京：中华书局，1995.

[43] 钱起远. 宁波交通志[M]. 北京：海洋出版社，1996.

[44] 上海海关志编纂委员会. 上海海关志[M]. 上海：上海社会科学院出版社，1997.

[45] 陈诗启. 中国近代海关史（民国部分）[M]. 北京：人民出版社，1999.

[46] 上海内河航运志编委会. 上海内河航运志[M]. 上海：上海社会科学院出版社，1999.

[47] 上海沿海地方志编纂委员会. 上海沿海运输志[M]. 上海：上海社会科学院出版社，1999.

[48] 宁波海关志编纂委员会. 宁波海关志[M]. 杭州：浙江科学技术出版社，2000.

[49] 上海港志编纂委员会. 上海港志[M]. 上海：上海社会科学院出版社，2001.

[50] 肖建农. 船员职务与海运法规[M]. 大连：大连海事大学出版社，2001.

[51] 徐万民，李恭忠. 中国引航史[M]. 北京：人民交通出版社，2001.

[52] 聂宝璋，朱荫贵. 中国近代航运史资料第二辑（1895—1927）[M]. 北京：中国社会科学出版社，2002.

[53] 苏全有. 清末邮传部研究[M]. 北京：中华书局，2005.

[54] 张晓辉. 民国时期广东社会经济史[M]. 广州：广东人民出版社，2005.

[55] 戴耀存. 船舶管理[M]. 大连：大连海事大学出版社，2008.

[56] 张研，孙燕京. 民国史料丛刊620，经济·工业[M]. 郑州：大象出版社，2009.

[57] 白寿彝. 中国交通史[M]. 武汉：武汉大学出版社，2012.

[58] 上海中国航海博物馆主编. 上海：海与城的交融[M]. 上海：上海古籍出版社，2012.

[59] 严中平，等. 中国近代经济史统计资料选辑[M]. 北京：中国社会科学出版社，2012.

[60] 程波. 法意发凡——清末民国法理学著述九种[M]. 北京：清华大学出版社，2013.

[61] 杜恂诚. 民族资本主义与旧中国政府（1840—1937）[M]. 上海：上海人民出版社，2014.

[62] 吴松弟. 美国哈佛大学图书馆藏未刊中国旧海关史料（1860—1949）（20册）[M]. 桂林：广西师范大学出版社，2014.

[63] 中国船级社. 中国古代船检暨相关航政史料汇要[M]. 北京：人民交通出版社，2016.

[64] 交通部海事局. 中国海事史（古、近代部分）[M]. 北京：人民交通出版社，2017.

三、论文类

[1] 尚刚. 上海引水史料[J]. 学术月刊，1979(2).

[2] 陈绛. 清季西方资本与长江航运的近代化[J]. 上海社会科学院学术季刊，1987(4).

[3] 黄增章. 抗战前广东航政沿革 [J]. 广东史志，1989(1).

[4] 黄增章. 三十年代的广东航政管理 [J]. 羊城古今，1990(2).

[5] 陈长河. 国民党政府交通部组织概述 [J]. 民国档案，1992(3).

[6] 郭永强. 湛江近代航政与船检机构的沿革 [J]. 广东造船，1994(3).

[7] 王春阁. 台湾地区航政管理体制的沿革与现状 [J]. 台湾研究，1995(3).

[8] 袁成毅. 南京国民政府三次"裁厘"述评 [J]. 民国档案，1998(2).

[9] 胡懿. 王洸与抗战时期的长江航政管理 [J]. 档案史料与研究，2000(2).

[10] 苏全有. 邮传部与清末航运事业的近代化 [J]. 山西师大学报（社会科学版），2006(4).

[11] 苏全有. 清末邮传部档案述略 [J]. 历史档案，2008(4).

[12] 黄娟. 湖南近代航运业研究 [D]. 武汉：华中师范大学，2009.

[13] 张代春. 论近代中国引水权的沦丧 [J]. 经济与社会发展，2009(5).

[14] 张胜平. 上海市轮船业同业公会研究（1925—1949年）[D]. 上海：东华大学，2009.

[15] 李伟燕. 近代宁波内河轮运业研究（1895—1949年）[D]. 上海：复旦大学，2010.

[16] 李金全. 民初交通部研究（1912—1916）[D]. 西安：陕西师范大学，2010.

[17] 彭苾蕾. 论1934年航政改用新制度度量衡 [J]. 科教导刊（中旬刊），2010(7).

[18] 董首玉. 航运近代化与皖江地区的开发（1877—1937）[D]. 合肥：安徽大学，2012.

[19] 杨涛. 交通系与民初经济政策研究 [D]. 西安：陕西师范大学，2012.

[20] 徐扬. 民国时期钱塘江航运研究（1912—1937）[D]. 杭州：杭州师范大学，2013.

[21] 朱英. 晚清收回利权运动新论 [J]. 史学集刊，2013(3).

[22] 刘爱华. 裂变中的传承：清末民初广州航政管理的变迁与近代化 [J]. 广东技术师范学院学报，2014(1).

[23] 朱娇娇. 交通部长江区航政局研究 [D]. 重庆：重庆师范大学，2014.

[24] 曹凛. 清代天津的船只监管与检查 [J]. 中国船检，2015(1).

[25] 曹凛. 清前期东三省的航政管理 [J]. 中国船检，2015(2).

[26] 曹凛. 清代福建航政及船检 [J]. 中国船检，2015(3).

[27] 曹凛. 都水清吏司对船只的丈量及检查 [J]. 中国船检，2015(4).

[28] 曹凛. 清中前期台湾航政与船质勘查 [J]. 中国船检，2015(9).

[29] 曹凛. 清代江西航政与船只管理 [J]. 中国船检，2015(60).

[30] 苏明强. 近代湖北航政研究（1928—1949）[D]. 武汉：华中师范大学，2015.

[31] 刘利民. 航业团体与南京国民政府前期收回航权运动关系初探 [J]. 湖南师范大学学报，2016(4).

[32] 刘利民. 南京国民政府前期修改引水章程活动述论 [J]. 晋阳学刊，2017(2).

[33] 刘利民. 试论南京国民政府改订新约运动与收回航权关系 [J]. 湖南师范大学社会科学学报，2017(5).

[34] 沈强，周石峰. 高廷梓航政思想论析 [J]. 五邑大学学报（哲学社会科学版），2017(3).

[35] 李鹏. 近代长江上游巡江工司与川江内河航政建设 [J]. 长江文明，2018(2).

附表1 交通部上海航政局职员录（1934年4月）[①]

职别	姓名	别号	性别	年龄（岁）	籍贯	到差年月	简明履历	工作	支薪俸等级	通讯处 现在	通讯处 永久
局长	朱耀廷	有卿	男	41	浙江海盐	1933年1月（简任）	留美康奈尔大学土木工程硕士，曾任美国纽约省道局及纽约中央铁道公司工程师，杭州市工务局局长，浙江建设厅技正兼第一科长	综理局务	520.0元	上海静安别墅162号	海盐城内新桥头
秘书	邹之栋	宏宾	男	50	浙江平湖	1933年6月（荐任）	日本早稻田大学毕业，曾任浙江教育厅科长，杭州市工务局秘书	佐理局务	250.0元	上海宁波路烟兑同业公会	平湖城内北坛弄
第一科											
科长	陈宜慈	让荪	男	54	浙江海盐	1933年1月（荐任）	日本早稻田大学毕业，曾任浙江第二中学校长，杭州市工务局秘书兼第一科长	总务	300.0元	上海法大马路355号	海盐城内
科员文书股股长	唐尧臣	铁林	男	46	江苏镇江	1931年6月	两江优级师范学堂毕业，曾任国立师范大学教授，1920年第二届文官考试及格	办理文书	150.0元	上海小南门黄家路204号	镇江大巷西街
科员	李子楦		男	54	浙江吴兴	1933年2月	日本东京高等工业学校毕业，曾任外交部特派浙江交涉员署及浙江财政厅科员	办理文书	100.0元	上海威海卫路中社	吴兴双林镇
	汪药荪		男	24	安徽休宁	1933年1月	上海南洋高级商科肄业，曾任浙江建设厅第一科科员	办理文书	100.0元	上海法大马路355号	休宁瀛溪

[①] 上海航政局人事职员名表（1930年12月7日—1937年9月28日），上海航政局档案：全宗号618，目录号001，卷号003。

(续表)

职别	姓名	别号	性别	年龄（岁）	籍贯	到差年月	简明履历	工作	支薪俸等级	通讯处 现在	永久
科员统计股股长	陈天彪	威东	男	44	浙江海盐	1931年7月	上海青年会中学毕业，曾任安徽特派交涉署科员，芜湖关监督统计科科长，闵行船舶登记所主任	收发文件	90.0元	上海安纳金路务本里1号	嘉定南门内大街
办事员	张文甫	章甫	男	49	浙江海盐	1933年1月	前邮传部上海高等实业学堂毕业，曾任杭州市工务局会计主任	办理统计	120.0元	上海法大马路355号	海盐教育局巷
	邓达楷	范五	男	35	湖北江陵	1933年5月	浙江公立法政学校毕业，曾任东北海军总司令部公署秘书，安徽乌江公安局长	助理收发	60.0元	上海哈同路慈幼南里774号	江陵沙市黑水塘3号
	刘翼	伯衡	男	54	湖南攸县	1930年11月	曾任淮北副盐使署中正坨务主任	管卷	60.0元	上海麦特赫司脱路通安里87号	同上
	汪燮金		女	23	安徽旌德	1933年2月	上海圣玛利亚女校毕业	监印	60.0元	上海麦特赫司脱路106弄13号	苏州马大口巷24号
	朱芭培	剑人	男	38	浙江海盐	1933年1月	浙江第二中学毕业，曾任杭州贫民工厂职员	庶务	50.0元	上海法大马路355号	海盐城内戚家街
书记	杨述宪	述先	男	36	贵州贵阳	1931年7月	北平国立法政学校肄业，曾充总司令部军咨处处员	缮写	50.0元	上海白尔路善元里2号	贵阳府前街
	许期	鹏鑫	男	31	江苏武进	1933年1月	杭州宗文中学毕业，曾任财政部军械处处员	缮写	40.0元	上海莱市路信陵邨82号黄公馆	杭州灰围巷41号
	黄曜	中斗	男	35	浙江平阳	1933年2月	浙江省立第十师范学校毕业，曾任青田县政府科员，考试委员会录事	缮写	35.0元	上海南市红栏杆街成春坊11号	平阳江南黄车堡
	季博仁		男	30	江苏南通	1933年7月	江苏省立第七中学肄业	缮写	35.0元	上海塘山路舟山路口蕃兴里43号	南通东社

(续表)

职别	姓名	别号	性别	年龄（岁）	籍贯	到差年月	简明履历	工作	支薪俸等级	通讯处 现在	永久
	佘振廷	殿卿	男	27	山东福山	1930年7月	烟台甲种商业学校毕业	缮写	35.0元	上海康脑托路康乐里7号	烟台
	许陶煜	韦绅	男	38	浙江嘉兴	1933年10月	浙江省立第二中学肄业	缮写	30.0元	上海北福建路北区小学内	嘉兴芝桥街醋弄4号
会计主任办公室											
会计主任	章宗培	荫先	男	33	浙江吴兴	1933年1月	吴兴县立甲种商业学校毕业，曾任浙江省公路局会计科科员兼簿记股主任	会计	100.0元	上海西门大吉路牌楼路6号	吴兴荻港镇
助理会计	朱宗谦	吉臣	男	40	浙江海盐	1933年1月	贵州公立法政学堂毕业，曾任直隶永年新河阜平等县财政科科长	稽核	80.0元	上海法大马路355号	海盐城内当巷
	朱冠英	莘吾	男	39	浙江平湖	1933年2月	上海中国公学肄业，曾任江海关浙刘分关总务主任及杭州市工务局第一科科员	助理会计	70.0元	同前	乍浦西门内大街
	陈闰远		女	21	浙江海盐	1933年1月	三江文理学院经济系肄业，曾任浙江建设厅会计股办事员	助理会计	50.0元	同前	杭州竹竿巷
出纳员	孙朱坤	瑞荪	男	40	浙江海盐	1933年1月	日本东京中央大学经济科毕业，曾任浙江省水利局会计员	出纳	82.0元	同前	海盐东门外北巷
第二科											
科长兼技术主任	佘石帆	伯明	男	38	江苏无锡	1933年1月（荐任）	国立北京大学毕业，曾任市工务局技正兼第二科科长，浙江省公路局技术副主任兼工务科科长，安徽建设厅第二科科长	政务	300.0元	上海吉祥街吉如里2号	无锡东林镇

(续表)

职别	姓名	别号	性别	年龄（岁）	籍贯	到差年月	简明履历	工作	支薪俸等级	通讯处 现在	永久
技术员兼验船股股长	刘福培		男	46	广东宝安	1931年10月（荐任）	英国格赖斯哥城国家实业学校毕业，曾任海军部江南造船所造船工程师	验船	300.0元	上海辣菲德路拉都路口怡德里10号	宝安流塘村
技术员	曹守廉		男	41	江苏上海	1931年7月（荐任）	圣芳济大学毕业，曾任海军部江南造船所会计员	验船	300.0元	上海巨籁达路同福里10号	同上
	夏雄才	义恩	男	40	浙江鄞县	1933年6月（荐任）	圣芳济大学毕业，曾任海军部江南造船所技士	验船	220.0元	上海塘山路源福里54号	同上
助理技术员	柳雅南	崇潜	男	38	江苏吴县	1933年3月	上海育才公学肄业，曾任杭州市工务局工务员及科员，西湖博览会筹备处工程师	船舶丈量	70.0元	上海虹口物善路张崇德酱园	苏州胥门外木渎镇东街
办事员	徐逸群	志凡	男	29	江苏上海	1931年7月	上海法政学院肄业，通商航业公司船务主任	办理验船文件	70.0元	上海大东门内东街185号	浦东高行镇
	孔惠庆		男	24	浙江镇海	1932年1月	宁波斐迪学校毕业，曾任平安轮船公司，上海公茂机器造船厂实习员	船舶丈量	50.0元	上海辣菲脱路贝勒路瑞普坊66号	宁波江北岸倪泉堰
技术员兼登记股股长	秦吉云		男	39	江苏无锡	1931年7月（荐任）	吴淞海军官学校毕业，曾任交通部技士	船舶登记	180.0元	上海爱而近路均益里35号	苏州十梓街
科员	余守邦		男	29	浙江慈溪	1931年7月	杭州甲种工业学校毕业，曾任统益纺织厂技正及三北轮船公司上海航业公会编制员	船舶登记	90.0元	上海南市王家码头花衣街口锦兴里5号	慈北东山头山前吴三房

(续表)

职别	姓名	别号	性别	年龄（岁）	籍贯	到差年月	简明履历	工作	支薪俸等级	通讯处 现在	永久
办事员	周士芳		男	30	浙江新登	1933年1月	浙江省立甲种工业学校电机科毕业，曾任杭州市公安局秘书，海陆空总司令部开封行营机械处少校科员	助理船舶登记	60.0元	上海浦柏路北京公寓	新登县炉头
	鲍绀业		男	32	广东中山	1933年5月	上海岭南中学毕业，曾任浙江警备师团部副官，缉私第十营第二队长	科收发	60.0元	上海闸北新广东街锦善坊南弄6号	中山山场乡鲍桂和堂
	朱虎	炳文	男	20	河北北平市	1931年6月	北平铁路大学肄业	缮填证书		上海梅白格路样康乐里32号	北平东城西总布胡同
技术员兼考核股长	张桂尊	君一	男	37	江苏江阴	1933年4月	留日远洋渔业研究生，曾任浙江水产学校校长及江苏渔业试验场天潼路口源茂里45号技术主任	船员考核	180.0元	上海秋思威路	同上
科员	孙大可		男	34	江苏无锡	1933年1月	日本庆应大学毕业，曾任广东省立工业专门学校教授	船员考核	100.0元	上海福煦路306号	无锡石塘湾
办事员	张光华		男	26	河南郾县	1932年6月	交通大学预科毕业，曾任郾县县立师范教育及县自冶助理员	办理船员考核文件	40.0元	上海民国路25号	郾县城内
	张宝仁	东生	男	26	浙江海盐	1933年5月	杭州蕙兰中学毕业，曾充福州市马路补助费征收办事员	缮填证书	45.0元	上海贝勒路道德里23号	海盐寺西
	杨因芳	毂元	男	29	江苏无锡	1933年10月	无锡中学肄业，上海市政研究系学员	助理船登记杂务	45.0元	上海汤恩路瑞康里21号	无锡大虹口桥巷14号
	胡培癸		男	26	浙江嘉善	1933年11月	杭州之江大学肄业，曾任浙江省电话局郾县分局局长	缮填证书	50.0元	上海法华民国路涌德里7号	嘉善西口

(续表)

职别	姓名	别号	性别	年龄（岁）	籍贯	到差年月	简明履历	工作	支薪俸等级	通讯处 现在	通讯处 永久
总稽查	金家骅	励臣	男	22	浙江海盐	1931年10月	海盐兴武学校肄业	缮写证书	30.0元	上海法租界徐家汇路贝勒路口恒庆里87号	海盐西大街112号
	金彭年	锾甫	男	39	浙江海盐	1933年4月（荐任）	北京大学毕业，曾任杭州市工务局第三科科长，浙江建设厅第一科航政股主任	稽查	240.0元	上海福佑路酱业公所	海盐南塘
稽查	孙承义	慕陶	男	39	浙江杭县	1933年5月	浙江工业学校毕业，曾任浙江民政厅旧湖属新政督促专员，上海市公安局第三区第一所所长	稽查	120.0元	上海喇格纳路庆平坊2号	杭州六官口32号

附表2　交通部上海航政局职员录（1934年3月）[1]

职别	姓名	别号	年龄	籍贯	到差年月	简明履历	工作	支薪俸等级
局长	彭湖	石年	34	湖南浏阳	1934年3月	国立东南大学经济学士，中国国民党中央党务学校毕业，美国斯丹福大学政治学硕士，英国加邦加都郎度大学经济研究院肄业，曾任安徽省党部委员，交通部部秘书，中央训练部党训科主任，国营招商局总务科副主任等职	综理局务	520.00元
秘书	陈宝言	君敏	35	江苏武进	1934年3月	前驻法公使秘书，国营招商局产业股股长	佐理局务	250.00元
第一科科长	丑伦杰	侠云	32	湖南长沙	1934年3月	国立东南大学毕业，曾任军师政训处秘书主任，考试院科员及南京五洲中学校校长等职	总务	300.00元
第二科科长	何遒甓	孚肃	42	福建闽侯	1934年3月	曾充交通部法规委员会委员兼航政组主任，交通部航政司第二科科长，法规委员会航政组主任兼东方大港筹备委员会委员	政务	300.00元
技术员	刘福塔		47	广东宝安	1930年10月	英国格赖斯哥城国家实业学校毕业，曾任海军部江南造船所造船工程师	验船	300.00元
	黄宗伦		40	广东番禺	1934年3月	国营招商局船务科工程师兼机器厂厂长		
	王新元		30	湖南	1934年3月	南洋大学毕业，曾任招商局航海专科教员，交通部电信学校事务长	验船	220.00元
代总稽查	孙承义	蔡陶	40	杭州杭县	1933年5月	浙江工业学校毕业，曾任浙江民政厅旧湖属新政督促专员，上海市公安局第三区第一所所长	稽察	200.00元
稽查	林天帆	持日	28	广东开平	1934年3月	中山大学毕业，英国加都郎度大学肄业	稽察	90.00

[1] 上海航政局人事职员录（1930年12月7日—1937年9月28日），上海航政档案：全宗号618，目录号001，卷号003。

(续表)

职别	姓名	别号	年龄	籍贯	到差年月	简明履历	工作	支薪俸等级
技术员兼验船股股长	刘福培		42	广东宝安	1930年10月	吴淞海军学校毕业，曾任交通部技士	船舶检丈	
技术员兼登记股长	秦吉云	庆钧	40	江苏无锡	1931年7月	留日远洋渔业研究生，曾任浙江水产学校校长，江苏省立渔业试验场技术主任	船舶登记	180.00元
技术员兼考核股长	张尊柱	君一	38	江苏江阴	1933年4月		船员考核	180.00元
暂代文书股长	李子谱		54	浙江吴兴	1933年2月	日本东京高等工业学校毕业，曾任外交部特派浙江交涉员署及浙江购政厅科员	办理文书	120.00元
统计股长	楼兆鼎	新皆	28	浙江诸暨	1934年3月	上海复旦大学商学士，曾任铁道部郑州扶轮中学训育主任，上海文化学院教授，交通职工子女学校校长等职	办理统计	160.00元
科员	费震青		58	浙江吴兴	1934年3月	前清禀贡生，曾任本县城镇中小学校教员，潮州船舶轮监督统计科长、科员，吴兴县政府科长，闵行船舶登记所主任，上海内河船商总局文牍等职	办理统计	70.00元
	陈天彪	威东	45	浙江海盐	1931年7月	上海青年会中学毕业，曾任安徽特派交涉署秘书，芜湖关监督秘书处秘书	办理统计	100.00元
	洪文藩		31	浙江嘉兴	1934年3月	北京大学肄业，曾任浙江省党部组织统计科科长及江苏省立民众教育学院教员兼实验部经理股主任	办理统计	100.00元
	高龙章	子云	38	江苏阜宁	1934年3月	江苏法政大学毕业，中国国民党党务学术院毕业，曾任江苏省政府秘书处宣传公报公会编制员	办理统计	75.00元
	佘守邦		30	浙江鄞县	1931年7月	杭州甲种工业纺织学校毕业，曾任统益纱厂技正及三北轮船公司上海航业公会编制员	船舶登记	90.00元
	孙大可		35	江苏无锡	1933年1月	日本庆应大学毕业，曾任广东省立工业专门学校教授	船员考核	100.00元

(续表)

职别	姓名	别号	年龄	籍贯	到差年月	简明履历	工作	支薪俸等级
助理会计员	徐世济	梓如	30	浙江绍兴	1934年3月	国立上海商科大学毕业，曾任轮船招商总局会计科员，绍兴口口特税局会计主任，安徽馒头山口记煤矿公司会计股长等职	助理会计	94.00元
	瞿朝良		28	浙江萧山	1934年3月	曾充中央大学文书口组员杭州自来水筹备委员会总务处处员等职。光华大学肄业，浙江法政专门毕业	助理会计	70.00元
	张宝林		28	江苏上海	1934年3月	圣芳济学习肄业，宝山县塘工局监工，范勒斯洋行、五德洋行簿打字员，市轮渡庶务组长	助理会计	50.00元
出纳员	王德彰		30	湖南长沙	1934年3月	湖南省立第一中学毕业，曾任会计员，职事7年	出纳	82.00元
技术助理员	施恩浩	季英	28	江苏青浦	1934年3月	江苏公立南京专门学习机械工程科肄业，国立浙江大学工学院电机工程科肄业，交通部吴淞商船专科学校第一届论及科学员，前国民政府教济水次委员会院口工务局工程师，英国通用电机厂工程师	船舶丈量	70.00元
办事员	萧仲垩		24	湖南长沙	1934年3月	私立金陵女子大学文学士	监印	70.00元
	邓述楷	范五	33	湖北江陵	1933年5月	浙江公立法政学校毕业，曾任东北海军总司令部公署秘书，安徽乌江公安局长	助理收发	60.00元
	刘翼	伯衡	55	湖南攸县	1931年11月	曾任淮北盐副使署中正场坨主任	管卷	60.00元
	史济盛	小鸣	25	江苏武进	1934年4月	上海光华大学政治系毕业，曾任上海肇基中学教员，高邮县立中学教员兼导师	助理文书	60.00
	雷光烈		26	湖南长沙	1934年3月	华童中学，浙江全省沙田局科员，天津特别第一区科员等职	庶务	45.00元
	徐逸群	志凡	31	江苏上海	1931年7月	上海法政学院肄业，曾任平安轮船公司，通裕航业公司船务主任	办理验船文件	70.00元
	周士芳	芹伯	30	浙江新登	1933年1月	浙江省立甲种工业学校电机科毕业，曾任杭州市公安局秘书，海陆空军总司令部汴封行营军械处少校科员	办理船舶登记	70.00元

(续表)

职别	姓名	别号	年龄	籍贯	到差年月	简明履历	工作	支薪俸等级
	鲍启业	岳一	33	广东中山	1933年5月	上海岭南中学毕业,曾任浙江警备师部副官,缉私第十营二队长	第二科收发	60.00元
	朱虎	炳文	21	浙江海盐	1933年6月	北平铁路大学肄业	缮填证书	35.00元
	张宝仁	东生	27	浙江海盐	1932年5月	杭州蕙兰中学毕业,曾充福州市马路补助费征收处办事员	缮填证书	45.00元
	张光华		27	河南郏县	1932年6月	交通大学预科毕业,曾任郏县县立师范教员及县自治助理	办理船员考核文件	40.00元
	胡培癸		27	浙江嘉善	1933年11月	杭州之江大学肄业,曾任浙江省电话高等郭县分局局长	缮填证书	55.00元
	金家骅	励清	24	浙江海盐	1933年10月	海盐兴武学校毕业	缮填证书	30.00元
	陈际新	作民	25	江苏南通	1934年3月	甲种商业学校毕业,曾任中国银行行员,大公会计师事务所事务员	缮写证书	35.00元
	孙鹤洲		48	广东中山	1934年3月	中山县旧制中学毕业,曾任中山县屯田缴价委员、中山县催征旧粮委员、广九铁路局出纳课员,浙江民政厅办事员、广东航海讲习所会计兼庶务员	管卷	45.00元
书记	杨述尧	述先	36	贵州贵阳	1931年7月	北平国立法政学校毕业,曾任邮政储金汇业局文读员	缮写	50.00元
	许朝	鹏鑫	31	江苏武进	1933年1月	杭州宗文中学毕业,曾充总司令部司令军械处办员	缮写	45.00元
	佘振廷	殿卿	28	山东福山	1931年7月	烟台甲种商业学校毕业	缮写	40.00元
	黄曜	中斗	36	浙江平阳	1933年2月	浙江省立第十师范学校毕业,曾任菁田县政府科员、考试委员会录事	缮写	35.00元
	李博仁		31	江苏南通	1933年7月	江苏省立第七中学肄业	缮写	35.00元
	许陶煜	书绅	28	浙江嘉兴	1933年10月	浙江省立第二中学肄业	缮写	35.00元

附录

附表3 交通部上海航政局1934年华轮船只失事情形调查表[①]

船名	所有者	案由	时间	地点	经过	结果
鸿兴轮船 林利丰帆船	达兴商轮公司 王安法	碰撞	1月15日	吴淞口	鸿兴轮与林利丰帆船同时出口，因帆船雇拖轮拖带至吴淞口。拖轮向右掉头遂与鸿兴轮相撞，各受损失	此案经上海航政局碰撞委员会判拖轮轮负过失责任，应予赔偿双方损失
福州小轮 某轮	新谘轮船局	碰撞	1月17日	龙驹沙滩嘴	福州小轮自江阴驶出，行经龙驹沙，在天将暗时，突被某轮猛撞沉没，致淹毙旅客40余人	此案疑为三北公司承租海军部靖安轮。经交通部部会令调查
同华轮船 北康轮船	国营招商局 北方公司	碰撞	1月19日	白河	因北康轮在白河追逐之故	此案发生地点非在上海港
新仁和轮船 驳船	裕兴轮船公司	碰撞	1月24日	青龙港	因有一煤炭船横泊港口，该轮为避免碰撞，即向后退，致撞驳船	自行和解
通商轮船 煤船	通商轮船公司刘龙浦	碰撞	1月25日	下关江面	通商自镇江开浦行驶下关江面，适煤船自上游下驶，因驾驶不慎，撞于轮首，即遭沉没。救4人、淹死5人	此案经上海航政局碰撞委员会判煤船自负过失责任
普安轮船 斐浦克大的	国营招商局 英商蓝烟囱	碰撞	2月7日	黄浦江	因两轮各不避让兼潮水湧急，致发生猛撞，各受损伤	此案未经上海航政局碰撞会办理
泰顺轮船 凤浦轮船	国营招商局 三北公司	碰撞	2月28日	南京江面	因两轮受潮水所冲击	同上

[①]《调查：交通部上海航政局廿三年华轮船只失事情形调查表》，《航业月刊》1935年，第3卷，第1期，第1—10页。

215

(续表)

船名	所有者	案由	时间	地点	经过	结果
大兴轮船 信平轮船	安通轮船公司 太平轮船公司	碰撞	3月4日	吴淞口外	两轮同时进口，信平在前，大兴在后，驶近石堤，见有一船出口，信平略转右方，大兴不及停车，致船首碰于信平船尾	此案由上海航政局碰撞委员会调查大兴轮负过失责任，应赔偿信平损失
万象轮船 肇兴轮船	三北公司 肇兴轮船公司	碰撞	3月4日	公和祥码头	肇兴出口，万象进口。各拉回声一响，靠台行驶，适有糖驳一艘自浦西横驶而来，肇兴船首改左方，致被万象撞沉	此案奉交通部令调查应由肇兴轮船负过失责任
穿山轮船 金长森帆船	穿山轮船公司 长源木号	碰撞	3月12日	石浦外锁门洋面	金长森船由申开闽，驶至锁门洋面，穿山轮船自石浦开来，因浪大风急，不及避让，两轮互撞，各有损伤	此案经上海航政局碰委会会判，穿山负60%过失，金长森负船负过失分之40%过失
武穴轮船 驳船	大古公司 孟阿富	碰撞	3月17日	陆家嘴	该驳船由苏州河驶出至陆家浦中，适被武穴轮船撞沉	
海上轮船 牛庄	华商轮船公司大古公司	碰撞	3月20日	三门湾黑山列岛洋面	海上由粤驶沪，行至黑山列岛附近，天重雾，各不相见，致与牛庄轮相撞	
华平轮船 德兴等四轮	民新轮船局 军用差轮	碰撞	3月13日	汉口招商局码头	因华平轮受暴风吹击，突然脱缆，致撞德兴等四轮	
新苏昆小轮 德和小轮	珠安轮船局 通和轮船局	碰撞	4月1日	第一次在木家角放生桥，第二次在大温桥。	缘该该两轮营业竞争，各不相让，争先开船，增速速度，致互撞	自行和解
裕兴轮船 民船	肇兴公司 邵根根	碰撞	5月7日	陆家嘴浦面	民船自嘉善来沪，驶至陆家嘴，避让不及，被撞沉没，溺毙1人	
德利轮船 新同兴	浙汇公司 姚文永	碰撞	5月13日	吴淞口石塘	轮船帆船同时进口，帆船行驶方面无定，致遭碰伤	德利赔洋150元

（续表）

船名	所有者	案由	时间	地点	经过	结果
普安轮船帆船	国营招商局	碰撞	5月19日	青岛口外海面	因雾中进行，渐次相近，迨至两船相见，已不及，帆船尾部重伤	
公平轮船驳船	国营招商局	碰撞	6月1日	金利源码头	该轮抵埠时，掉头，斯时潮水湧急，欲避让，致靠近四号码头时相撞	
中兴轮船沙船	中兴煤矿公司陈委记驳号	碰撞	6月2日	小塔洋面	该轮顺急潮而来，不及避让，沙船即沉没	
杨安轮船民船	三北公司	碰撞	6月7日	鹦鹉洲江面	因江水下流湍急，两船驶近之际，避让不及相撞。民船追踪航路，要求赔偿损失，禁止杨安上驶，横驶江面	
裕兴轮船江利兵舰	肇兴公司海军部	碰撞	6月13日	龙口	该轮因机叶已损，驾驶维艰，兼之天已昏黑，盖以时值落潮，故出口后横击直撞于兵舰	
新宁轮船周顺有帆船	宁绍公司周正梯	碰撞	6月16日	镇海口外、虎蹲山之间	该轮进镇海口时，在虎蹲山外，突见帆船，适当停泊航路之间，致撞该帆船头部	
长兴轮船石膏船	鸿安轮船公司陈惠三	碰撞	6月16日	芜湖海关附近	因长兴轮船在宁安复船附近掉头，因水流湧急，不及避让，致撞石膏船，损	
海宴轮船木板船	国营招商局	碰撞	7月5日	将海关浦面	因潮涨关系，而其后满载松板船追随而至，该轮不及避让致相撞	
江天轮船灯船	国营招商局	碰撞	7月7日	汉口附近芜湖广沙灯船	该船因身受大风力于波浪之压迫，致撞及灯船	该帆船户已诉芜湖地方法院。刻已自行具状撤回诉状

217

(续表)

船名	所有者	案由	时间	地点	经过	结果
庆宁轮船民船	华宁公司	碰撞	8月8日	三阳港	因风力过大，将船身所带钢缆忽然折断，致撞民船	
通顺轮船吉安轮船	大通兴公司太古公司	碰撞	8月12日	陆家嘴	通顺轮出口，吉安轮进口，行驶至陆家嘴，因避让他船，致碰伤吉安轮右舷	
泳平轮船驳船	大振公司	碰撞	8月14日	金利源二号码头	该帆船自浦东横向浦西进行，平轮船首，已不及避让，致相撞	
顺安轮船北康轮船	顺安公司北方公司	碰撞	8月27日	吴淞口外	顺安轮船因煤质劣，燃烧力不足，启椗停泊吴淞口外，预备掉换新煤，斯时适有北康轮进口，相碰	
祥兴轮船驳船	祥兴公司	碰撞	8月31日	陆家嘴	因天色昏黑，该驳船由西而东，兼之江潮涨汛，水流湧急，致全船被碰沉没	
华安轮船驳船	常安公司	碰撞	9月4日	陆家嘴	该轮行驶该处，见船只甚多，恐撞及他轮，致开慢车进行，不料驳船由西而东，不及避让，致被撞	
时和轮船驳船	和丰新记公司朱策记运煤船行	碰撞	9月7日	中兴二号码头	该轮靠近码头时，因驾驶不慎，用力过度致相撞	
清泰小轮仁义小轮	王清记船局	碰撞	9月13日	口口地方	因两轮同时开出，清泰在先，仁义在后，相距尺许，仁义争先，致撞及清泰轮腹部，顿时沉没	
泰利轮船煤船	政记公司元泰煤号	碰撞	9月29日	中华栈浦旁	泰利轮进口，适逢涨潮，驶抵中华栈上游，抛锚掉头后，即行起锚前驶。而该煤船迎面驶来不及避让，致相撞	此案经上海航政局碰撞委员会公断，泰利负过失责任60%，煤船负过失责任40%

(续表)

船名	所有者	案由	时间	地点	经过	结果
通顺轮船 许慎兴帆船	大通兴公司	碰撞	10月10日	高桥附近浦中	通顺轮进口,而许慎兴帆船雇一拖轮拖带出口,其航路过于接近浦西,故帆船左舷致被该轮撞伤沉没	此案经上海航政局碰撞委员会公断,其过失责任应由拖轮负责
海兴渔船 钓和军舰	三兴渔轮局 海军部	碰撞	11月18日	白莲泾	因掉头时,见帆船从高昌庙方面驶来,转舵避让,致撞军舰	
华安轮 帆船	常安公司	碰撞	12月10日	吴淞口第二浮桶	因大雾中彼此不能相见致相撞沉没	
同德轮船 哈佛轮	同德轮局 香港伍广济隆	碰撞	12月17日	白莲泾	因水势甚急,此时又值涨潮,同德轮出口,哈佛进口,一刹那间,同德轮头猛撞哈佛轮左舷	
快利轮	国营招商局	搁浅	1月31日	马当	因落潮汛水浅	
长兴轮	鸿安公司	搁浅	2月1日	马当	因落潮汛水浅	
利济轮	国营招商局	搁浅	2月4日	新堤	水浅	
嘉禾轮	国营招商局	搁浅	2月20日	十二圩	因领江不慎	
鸿利驳轮	鸿安公司	搁浅	3月21日	下泥港附近	水浅	
新宁兴轮船	三北公司	搁浅	4月12日	距南京30海里江面	因迷雾驶入浅处	
顺康轮	美顺行	搁浅	5月10日	大通沙江面	因遇雾弥漫,航行失其方向	
普益趸船	国营招商局	搁浅	6月29日, 7月13日	华阳对江黄码头	因江面受巨风,致断铁丝缆	
民族轮	民生实业公司	搁浅	7月8日	调关地方	因江水暴涨,冲入岸上,致失航行方向	

219

(续表)

船名	所有者	案由	时间	地点	经过	结果
同德轮	同德轮局	搁浅	8月1日	通州附近青天礁	因受江潮底落	
福兴轮	达兴公司	搁浅	8月1日	庙港附近	驾驶不慎	
宏利轮	政记公司	搁浅	8月12日	登州海面		
同德轮	同德轮局	搁浅	8月30日	黄石港上游	因受巨风吹击	
宝莲轮	平安公司	搁浅	9月12日	三和港	因说东南风吹击兼因落潮汛	
永安轮	永安公司	搁浅	10月11日	监利附近	水浅	
无惹轮	济平公司	搁浅	11月1日	大石港口	因遇雾搁浅	
云龙轮	恒安公司	搁浅	11月1日	九江上游20海里之江面		
庆宁轮	华宁公司	搁浅	11月28日	开山附近	迷雾遇风	
醒狮轮	三北公司	搁浅	12月5日	大通江面	因值冬水时期，长江水势异常低落	
华胜轮	华胜公司	搁浅	12月5日	镇江附近	同上	
新平湖轮	平湖轮船公司	搁浅	12月10日	吕公桥地方	因遇重雾	
达兴轮	达兴公司	搁浅	12月11日	定浦码头	因遇重雾损机叶	
清浦轮	三北公司	搁浅	12月23日	黑沙洲		
北泰轮	北方公司	搁浅	12月28日	大阪口外十余里		
伏龙轮	三北公司	触礁	2月6日	兴化洋面		已脱险

(续表)

船名	所有者	案由	时间	地点	经过	结果
回海号电船		触礁	3月5日	珠江暗礁	此案发生地点在广东，故不详	沉没
源顺轮	大通兴公司	触礁	4月7日	花鸟岛东	因途遇重雾，莫辨方向所致	沉没
景隆轮	陈沛华	触礁	5月7日	厦门港口金门岛	因迷雾误走航线	沉没
天象轮	东港记公司	触礁	5月20日	温州洋面天铜山附近	自瑞安出口后，适遇雷雨交作，狂风吹击，致触暗礁	沉没
春华轮	兴华公司	触礁	7月29日	福州洋面	因误走航线	沉没
华安轮	马华堂	触礁	10月23日	鹬山口	因途遇暴风	沉没
同福轮	同安船公司	触礁	11月2日	高丽附近洋面	因遇暴风浓雾	沉没
泰山轮	三北公司	触礁	11月27日	青岛洋面	因途遇狂风	沉没
富源轮	汉口	沉没	2月11日	舵落口	因贪利多载	此案发生地点并非本港，故不详
肇兴轮	肇兴公司	沉没	3月4日	公和祥码头	因避让他轮，误走航线	
祐利轮	梁广记航业公司	沉没	6月6日	东堤河面	因汽锅爆炸	此案发生地点在广东，故不详
新鸿远		沉没	9月6日	湘陂豪河口	因贪载货	此案发生地点在湘河，故不详
海平轮	海昌公司	沉没	10月31日	旗昌栈附近浦面	被亚细亚火油轮撞沉	
汇通轮	江汉轮局	失慎	1934年1月	黄州下游	因贪载货以致搁浅，旅客不慎烟头误入舱内，失慎烧沉	此案发生汉口
大庆轮	大达公司	失慎	2月3日	新陞港	因旅客携带鸡鸭篓，烟火燃烧	不久救熄

(续表)

船名	所有者	案由	时间	地点	经过	结果
醒狮轮	三北公司	失慎	3月19日	汉口江面	因舱内棉纱起火	救熄
新丰轮	国营招商局	失慎	9月20日	吴淞口		救熄
瑞华轮	永源行	失慎	9月29日	厦门		此案发生地点在厦门,故不详
源安轮	源安公司	断地轴	1月18日	厦门洋面	嘉禾救回	
公平轮	国营招商局	断地轴	2月1日	海州洋面	派轮救回	
遇顺轮	国营招商局	损机械	8月21日	福州洋面	无恙救回	
富华轮	三北公司	断轴	9月11日	万县	富阳轮救回	
顺安轮	顺安公司	预谋炸毁	9月14日	三都澳	船主自行告发	
利发轮		水锅爆炸	11月28日	廿竹滩河面	溺毙23人,伤30余人	
普安轮	国营招商局	骑劫	1月13日	蛇尾山	乔装旅客海盗15人,在吴淞口蛇尾山搜劫殆遍	绑去旅客9人
临浦轮	宁波	骑劫	2月6日	鹤井渡	化妆成旅客的海盗	绑去5人
新保和	内河招商局租用	骑劫	2月5日	扬城东关外	匪12名混迹入船	损失3000元
顺发轮	厦门	骑劫	3月17日	浙茂港	骑劫	损失5000元,击毙旅客1名
穿山轮	穿山轮船公司	骑劫	2月23日	鹁鸪礁	海盗迎面而来,欲灌登舱面,幸搭客中有海门水巡队,始脱险	脱险

(续表)

船名	所有者	案由	时间	地点	经过	结果
河安轮	内河招商局	骑劫	3月22日	赤山港大山江地方	盗匪预伏两岸	
姚北轮	宁波三北公司	骑劫	4月10日	黄牛礁对面小沙方面	航行途中遇雾，突遇海盗骑劫，后幸有镇北轮救回	
立顺轮	立兴轮局	骑劫	5月25日	江浙交界张家浜口	夜间航行遇匪，两岸射击	
利吉轮	内河招商局	骑劫	5月25日	江浙交界张家浜口	夜间航行遇匪，两岸射击	
恒吉轮	内河招商局	骑劫	5月25日	江浙交界张家浜口	夜间航行遇匪，两岸射击	
岱山轮	象山商轮局	骑劫	6月28日	柴山洋面	乔装旅客混入舱内骑劫	绑3人，劫2000元，伤3人
通安轮	安孝轮局	骑劫	7月12日	午源渡地方	同上	伤1人
泰来轮	利汇轮船公司	骑劫	7月6日	老当圬地方	盗匪埋伏左两岸，轮到峰拥上船	损失6000元，绑10余人
隆盛轮	隆德公司	骑劫	8月16日	玉通滩头	乔庄旅客	劫3000元
嘉禾轮	国营招商局	骑劫	10月30日	离汕头20海里	乔装旅客图劫中国银行所装现洋	绑去3人，劫3000元
新海门轮	新海门公司	骑劫	12月7日	石浦驶出后	乔装旅客	绑去6人

223

附表4 交通部上海航政局船舶碰撞纠纷处理委员会简表[①]

职别	姓名	别号	年龄	籍贯
主席	吴崐	昊明	55	浙江奉化
委员	何瀚澜	学海		广东
	陈干青		47	江苏崇明
	郭远振	云鹏	46	湖南澧县
	张柱尊	君一		江苏江阴
	黄绪虞	舜琴	49	广东普宁
记录	胡汉武		27	浙江德清

---

① 《交通部上海航政局船舶碰撞委员会》,《航业月刊》1937年,第4卷,第12期,第11页。

后 记

本书是我2019年申报的上海市哲学社会科学规划课题的结项成果。与"航政"结缘，始于我在中国航海博物馆工作期间对近代水上交通管理的关注。当时结合博物馆馆藏相关航政类藏品，我赴上海市档案馆、上海图书馆、中国第二历史档案馆、上海港务集团档案馆等处较为系统地查阅了近代上海口岸的航政管理档案。最初进行评估时，我觉得这一选题与工作业务关系密切，资料相对集中，研究内容的持续性和延展性较好，适合长期关注和研究。

后因工作繁忙，我没能着手开展这一领域的研究。2013年在部门领导的支持下，我报考复旦大学历史学系，翌年9月正式入学。因先前有一定基础，我的博士论文选题即以近代航政管理为方向。学校在中国史方面厚重的学术积淀，浓郁的学术氛围，丰富的学术资源，开放的交流平台和以学生为中心的教育理念和实践，深深地影响着我的学习和研究。在历史学系各位老师的指导下，我对开展近现代港口航运相关选题研究路径有了较为清晰的认知，学术视野也随之打开。

感谢历史学系的各位老师，如朱荫贵、刘平、金光耀、姜义华、章清、吴景平、王立诚、高晞、陈雁、皇甫秋实、邹振环、张济顺、熊月之等老师在博士阶段专业知识的传授，以及在博士学位论文开题、中期考核、答辩过程中的悉心指导与建议；感谢上海财经大学燕红忠教授、华东师范大学的谢俊美教授、复旦大学历史地理研究中心的吴松弟教授参加我的博士论文答辩，并提出许多宝贵的意见和建议。感谢谢开键、林炫羽、郭墨寒、于广、张燚明、周永生、林秋云、雷家琼、朱菁、刘保云、张英梅、李鹜哲、赵博、唐晓霞、魏灵学、叶凯、葛锡颖、陈岭、金志祐诸同窗对我的关心和帮助。感谢辅导员田文娟老师、办公室陈真伟老师在入学、毕业等过程中给予的指导。

现在细细想来，四年的博士生活，仍历历在目，恍如昨日。北区的宿舍、食堂，还有那一只只懒洋洋的猫咪，武东路上的夜场小吃，巍巍光华双子楼、厚重的相辉堂、精致的日本研究中心、庋藏丰富的南区文科图书馆、美国研究中心、政通路上的法桐，还有各学科学养精深的名师，都深深镌刻入我人生美好的记忆中。

业师戴鞍钢先生博学严谨，早年倡导"港口腹地"研究范式，在学界饶有声闻。有幸忝列戴门，以航政管理为主攻方向，得到戴老师的肯定和支持。每次到他办公室，或请教研究困惑，或交流学习心得，或问咨生活琐事，他总是指点迷津、谆谆教诲。博士毕业后，他又鼓励我将前期查阅的大量近代航政管理档案进行扩充和梳理，开展专题研究，探索申报相关课题。2019 年，我以《近代上海航政管理档案史料整理与研究》为题申报上海市哲学社会科学规划项目，并成功立项。本书的内容即是该项目研究内容的重要呈现。

最后，特别感谢我的家人，父母和妹妹一直无条件地支持我读书和工作。婚后有了宝宝后，父母和岳母不顾年迈远离家乡来上海帮助我们照顾家庭，带看两个宝宝。他们的无私奉献和倾力支持每每使我动容。太太贾鲁娜在做好单位大量行政事务的同时，无怨无悔地承担起相夫教子、孝敬老人、操持家务的重任。她十余年默默地付出和支持，是家庭团结和睦的重要支撑。大女儿顾维桢良善懂事，二女儿顾宸琪温顺乖巧，看她们健康快乐地长大，自己甚感欣慰。

东华大学出版社的周德红老师，作为我硕士读书期间的老师，当时就做过她的助教，仍记得那年暑期和她一起往返于延安路校区和各都市创意园区之间做纺织口述历史的情景。此次请周老师帮助出书，实为这一缘分的延续。编辑高路路老师认真负责，感谢她为本书出版所做贡献。

本书的公开出版，是对我前面一个时期围绕近代航政管理探索和思考的小结。我将以此为基础，在诸位师友、同事和家人的支持和关照下，继续在港口航运历史文化研究领域耕耘。

顾宇辉
2024 年 9 月于滴水湖畔